O NOVO MODELO DE CONTRATAÇÃO DE SOLUÇÕES DE TI PELA ADMINISTRAÇÃO PÚBLICA

AUGUSTO SHERMAN CAVALCANTI

Ubiratan Diniz de Aguiar
Prefácio

O NOVO MODELO DE CONTRATAÇÃO DE SOLUÇÕES DE TI PELA ADMINISTRAÇÃO PÚBLICA

1ª reimpressão

Belo Horizonte
EDITORA Fórum

2013

2013 1ª reimpressão

EDITORA Fórum

Luís Cláudio Rodrigues Ferreira
Presidente e Editor

Revisão: Marcelo Belico
Bibliotecária: Tatiana Augusta Duarte – CRB 2842 – 6ª Região
Capa e projeto gráfico: Walter Santos
Diagramação: Karine Rocha

Av. Afonso Pena, 2770 – 15º/16º andares – Funcionários – CEP 30130-007
Belo Horizonte – Minas Gerais – Tel.: (31) 2121.4900 / 2121.4949
www.editoraforum.com.br – editoraforum@editoraforum.com.br

C376n Cavalcanti, Augusto Sherman

O novo modelo de contratação de soluções de TI pela Administração Pública / Augusto Sherman Cavalcanti; prefácio de Ubiratan Diniz de Aguiar. 1ª reimpressão – Belo Horizonte : Fórum, 2013.

262 p.

ISBN 978-85-7700-675-5

1. Direito administrativo. 2. Licitações e contratos. 3. Tecnologia da Informação (TI). I. Aguiar, Ubiratan Diniz de. II. Título.

CDD: 341.3
CDU: 342.9

Informação bibliográfica deste livro, conforme a NBR 6023:2002 da Associação Brasileira de Normas Técnicas (ABNT):

CAVALCANTI, Augusto Sherman. *O novo modelo de contratação de soluções de TI pela Administração Pública.* 1. reimpr. Belo Horizonte: Fórum, 2013. 262 p. ISBN 978-85-7700-675-5.

Porque onde está o teu tesouro, lá também está teu coração.

(Mt 6,21)

A Cida, Deborah, Isabela, Giulia, Ana Clara e a minha família, meu tesouro.

A José Augusto (in memoriam) *e Gizelda, meus amados pais e minha referência, sempre.*

Aos amigos da SEFTI, cujo trabalho inteligente e perseverante tem revolucionado a TI na Administração Pública.

Aos amigos do gabinete, cujo trabalho diário e dedicado permitiu-me aprofundar no conhecimento desse tema instigante.

Minha gratidão a Júnio Queiroz pelo inestimável auxílio na concretização desta obra.

SUMÁRIO

Diante de meus olhos, o livro mais recente do Ministro Augusto Sherman Cavalcanti. Trata-se de trabalho que reúne o conhecimento técnico da matéria e a visão do julgador sereno e firme, manifestada em inúmeros acórdãos, somada à didática do professor e palestrante dos mais festejados.

Não me surpreende a familiaridade com que aborda a contratação de bens, serviços e soluções em Tecnologia da Informação (TI) pela administração pública. No Tribunal de Contas da União, onde os processos versam sobre matérias as mais diversas, dificilmente, encontrar-se-á, no Colegiado, quem possa reunir conhecimentos horizontais e verticais dos temas postos ao exame de seus integrantes.

O Ministro Sherman conseguia aliar o talento de que é possuidor ao estudo dos assuntos colocados à apreciação com intervenções ricas em detalhes, precisas na exegese, aliadas à visão humanística. Quando o processo versa sobre contratações na área tecnológica, converte-se em fonte obrigatória de consulta, mercê do domínio absoluto que detém, fruto de anos de estudo e pesquisa.

Hoje ele socializa seu saber, ensejando a gestores públicos, advogados, profissionais que prestam serviços na área de consultoria e assessoria de TI um livro de consulta obrigatória, que enfoca o antigo e o atual modelo de contratação.

Escreve em detalhes a relevância atual dos serviços de TI para as instituições públicas e privadas, suas diretrizes, planejamentos da contratação, parcelamento do objeto e segue minudente, apreciando cada situação, objeto de tantas dúvidas por parte dos administradores. Avança no estudo e brinda os leitores e consulentes com propostas para estruturação do quadro próprio de pessoal, boa governança e gestão, controle efetivo da execução contratual, legislação e jurisprudência.

Quantos assessores não se depararam com indagações as mais variadas, dúvidas e questionamentos acerca da elaboração do Plano Diretor de Tecnologia de Informação? As respostas estão tratadas com precisão cirúrgica na abordagem técnica e legal, em capítulo específico.

Superficialmente, trago o conteúdo do livro escrito por uma das maiores autoridades na matéria. Tive o privilégio de conviver com ele em uma instituição de referência, no cenário da administração brasileira. Nas reuniões de Câmara ou de Plenário, sua palavra é ouvida e acatada com respeito e admiração, porquanto relevados equilíbrio, seriedade e firmeza postos em seus votos.

Dotado de sólida formação cidadã, hoje tão escassa nas prateleiras da sociedade brasileira, ressalta aos olhos de todos o seu comportamento sereno e afirmativo no julgamento das matérias.

Obra da maior relevância, não tenho dúvidas, converter-se-á, em pouco tempo, em líder de vendas da Editora Fórum, em razão da excelência do tema tratado por quem reúne, consoante testemunhado, talento e autoridade para fazê-lo.

Ubiratan Diniz de Aguiar
Ministro do Tribunal de Contas da União.

APRESENTAÇÃO

Os últimos dez anos foram especialmente relevantes para a Tecnologia da Informação e Comunicação na Administração Pública Federal brasileira, sobretudo no Tribunal de Contas da União. Vão marcar a história, certamente.

Apenas para mencionar alguns acontecimentos relacionados ao Tribunal de Contas da União, ocorridos nesse período, pode-se enumerar o aumento significativo das fiscalizações em TI, a consolidação, na sua jurisprudência, das diretrizes de um novo modelo de contratação para a Administração Pública Federal, a normatização e o aprimoramento desse modelo na IN MP/SLTI nº 4/2008 e 4/2010, editadas pela SLTI do Ministério do Planejamento, Orçamento e Gestão, a idealização e a implementação do processo eletrônico no TCU, a criação da Secretaria de Fiscalização de TI (Sefti), a consciência da necessidade urgente de aprimoramentos na Governança de TI da Administração Pública Federal como um todo, do TCU inclusive, a realização de levantamentos de auditoria pela Sefti objetivando avaliar e medir essa Governança de TI, a criação do índice iGov-TI que nos dá, individualmente, a medida do grau de maturidade em Governança de TI para os diversos órgãos e entidades da Administração Pública Federal, entre outros.

Esse livro é fruto, justamente, da experiência profissional por mim vivida nesses anos realmente extraordinários, seja no trabalho de julgador, seja na missão de professor.

O foco deste trabalho é o novo modelo de contratação de bens, serviços e Soluções de TI pela Administração Pública, instaurado com a publicação do Acórdão nº 786/2006 - TCU - Plenário, seguido da IN MP/SLTI nº 4/2008, atualizada em 2010.

Os profissionais de TI têm linguagem específica, precisa, técnica, importante para o inter-relacionamento entre técnicos, mas muitas vezes ininteligível para os que não são da área. Ao discorrer sobre o tema, procurei o mais possível, a utilização de uma linguagem menos técnica, porém mais acessível a todos os possíveis interessados: técnicos da área de TI, gestores e dirigentes do setor público, assessores, assessores jurídicos, auditores internos, fiscais de contrato, auditores de controle externo, advogados etc. Busquei, assim, a melhor compreensão do texto em todos os segmentos profissionais mencionados. A intenção é propiciar a uniformização de conhecimento sobre o tema entre todos esses segmentos e, com isso, de algum modo facilitar a comunicação entre eles.

A Tecnologia da Informação (TI), desde muitos anos tornou-se um dos principais instrumentos de operação e desenvolvimento das organizações, públicas e privadas. É o "coração", pode-se assim dizer, dessas organizações.

Hoje, o Brasil figura entre os maiores prestadores de serviços de Governo Eletrônico no mundo, de maneira que a TI pública tem forte impacto sobre a vida dos brasileiros. Não por outra razão, o orçamento total previsto para a contratação de Soluções de TI para a Administração Pública Federal que em 2010 foi de aproximadamente R$12,5 bilhões, vem crescendo, hoje alcançando o montante superior a R$18 bilhões.

Percebendo o crescimento da demanda por bens e serviços de TI, o Tribunal de Contas da União passou a intensificar as fiscalizações nas contratações realizadas pela Administração Pública Federal nessa área, já a partir de 2002.

A partir da intensificação dessas fiscalizações, identificou-se um conjunto semelhante de problemas nas contratações de diversos órgãos e entidades, o que levou o Tribunal a entender que esse conjunto de problemas, crônico e sistêmico, deveria ser tratado de forma também ampla e sistemática. Aqui se deu o grande passo, o grande avanço para as mudanças em andamento na área de Tecnologia da Informação: o tratamento sistêmico do problema, a identificação de suas causas reais e a proposta de soluções também sistêmicas. Soluções pontuais e simplistas são como analgésicos, geralmente amenizam os sintomas da doença, mas não as curam porque não atuam sobre sua causa real.

Foram realizadas fiscalizações em diferentes órgãos e entidades da Administração Pública Federal com objetivo de compreender o modelo adotado para tais contratações (que denominamos antigo modelo de contratação), em que todos os serviços de TI demandados pela Administração eram reunidos em um único e grande contrato.

Mesmo com o surgimento acelerado de novas tecnologias, insistia o setor público em manter o modelo de contratação que lhe custava muito e resultava em benefícios limitados em termos de economia, qualidade e segurança.

Não bastassem os entraves de ordem lógico-racional, os problemas jurídicos encontrados nesse antigo modelo de contratação foram também exteriorizados nas sucessivas deliberações do TCU, vindo o

Tribunal, por meio do Acórdão nº 786/2006 - TCU - Plenário, a recomendar a criação de uma nova modelagem de contratação de bens e serviços de TI, em norma específica capaz de orientar os gestores públicos nos processos que envolvem a contratação, a execução dos contratos e seu encerramento.

Essa recomendação do TCU, realizada em 2006, foi, com excelência, implementada pelo Ministério do Planejamento, Orçamento e Gestão, inicialmente, em 2008, e consolidada a partir de 2010, por instruções normativas editadas pela Secretaria de Logística e Tecnologia da Informação (SLTI), documento de qualidade a serviço da boa contratação de soluções de Tecnologia da Informação.

Nessa obra, estudar-se-ão os inúmeros problemas detectados na modelagem anterior e, desse estudo, extrair-se-ão as diretrizes que informam o novo modelo de contratação, quais sejam: o planejamento da contratação, o parcelamento do objeto a ser licitado, a realização de licitações distintas, a mensuração e o pagamento do objeto por resultado, a avaliação de qualidade do resultado apresentado, o controle efetivo da execução contratual e a reestruturação da estrutura de pessoal de TI na Administração Pública Federal.

Além do estudo isolado de cada uma dessas diretrizes, em conformidade com os contornos práticos, normativos e jurisprudenciais aplicáveis, várias outras questões relevantes serão também tratadas, como a modalidade licitatória adequada, o direito de preferência nas licitações de TI, a aferição de exequibilidade de propostas, o fator de qualidade nas licitações por Pregão, a fixação de remuneração em editais etc. O estudo do direito de preferência será amplo, abrangendo a preferência do Estatuto das microempresas e empresas de pequeno porte, a preferência da Lei de Informática e as margens de preferência da Lei nº 12.349/2010.

Sem querer esgotar por completo o assunto, em razão do dinamismo com que as mudanças vêm ocorrendo, esperamos contribuir para que o leitor possa entender as ferramentas de que se dispõe, na área de TI, para contratações econômicas, qualitativas, seguras e legais.

Por fim, devo agradecer a todas as pessoas que me auxiliaram, ao longo desses últimos anos, no estudo e desenvolvimento deste tema, em especial a Wagner Barbosa da Silva, Oscar José da Silva, além de Júnio César Gonçalves Queiroz.

O Autor

CAPÍTULO 1

ANTIGO MODELO DE CONTRATAÇÃO DE TI

A Instrução Normativa da Secretaria de Logística e Tecnologia da Informação nº 4, de 12 de novembro de 2010 (IN SLTI/MP nº 4/2010) introduziu, no âmbito da Administração Pública, um novo modelo de contratação de Soluções de Tecnologia da Informação (Soluções de TI).[1]

Tratou-se de uma grande revolução na forma de planejamento e execução da contratação de tais soluções, fruto também do desenvolvimento tecnológico atualmente existente, de forma a primar pela eficiência na contratação, na prestação dos serviços, e em sua mensuração e pagamento.

Portanto, antes de passar ao entendimento do atual modelo, necessário se faz entender como ocorriam antes as contratações dos bens e serviços de TI, pois, se houve uma evolução, torna-se proveitoso conhecer como essas contratações se davam no passado.

Iniciaremos assim nosso estudo apresentando o antigo modelo de contratação de bens e serviços de TI, ou de Soluções de Tecnologia da Informação, como modernamente compreendidas.

O antigo modelo consistia, em síntese, na reunião de todos os serviços de informática do órgão em um único e grande contrato, adjudicado a uma única empresa, com pagamentos realizados exclusivamente por hora trabalhada.

---

[1] Emprega-se aqui o termo Soluções de Tecnologia da Informação com o mesmo sentido definido pela Instrução Normativa nº 04/2010 da Secretaria de Logística e Tecnologia da Informação, do Ministério do Planejamento, Orçamento e Gestão (SLTI/MP), segundo a qual compreende o "conjunto de bens e serviços de Tecnologia da Informação e automação que se integram para o alcance dos resultados pretendidos com a contratação" (art. 1º, inciso IX).

Ou seja, caso determinado órgão necessitasse de um conjunto de Soluções de TI, esse órgão então reunia todo esse conjunto em uma única licitação, para contratação, via de regra, de uma única empresa que seria remunerada em função das horas trabalhadas de seu pessoal técnico envolvido.

Esse procedimento foi invariavelmente adotado até o final dos anos 2000. Obteve relativo sucesso durante muito tempo, digamos, especialmente nas décadas de 70 a 90, até que a Administração e os órgãos de controle identificassem uma série de graves problemas nos contratos resultantes desse modo de contratação.

Nessa época os serviços de TI eram baseados em computadores de grande porte, denominados *mainframes*. A Administração Pública recebia os serviços de TI por meio desses computadores de grande porte, normalmente ligados a eles por uma série de terminais, os quais se encontravam alojados, em regra, na área financeira, na área contábil, na direção do órgão ou da entidade, atendendo a demandas específicas dessas áreas ou departamentos.

No início, as Soluções de TI, em regra, não atendiam à área fim das instituições. E as pessoas não viam, no computador, uma ferramenta para automatizar os processos de trabalho que realizavam dentro das organizações, e sequer tinham tais ferramentas à sua disposição.

Assim, enquanto o modelo era aquele, baseado em um computador de grande porte, com terminais a ele conectados, os quais serviam a demandas muito mais das áreas meio e diretivas, as contratações andaram relativamente bem em termos de adequabilidade do objeto às necessidades presentes nas instituições.

Todavia, com a evolução tecnológica ocorreu o esgotamento desse modelo. As Soluções de TI começaram a se expandir para além das fronteiras puramente administrativas das instituições, ou seja, deixaram de servir a propósitos unicamente da área financeira, contábil e gerencial, passando a fazer parte do dia a dia de cada um dos funcionários das instituições, voltadas a servir, em especial, as demandas dos setores finalísticos das organizações.

Basta ver que praticamente todos os empregados e servidores dos órgãos e entidades da Administração Pública, nos dias atuais, exercem suas atividades servindo-se dos recursos disponíveis em um microcomputador,[2] acessível em sua própria mesa no local de trabalho, denominado estação de trabalho.

[2] O termo microcomputador perdeu um pouco de sua referência com a sua popularização, sendo o que todos hoje chamam simplesmente de computador: o seu PC (*personal computer*), seu *desktop* (computador de mesa) ou seu *notebook* (computador portátil).

Tal se tornou possível em decorrência da transformação tecnológica por que passaram os computadores. O computador de grande porte, por exemplo, se transformou em um conjunto de microcomputadores. Do Centro de Processamento de Dados (CPD) ao hoje denominado *data center*, houve a transformação substancial na maneira de tratamento e distribuição de dados e informações, vindo o computador de grande porte a ser substituído por um conjunto de microcomputadores que realizariam semelhante trabalho outrora realizado pelos *mainframes*, com uma arquitetura diferenciada. Esses microcomputadores são também chamados servidores.

Os servidores que executam o conjunto de aplicações do órgão/entidade são então chamados de servidores de aplicações. Outros computadores armazenam a base de dados desse órgão/entidade, e são denominados de servidores de bancos de dados. Em razão da interligação desses elementos por meio de uma rede local, a estrutura de TI é montada com suporte em um conjunto de microcomputadores chamados servidores de rede. E assim por diante.

Com a evolução tecnológica, os computadores se tornaram menores, numa grande miniaturização daqueles grandes computadores que chegavam a ocupar uma sala inteira de CPD, passando a ocupar os espaços das mesas de trabalho de todos, ou quase todos os funcionários, inclusive e principalmente, nas atividades-fim das organizações, nas chamadas estações de trabalho, como dissemos.

Se antes as contratações equivaliam a um completo e terceirizado CPD, atualmente o conjunto de serviços necessários é bem numeroso, uma vez que por trás das estações de trabalho visualizadas por cada usuário, existe, e poucos usuários têm noção precisa disso, um *data center* e um conjunto de serviços que mantêm esse *data center* operacional e acessível aos usuários. Trata-se de conjunto de *hardware*, *software* e serviços que precisa funcionar harmonicamente, o que resulta na necessidade imperiosa de boa Governança de TI.

Há o serviço de suporte à rede e o serviço de suporte e administração de banco de dados, responsável pelas bases de dados, por aquele conjunto de computadores dedicados a essa tarefa de armazenamento e disponibilidade das informações.

Também atuando em conjunto com essas soluções, encontramos presente os serviços de desenvolvimento e de manutenção das aplicações, tudo convergindo para o funcionamento e entrega dos serviços adequados a cada estação de trabalho.

Nesse contexto, os serviços de atendimento ao usuário ganharam também bastante relevância, haja vista realizar o suporte, a *interface* entre os usuários e os técnicos na prestação dos serviços de TI.

Parece-nos evidente, somente com essa breve explanação sobre a evolução das bases tecnológicas, que o modelo antigo, baseado na contratação de uma única empresa encarregada da prestação de todos os serviços de TI, tornou-se obsoleto em relação às novas demandas envolvendo as múltiplas soluções de tecnologia empregadas para o atendimento a diversas demandas de cada usuário em especial, trazendo diversas desvantagens e problemas para a Administração Pública, conforme será tratado na seção seguinte.

1.1 Desvantagens do antigo modelo

Conquanto à época em que empregado, o antigo modelo não se apresentava desconforme com a realidade tecnológica e com as reais necessidades dos órgãos e entidades, esse modelo, atualmente, apresenta significativas desvantagens para a administração contratante.

Desde a década de 1970 até hoje, o conjunto de serviços de TI necessários à uma organização pública cresceu vertiginosamente, de modo que, por exemplo, vinte, trinta anos após, ao se especificar, em edital, o conjunto de serviços e requisitos necessários à uma contratação pública, em única licitação, que conduzisse a um único contrato, chegar-se-ia à conclusão de que o conjunto de exigências de qualificação técnica e econômico-financeira seria por demais abrangente, causando, por conseguinte, excessiva redução no universo de potenciais licitantes.

1.1.1 Indevida restrição à competitividade das licitações

Uma empresa que desejasse fornecer os serviços objeto do certame, envolvendo, por exemplo, o desenvolvimento de sistemas, suporte a banco de dados, atendimento a usuário, suporte de rede, enfim, todos os serviços necessários à operacionalização do acesso dos usuários aos serviços de TI disponíveis para o exercício das funções normais do órgão/entidade, teria de comprovar todos os requisitos técnicos exigidos para essa variada gama de serviços. Ou seja, teria de atender a conjunto muito grande de requisitos de qualificação técnica.

Além disso, um licitante, para participar do certame, deveria preencher requisitos de qualificação econômico-financeira de grande monta, em razão da expressividade dos valores do contrato em questão, uma vez que a Administração Pública se vincula ao princípio da legalidade e a normas de direito financeiro que impedem o pagamento antecipado pela prestação dos serviços.

O contratado necessitaria arcar com recursos próprios a prestação dos serviços, e, somente depois de regularmente prestados, poderia a receber por esses. Dessa forma, para ser detentor de grandes contratos, tornar-se-ia necessário que o licitante possuísse grande capacidade econômica e financeira para suportar a sua execução.

Essa realidade é o que efetivamente se verificou, a partir do início dos anos 2000, quando os órgãos de controle, em especial o Tribunal de Contas da União (TCU), passaram a intensificar as fiscalizações das contratações na área de TI, constatando que tais contratações estavam restritas a poucas e grandes empresas, porque somente elas detinham os requisitos técnicos e econômicos necessários à participação no certame licitatório.

Nessa época ainda se realizavam contratações nos moldes antigos para serviços de TI, em que pese não fossem mais necessárias contratações abrangendo todos os serviços em um único contrato.

A primeira grande desvantagem desse modelo de contratação, portanto, consistiu na *restrição à competitividade das licitações*, uma vez que os requisitos de habilitação e de pontuação da proposta técnica estabelecidos no edital se tornavam muito abrangentes, conduzindo a uma restrição, em regra, da participação no certame, o qual se apresentava dirigido às grandes empresas, afastando-se indevida e desnecessariamente as empresas de menor porte, reduzindo a competição.

1.1.2 Risco de oneração dos preços contratuais

Como decorrência dessa restrição à competitividade, outra desvantagem economicamente aferível se apresentava: *o risco de oneração dos preços contratuais*.

A singeleza do raciocínio econômico nos permite chegar a uma conclusão um tanto quanto óbvia: ao se realizar uma licitação em um setor em que há pouca competição, os preços tendem naturalmente a subir. Ao contrário, se a competição aumenta, o preço tende a baixar. É a lei de mercado da oferta e da procura.

1.1.3 Pagamento por horas trabalhadas e o paradoxo do lucro-incompetência

Outra desvantagem verificada no modelo anterior consistia no fato de que, diante da grande quantidade de serviços a ser licitados, contratados, executados, medidos e pagos, a solução encontrada pelos gestores públicos para a remuneração das contratadas, de forma unificada, consistia no estabelecimento de um preço por hora trabalhada, parâmetro esse considerado antieconômico pelo TCU, conforme o Acórdão nº 786/2006 - Plenário.

A *antieconomicidade* do procedimento é revelada na medida em que o pagamento se dava com base exclusivamente em horas trabalhadas, sem considerar o produto ou resultado, o que possibilita a ocorrência do chamado *paradoxo do lucro-incompetência*: quanto menor a qualificação dos profissionais alocados na prestação de serviço, maior o número de horas necessário para executá-lo, e, assim, maior a margem de lucro da empresa contratada e maior o custo e o valor pago pela a administração. Está-se aqui a falar de ineficiência e não de má-fé, ressalte-se.

Tinha-se, nessa situação, a remuneração de todas as horas de disponibilidade dos empregados da empresa, ainda que não produtivas, de modo que poderia haver remuneração, muitas vezes, sem que houvesse a contraprestação em serviços efetivamente realizados (hipótese de contratação por posto de serviço).

Nesse modelo, a empresa apresentava uma fatura ao final de cada mês contendo o número de pessoas que teriam prestado o serviço, com base no contrato, e quantas horas cada uma delas teria trabalhado. Com base nisso, a administração efetuava os pagamentos.

Em minha opinião, trata-se da pior forma de pagamento que a Administração Pública pode realizar, pois incentiva a ineficiência no contratado, uma vez que quanto maior o tempo gasto na execução das tarefas contratadas maior será a remuneração dele.

Até mesmo o pagamento por postos de serviço, utilizado em algumas situações, poderia ser considerado melhor que o pagamento por hora trabalhada; todavia, também comporta um grau de ineficiência, já que quando se paga dessa forma, a Administração o faz pela disponibilidade do serviço e não pelo serviço em si mesmo.

Ajuda-nos a compreender melhor o raciocínio o seguinte exemplo. Imagine o leitor que a administração contrate os serviços de digitação e resolva remunerar o contrato em razão do posto de trabalho. O conjunto de digitadores permanecerá no local de trabalho à disposição da administração contratante para a realização das demandas de trabalho que lhe forem apresentadas, independentemente do tempo gasto em cada tarefa, durante determinado período de tempo previsto em contrato.

Durante o período, a administração contratante pagará pelo posto de trabalho independentemente da produtividade do digitador e da efetiva demanda de serviços. Poderão ocorrer vezes em que todos os digitadores estarão assoberbados de serviço, demandando todo seu tempo útil, e poderá haver casos em que ficarão todos, ou alguns, sem ter o que fazer. Porém, mesmo assim, pela sua simples disponibilidade, há a obrigação contratual de a administração efetuar os pagamentos previstos no contrato.

Outra forma de remuneração para esse serviço, no entanto, poderia ser estipulada levando-se em conta a efetiva prestação do serviço, privilegiando o grau de qualidade e eficiência esperada para ele.

Por exemplo, o mesmo serviço poderia ser remunerado em razão do número de folhas digitadas com um percentual máximo de erros. Assim, para cada folha digitada dentro do padrão aceitável de erros, digamos 5%, corresponderia a uma unidade específica de pagamento. Ao se pagar por folha digitada, no exemplo apresentado, está-se remunerando em razão da efetiva prestação do serviço com determinado padrão de qualidade. É o que, de maneira bem simplificada, entende-se como pagamento por resultado.

Destarte, o leitor já pode concluir que entre as formas comuns de pagamento pelos serviços, essa última mencionada, por resultado, é a que melhor atende aos parâmetros de eficiência e economicidade. Essa forma de pagar, portanto, é a que deve ser buscada, o mais possível, pela Administração Pública.

Embora até finais da década de 2000 os órgãos e entidades da Administração Pública ainda adotassem a antiga forma de remuneração, baseada no antigo modelo de contratação, o setor privado já vinha adotando a forma mais eficiente e econômica de remuneração dos serviços de TI contratados. Logo, não se vê motivos para que a Administração Pública venha adotar essa espécie de pagamento.

As desvantagens e os problemas relacionados ao antigo modelo, todavia, não se cingiam à *restrição à competitividade, ao risco de oneração dos preços contratuais, e à antieconomicidade dos pagamentos*. Risco mais sério ainda se observava do ponto de vista estratégico.

1.1.4 Monopolização do conhecimento técnico pela contratada

O *risco estratégico* se verificava diante da monopolização do conhecimento do setor de TI pela única empresa contratada nos moldes antigos, conduzindo ao esvaziamento do conhecimento técnico da área nos órgãos e entidades que detinham contratos com empresas de grande porte para o fornecimento de todas as soluções demandadas pela administração.

Conforme se constata de fiscalizações realizadas pelo TCU, havia órgãos que, nas décadas de 1980 e 1990, apesar da terceirização dos serviços, chegaram a ter centenas de servidores com conhecimento do negócio de TI, mas que, na década seguinte (2000), apesar do substancial crescimento da área, teve reduzido drasticamente o seu quadro de pessoal alocado a tais áreas, quando não se verificou a total terceirização.

A perda desses profissionais determinou, em alguns setores da Administração, a perda do conhecimento técnico de TI, de modo que a prestadora de serviços e seus empregados é que, de fato, mantinham, monopolisticamente, esse conhecimento no âmbito das organizações públicas. A situação era tão grave que, quando uma prestadora de serviços tinha seu contrato encerrado, muitas vezes era exigido da contratada sucessora que mantivessem os empregados da predecessora, com o objetivo de manter, na administração, o conhecimento sobre a infraestrutura de TI.

1.1.5 Fragilização dos controles da Administração

Observou-se, nesse período, a fragilização do controle da Administração em relação a dados, aplicações e sistemas institucionais, com risco de descontinuidade dos serviços, sobretudo na eventual impossibilidade de a empresa continuar a executar o contrato (falência, extinção, dificuldades financeiras, entre outras hipóteses).

Caso ocorresse a descontinuidade dos serviços por parte da empresa a administração teria dificuldades na execução de todos os serviços de informática, na operacionalização e disponibilidade desses para os negócios principais e acessórios da instituição, pois contratada toda a gama de serviços junto a uma única empresa. Esse risco seria diminuído caso fosse adotado modelo de contratação em que o objeto fosse parcelado entre diferentes empresas, mas não era o que ocorria.

1.1.6 Aumento do risco de segurança

O antigo modelo trazia como desvantagem, ainda, o chamado *risco de segurança*. Tal risco torna-se evidente na medida em que uma única empresa contratada passa a ter acesso irrestrito a todas as aplicações, sistemas e dados do órgão ou entidade, inclusive os estratégicos e sigilosos, situação essa agravada pela inexistência de políticas de segurança definidas e implantadas, como ocorre até hoje.

Esse risco, evidentemente, é maior do que quando a estrutura envolvendo a prestação dos serviços de TI se encontra compartimentada, envolvendo várias responsabilidades no acesso a infraestrutura e Soluções de TI da organização pública.

Hodiernamente, as informações cruciais aos negócios das instituições se encontram justamente nos bancos de dados e nos sistemas de Tecnologia da Informação presentes nas organizações. Os riscos de segurança em TI, portanto, não podem mais ser ignorados, demandando estratégias proativas por parte dos gestores públicos.

1.1.7 Perda da capacidade de gestão e de governança de TI

A Administração perdeu sua capacidade de gerenciamento[3] e de governança de TI,[4] gerando, inclusive, a perda de conhecimento e a dependência em relação às empresas contratadas.

Observa-se, no antigo modelo, *a ausência de planejamento, de gerenciamento e de governança* dos serviços de Tecnologia da Informação por parte das organizações contratantes dos serviços.

Outra grave situação evidenciada era a de que se não se dispunha de pessoal técnico com capacidade e conhecimento para a realização das atividades de governança, gerenciamento, acompanhamento e especificação, provavelmente também não se dispunha de pessoal qualificado para a elaboração dos editais de licitação relativos aos próprios serviços contratados.

Esse processo conduzia à anencefalia das atividades administrativas relacionadas à contratação e à execução dos contratos de bens e serviços de Tecnologia da Informação, relegadas, muitas das vezes, às próprias empresas privadas contratadas e já habituadas aos contratos celebrados com a Administração Pública.

Com falta de reposição do pessoal técnico em TI nas instituições públicas, diante de um modelo centrado na terceirização integral ou quase integral de todas as soluções demandadas pelos órgãos e entidades da administração, os correspondentes serviços de planejamento e gerenciamento foram delegados cada vez mais às próprias empresas contratadas.

---

3 "O sistema de controles e processos necessário para alcançar os objetivos estratégicos estabelecidos pela direção da organização. O gerenciamento está sujeito às diretrizes, às políticas e ao monitoramento estabelecidos pela governança corporativa" (NBR 38.500, item 1.6.9).

4 "O sistema pelo qual o uso atual e futuro da TI é dirigido e controlado" (NBR 38.500, item 1.6.3).

A forma de relacionamento entre a contratante e a contratada tendeu a facilitar esse processo de definhamento da capacidade de gerenciamento, planejamento e governança em TI do órgão contratante, na medida em que, havendo uma empresa responsável por prestar todos os serviços, bastaria ao administrador público requisitar qualquer serviço de TI, por meio de uma ordem de serviço. Isso porque os contratos, nesse modelo, eram abrangentes, suprindo todas as necessidades de serviço, por uma única empresa contratada.

A situação, cômoda, de um lado, tendo em vista que se tornava fácil administrar qualquer conflito no âmbito dos interesses das demandas e Soluções de TI apresentadas, na medida em que bastava ao gestor tratar com uma única empresa, de outro, esvaziava as instituições do corpo técnico necessário ao planejamento, gerenciamento e governança da área de TI, ou dos contratos e serviços a ela relacionados.

Com efeito, tal situação se apresentava muito mais confortável ao gestor público, do que, por exemplo, gerenciar diversos contratos de TI, envolvendo múltiplas empresas prestando serviços que, necessariamente, sejam inter-relacionados e interdependentes. Na hipótese de existência de múltiplos contratos, surge a necessidade de uma gerência específica para os contratos, capaz de resolver os conflitos, planejar as demandas e as operações relativas ao desenvolvimento, à manutenção e à segurança dos serviços de rede, banco de dados e aplicações.

Assim, o modelo antigo trazia uma "vantagem" inercial de se demandar de tudo a um único prestador de serviço, com a desvantagem, todavia, de conduzir à perda da capacidade de planejamento, de gerenciamento e de governança das Soluções de Tecnologia da Informação necessários à instituição.

A partir da evolução tecnológica evidenciada desde os anos 70 e da constatação da utilização desse antigo modelo à nova realidade do ambiente tecnológico em que se encontram envolvidos os processos de trabalho das instituições públicas é que se tornou evidente o esgotamento do modelo, do ponto de vista lógico e racional.

É importante observar, todavia, que o esgotamento de tal modelo se evidencia também sob o enfoque jurídico, uma vez que esse tipo de contratação única para todos os serviços, englobados em um único contrato, firmado junto a uma única empresa, ofende frontalmente o disposto no art. 23, §1º, da Lei nº 8.666/1993.

Referido dispositivo legal impõe que as obras, serviços e compras demandadas a terceiros pela administração contratante sejam divididas em tantas parcelas quantas se comprovem técnica e economicamente viáveis, de modo a se proceder à licitação objetivando o melhor aproveitamento dos recursos disponíveis no mercado, bem assim, com vistas à ampliação da competitividade sem perda da economia de escala.

Basta ver que os serviços que compõem o ambiente de Tecnologia da Informação das organizações passaram a envolver um conjunto de serviços de rede, de banco de dados, de desenvolvimento de sistemas e aplicações, atendimento a usuários, dentre outros. Podem, então, em regra, ser realizados por empresas distintas, de modo a ampliar a competitividade em relação ao número de potenciais licitantes, muitas das vezes, especialistas em cada uma dessas áreas, mas sem capacidade para prestação de todo o conjunto de serviços. Não há, em regra, óbice a essa divisão sob o ponto de vista técnico e também econômico.

1.2 Exemplo do antigo modelo de contrato visto pelo TCU em auditoria

Exemplo clássico da situação concreta verificada junto aos órgãos da Administração Pública pode ser extraído do relatório de auditoria realizada pelo Tribunal de Contas da União em cumprimento ao seu plano de auditorias do 1º semestre de 2005 na área de Tecnologia da Informação.

Os resultados dessa auditoria foram apresentados e apreciados mediante o Acórdão nº 2.023/2005 - TCU - Plenário.

À ocasião foram examinados os aspectos de gestão próprios de quaisquer sistemas informatizados, como os controles de acesso lógico a sistemas, registro adequado de eventos críticos, documentação técnica, controles de demandas, relações com os clientes, desenvolvimento de sistemas, políticas, normas e procedimentos, e segurança da informação.

A situação organizacional e da estrutura de TI encontrada pela equipe de auditoria do órgão de controle externo evidenciava problemas relacionados ao emprego do antigo modelo de contratação.

No relatório foram reportados problemas relativos à excessiva terceirização do Setor de Tecnologia da Informação e à grande dependência em relação às empresas contratadas pelo órgão ministerial, além da carência de controles internos adequados.

Dos 125 profissionais de TI existentes no órgão fiscalizado, apenas 5 eram servidores do quadro permanente, e o restante, 120 profissionais, correspondia ao pessoal terceirizado.

Como decorrência dessa situação organizacional, diversos problemas foram apontados, tais como a:

- inexistência de plano estratégico de TI;
- inexistência de política de segurança da informação;
- inexistência de metodologia de desenvolvimento de sistemas;
- deficiência na documentação de sistemas;
- inadequação de contratos de prestação de serviços e locação de mão de obra de TI;
- existência de sistemas informatizados não gerenciados pela Coordenação Geral de Informática do órgão auditado;
- inexistência de diretrizes de acesso às aplicações;
- inadequação do papel exercido pelos responsáveis técnicos de sistemas;
- inadequação dos registros de concessão e revogação de acesso;
- falta de revisão periódica de acesso à rede e aos sistemas;
- inexistência de termos de responsabilidade de gestores e usuários;
- vulnerabilidade no acesso a sistemas;
- existência de falhas no gerenciamento de senhas;
- alteração na base de dados por técnicos de outra área;
- existência de falhas no controle de acesso físico;
- ocorrência de registro deficiente de eventos e exclusão de processos no sistema de Controle de Processos de Multa e Recursos; e
- deficiência no acompanhamento de demandas de TI.

Outro exemplo clássico foi tratado pelo TCU em sucessivas deliberações, nas quais, por pelo menos dois anos o Tribunal de Contas da União manteve firme postura no sentido de impedir a contratação de soluções em um único e grande contrato por determinado órgão ministerial, retratado pelos Acórdãos nºs 481/2004, 1.094/2004, 449/2005, 667/2005 e 786/2006, todos do Plenário, os quais tive oportunidade de relatar.

À ocasião do primeiro julgado, pretendia-se, com a realização de concorrência pública, a contratação de empresa especializada na prestação de serviços técnicos de informática, notadamente nas áreas de desenvolvimento de sistemas, administração de dados, infraestrutura computacional e serviços de organização e métodos, para atender às necessidades do órgão na execução das políticas, programas e ações governamentais na esfera da modernização administrativa e gestão da informação.

Por ocasião do primeiro acórdão, o Tribunal determinou a suspensão cautelar do certame, e, devido à confirmação de vários vícios ali existentes, determinou sua anulação mediante o Acórdão nº 1.094/2004 - Plenário.

Em substituição, a administração contratante lançou novo edital, que foi objeto de monitoramento pelo TCU. À ocasião, constatados novos problemas, relativos, inclusive, à forma de remuneração dos serviços contratados, exarou-se o Acórdão nº 449/2005 - Plenário, por meio do qual mais uma vez se determinou a suspensão cautelar da licitação, e, por meio do Acórdão nº 667/2005 - Plenário, novamente foi determinada a anulação da licitação, ordenando o TCU que o órgão:

- em substituição à concorrência anterior, realizasse licitações distintas para cada modalidade de serviço inicialmente prevista, em face do disposto nos artigos 3º, §1º, inciso I, 15, inciso IV, e 23, §§1º, 2º e 5º, da Lei nº 8.666/93, com o objetivo de otimizar o processamento dos respectivos certames e evitar a ocorrência de atrasos indesejáveis na contratação definitiva do serviço;
- explicitasse o modelo de contratação de execução indireta de serviços (*i. e.*, locação de mão de obra ou prestação de serviços) aplicável a cada modalidade de serviço licitado;
- fosse dada preferência à prestação de serviços na definição do modelo de contratação de execução indireta de serviços aplicável a cada modalidade de serviço licitado, restringindo a utilização da locação de mão de obra (homem-hora ou posto de serviço) àquelas modalidades de serviço cujas características intrínsecas impossibilitem a adoção do outro modelo;
- adotasse metodologias de mensuração de serviços prestados que privilegiassem a remuneração das contratadas mediante a mensuração de resultados e que eliminassem a possibilidade de remunerar as empresas com base na quantidade de horas trabalhadas ou nos postos de trabalho;
- na formulação das metodologias de mensuração de serviços, contemplasse a fixação de critérios de mensuração dos serviços prestados, incluindo as métricas e formas de mensuração adotadas; a fixação de critérios de aferição da adequação do serviço à especificação e à qualidade esperada com vistas à aceitação e pagamento; a utilização de um documento específico destinado ao controle de serviços prestados (como "ordem de serviço" ou "solicitação de serviço"); a previsão de acompanhamento e fiscalização concomitantes à execução para evitar distorções na aplicação dos critérios;
- estabelecesse um documento específico (como "ordem de serviço" ou "solicitação de serviço") destinado ao controle dos serviços prestados para fins de pagamento à empresa contratada, contendo, entre outros aspectos: a definição e a especificação dos serviços a serem realizados; as métricas utilizadas

para avaliar o volume de serviços solicitados e realizados; a indicação do valor máximo de horas aceitável e a metodologia utilizada para quantificação desse valor, nos casos em que a única opção viável for a remuneração de serviços por horas trabalhadas; o cronograma de realização do serviço, incluídas todas as tarefas significativas e seus respectivos prazos; os custos em que incorreria para consecução do serviço solicitado; e a indicação clara do servidor responsável pela atestação dos serviços.

Além dessas medidas, o Tribunal determinou a adoção de várias outras, relacionadas aos critérios de habilitação e pontuação das propostas, bem como demais aspectos envolvidos com a licitação.

A essa ocasião, o Tribunal de Contas da União já se mostrava bastante preocupado com a situação evidenciada no âmbito da Administração Pública Federal, no que concerne a vários aspectos negativos envolvidos com a modelagem de contratação até então utilizada, conforme externado em várias passagens do voto condutor do Acórdão nº 667/2005 - Plenário (de relatoria do autor), acerca de:

- *desestruturação do setor de TI*

> 38. A questão da terceirização dos serviços de informática do [...] trouxe à tona o problema de carência de pessoal enfrentado pelo órgão. Segundo as informações encaminhadas em resposta à diligência promovida por esta Corte, o setor de informática do Ministério conta somente com seis servidores (quatro pertencentes ao quadro permanente e dois ocupantes de cargo em comissão), o que vem dificultando a realização das tarefas de planejamento, definição, supervisão e controle das atividades da unidade. [...]
>
> 42. Portanto, não bastasse a aguda carência de pessoal de informática, tem-se que o Ministério não dispõe de uma estrutura organizacional mínima que lhe permita executar as atividades estratégicas do setor de informática, nem gerenciar e coordenar os serviços que pretende terceirizar. [...]
>
> 82. Creio que, na atualidade, a informação seja o bem mais valioso, ou pelo menos um dos mais valiosos, de uma instituição. A disponibilidade de informação tempestiva, exata, precisa e segura é de fundamental importância para que as instituições alcancem seus objetivos com eficácia e eficiência. Ocorre que as informações estão, hoje, digitalizadas e são mantidas em sistemas computacionais, de maneira que o gerenciamento eficaz desses sistemas tornou-se essencial.
>
> 83. Por outro lado, o que temos visto em parte do setor público federal é a precária estruturação das coordenadorias de informática, que não

dispõem, em regra, de servidores capacitados e em número suficiente para realizar as tarefas estratégicas e de segurança nessa área tão relevante. Essas coordenadorias não dispõem de meios de exercer, com efetividade, as atividades de planejamento, especificação, coordenação, controle e supervisão dos serviços prestados ao órgão. Algumas vezes têm dificuldade, até mesmo, em elaborar os editais de licitação e de dizer com clareza e objetividade o que a Administração necessita. Não se pode conceber que editais sejam elaborados pelas empresas prestadoras de serviço.

84. Essa situação, a meu ver, põe em sério risco setores estratégicos do governo, vez que informações de alta relevância administrativa e social transitam em bancos de dados, programas e computadores estatais, sobre os quais pode não haver controle efetivo. Houve caso já em que a empresa prestadora de serviços impediu o acesso da Administração à base de dados e a sistema de elevada importância para as funções sociais do governo. Trata-se de total inversão de valores, de, inequívoca, submissão indevida do interesse público ao particular, que somente veio a ser repelida pelas vias judiciais.

85. Penso que é o momento de se repensar e rever essa situação, adotando-se as medidas necessárias à recuperação da capacidade executiva das coordenadorias de informática, dando-lhes condições de exercer com eficácia, eficiência e efetividade seu relevante papel no setor público. [...]. (BRASIL, 2005a)

- *carência de planejamento e ingerência das contratadas na governança de TI*

45. Por outro lado, não se pode esquecer que o [...] precisa dispor, de imediato, dos meios necessários para planejar, definir, especificar, supervisionar e controlar as atividades das futuras prestadoras de serviços de informática, sob pena de perder a autoridade sobre a operação de sistemas estratégicos e incorrer em desperdício de recursos públicos. É indispensável que o [...] possa, de forma independente das prestadoras de serviço, verificar quais as necessidades de serviços de informática, se as atividades terceirizadas atendem a essas necessidades e se tais atividades estão sendo devidamente desenvolvidas. Não é razoável que as próprias executoras do serviço exerçam as tarefas de planejamento, definição, especificação, supervisão e controle em face da possibilidade de surgimento de conflitos de interesse causados pela falta de segregação de funções. [...]

47. No tocante à falta de compatibilidade entre o objeto da licitação e o planejamento do setor de informática do [...], ficou evidenciado que a falha decorreu da carência de pessoal, visto que o reduzido quadro de servidores não tem condições de elaborar plano estratégico ou plano diretor de informática. A 5ª Secex lembrou que a questão foi discutida no TC-008.693/2003-3 e resultou na expedição de determinações saneadoras por meio do Acórdão 1.558/2003-Plenário. (BRASIL, 2005a)

- *modelo ineficiente de contratação e remuneração dos serviços*

27. Na contratação de execução indireta por meio de locação de mão de obra, o órgão contratante solicita que a empresa contratada coloque à sua disposição número certo de empregados para desenvolver, sob supervisão do órgão, atividades instrumentais ou complementares conforme por ele determinado. Em razão das características do modelo, a remuneração dos serviços, em geral, é feita por meio da quantidade de horas trabalhadas ou posto de trabalho alocado.

28. Já no caso da execução indireta por prestação de serviços, esclarece o parecer do MP/TCU que acompanhou a Decisão 569/96-Plenário, a entidade contrata a empresa para realizar uma atividade-meio, por sua conta e risco, interessando à entidade tomadora dos serviços o resultado, *i.e.* o produto, a tempo e modo, independentemente de quais ou quantos funcionários a empresa contratada empregou. Nesse contexto, é redundante dizer que o modelo permite que se efetue a remuneração da contratada por meio da mensuração dos resultados alcançados.

29. Percebe-se que as formas usuais de remuneração da locação de mão de obra (horas trabalhadas e posto de trabalho) acarretam desvantagens para a Administração. Em primeiro lugar, porque permitem que se remunere a contratada pela mera disponibilização de pessoal, e não pelas horas efetivas de trabalho. Em segundo lugar e mais relevante, esse modelo possibilita a ocorrência daquilo que denomino "paradoxo do lucro-incompetência", ou seja, quanto menor a qualificação e capacitação dos prestadores do serviço, maior o número de horas necessário para executar o serviço contratado e, portanto, maior o custo para a Administração-contratante e maior o lucro da empresa contratada (v. Acórdãos 1.558 e 1.937/2003-Plenário). [...].

30. De seu turno, a contratação de prestação de serviços é mais vantajosa para o órgão ou entidade contratante, porque permite que a remuneração da contratada se dê com base na entrega do produto requerido. Assim, a Administração paga somente pelos serviços efetivamente realizados e aderentes às suas especificações, aferidos segundo padrões e métricas previamente estabelecidos. Por conseguinte, evita-se o desperdício de recursos públicos, favorece-se um controle mais eficaz e aumenta-se a chance de obtenção tempestiva dos resultados pretendidos.

31. Por essas razões, entendo que, no caso em exame, o [...] deva dar prioridade à contratação de execução indireta por meio de prestação de serviços em detrimento de locação de mão de obra. Ou seja, deve-se restringir a utilização da locação de mão de obra somente àquelas modalidades de serviço cujas características não permitam a execução mediante prestação de serviços. Nas hipóteses em que ambos os modelos forem aplicáveis, a preferência deve sempre recair sobre a prestação de serviços, tendo em vista as vantagens oferecidas por essa forma de contratação de execução indireta de serviços.

> 32. A partir da discussão supra, chega-se naturalmente à conclusão de que as vantagens da contratação de execução indireta por prestação de serviços se concretizam de maneira efetiva quando o modelo é vinculado à remuneração da empresa contratada por meio da mensuração de resultados, abandonando-se a possibilidade de pagamento por horas gastas na execução das atividades ou por postos de trabalho. (BRASIL, 2005a)

Finalmente, por meio do Acórdão nº 786/2006 - TCU - Plenário (de relatoria do autor), ainda em exame de monitoramento das determinações anteriormente exaradas pelo Tribunal em razão de específica fiscalização da contratação de Soluções de TI por um mesmo ministério, estabeleceu-se as bases de um novo modelo de contratação de tais soluções, a partir da identificação do antigo modelo, vindo a constituir tal julgado no marco referencial para a elaboração da Instrução Normativa SLTI/MP nº 4/2010 e da que lhe antecedeu, a Instrução Normativa SLTI/MP nº 4/2008.

O antigo modelo de contratação foi assim identificado no voto condutor desse julgado:

> 68. Pode-se dizer que o modelo de contratação antes adotado [...] consistia na reunião de todos os serviços de informática do órgão em um único e grande contrato, adjudicado a uma única empresa, com pagamentos realizados por hora-trabalhada.
>
> 69. É necessário que se esclareça que essa prática, que equivale à contratação dos serviços de um CPD completo e terceirizado, não se restringia ao Ministério [...]. Em diversos processos examinados pelo Tribunal, verificou-se que foram muitos os casos em que licitações de serviços de informática vinham sendo promovidas pela Administração Pública Federal sem que se procedesse à divisão do objeto em parcelas, como preconizado pelo art. 23, §§1º e 2º, da Lei nº 8.666/1993, apesar de tal alternativa se mostrar viável. A título de exemplo, podem ser citados certames realizados [...] (Concorrência 14/2000 - Decisão 1.067/2002 - Plenário), [...] (Concorrência 02/2003 - Acórdão 1.937/203 - Plenário), [...] (Concorrência 01/1999 - Acórdão 2.561/2004-2ª Câmara), [...] (Concorrência 03/2000 - Decisão 351/2002 - Plenário), entre outros.
>
> 70. Esse modelo apresentava uma série de desvantagens potencialmente causadoras de prejuízos aos cofres públicos e à atividade da Administração.
>
> 71. Como o contrato englobava todos os serviços do setor de informática, os requisitos de habilitação e de pontuação da proposta técnica estabelecidos no edital eram muito abrangentes. Assim, limitava-se a participação no certame às grandes empresas e se afastavam as empresas de menor porte, especializadas em determinadas áreas da informática.

Como consequência, aumentava-se o risco de onerar os futuros preços contratuais, pois se reduzia a possibilidade de obtenção de propostas mais vantajosas decorrentes da ampliação da competitividade.

72. Na fase de execução contratual, verificava-se que todos os sistemas, programas e bases de dados passavam a ser geridos por uma única empresa privada.

73. Do ponto de vista estratégico, tal situação não atendia ao interesse público. Isso, porque o domínio de uma única empresa sobre a área de informática do órgão poderia resultar na monopolização do conhecimento da operação do setor pela contratada. Esse monopólio poderia obstaculizar o acesso do órgão ao conhecimento, ocasionar a perda do controle da Administração sobre os sistemas institucionais, incluindo a perda da capacidade de decidir sobre as respectivas especificações, e criar dependência em relação à empresa para proceder a alterações e manutenção dos aplicativos. Não custa lembrar que já foram vistos nesta Corte casos em que o órgão praticamente se tornou refém da empresa contratada.

74. Do ponto de vista da segurança, essa concentração também poderia oferecer riscos. Em primeiro lugar, a empresa contratada teria acesso a *todos* os sistemas e dados do órgão, inclusive os estratégicos e sigilosos, dificultando o estabelecimento de mecanismos de proteção independentes pela Administração. Ademais, na hipótese de eventual impossibilidade da empresa em executar o contrato (falência, extinção, dificuldades financeiras, etc.), ficaria obstada a execução de *todos* os serviços de informática, podendo levar a sério impasse no cumprimento das atividades finalísticas do órgão. Imagine-se, por exemplo, os graves problemas econômicos e sociais que poderiam advir da paralisação dos sistemas informatizados que controlam o comércio exterior e o seguro-desemprego.

75. Além disso, ao prever o pagamento da contratada com base quase exclusivamente na hora-trabalhada, o modelo anterior poderia causar disfunções com reflexos negativos sobre a economicidade da contratação.

76. A primeira dessas disfunções correspondia ao que denomino paradoxo do lucro-incompetência. Isso significa que, quanto menor a qualificação dos profissionais alocados na prestação de serviço, maior o número de horas necessário para executá-lo, maior o lucro da empresa contratada e maior o custo para a Administração.

77. Outra disfunção consistia na tendência de se remunerar todas as horas de disponibilidade dos empregados da empresa, ainda que não produtivas, em razão da dificuldade da Administração em controlar a efetiva atividade dos profissionais terceirizados. Com isso, havia a possibilidade de que a empresa viesse a ser remunerada sem que houvesse a contraprestação em serviços efetivamente realizados. (BRASIL, 2006a).

Esse conjunto de deficiências, encontradas em um órgão de estatura ministerial, sinalizava para a necessidade de uma mudança substancial na forma de planejar, de contratar, de gerenciar e de pagar pelos serviços de Tecnologia da Informação.

Por dever de justiça, devo ressaltar que, após todo esse processo, houve significativa evolução no procedimento da contratação de TI no mencionado órgão ministerial, relatada pessoalmente pelos próprios gestores que sofreram com as sucessivas interrupções dos procedimentos licitatórios, os quais apoiaram e reconheceram o resultado final alcançado.

A Administração Pública não deveria mais sujeitar-se a esse modelo, invariavelmente presente nas contratações realizadas por todos, ou quase todos os órgãos e entidades, porquanto o modelo, outrora suficiente para as demandas dos serviços de TI relacionados às décadas anteriores, não mais atendia aos critérios de legalidade, economicidade, eficiência, nem ao real interesse público envolvido nas atividades finalísticas que, com a evolução tecnológica, passaram a ter sustentação nos diversos sistemas e recursos de Tecnologia da Informação.

CAPÍTULO 2

RELEVÂNCIA ATUAL DOS SERVIÇOS DE TI PARA AS INSTITUIÇÕES PÚBLICAS E PRIVADAS

Os recursos de Tecnologia da Informação são hoje, sem nenhuma dúvida, recursos estratégicos para quaisquer organizações, sejam públicas ou privadas.

Não apenas no ambiente organizacional, ou no profissional, mas também na vida privada de cada um de nós, esses recursos se revelam tão importantes que temos dificuldades de viver sem eles, ou, por outro prisma, somos simplesmente compelidos a viver com eles. Imaginemos, por exemplo, quantas senhas temos hoje que gerenciar, nós mesmos, como indivíduos dotados de compromissos e obrigações pessoais e profissionais?

Desde uma simples senha para acessar os dados de nosso computador pessoal, nosso *notebook*, até senhas para movimentações financeiras pela *internet*, relativas a contas bancárias, saques em caixas eletrônicos, e até mesmo de forma presencial junto aos caixas físicos da rede bancária, para compras pelo cartão de crédito e diversas outras transações inerentes ao dia-a-dia de qualquer pessoa, todas relacionadas ao acesso a um sistema informatizado, a uma rede de Tecnologia da Informação que tende a facilitar nosso cotidiano moderno. Até nos rincões do país se utilizam senhas e cartões eletrônicos para usufruir de benefícios concedidos à população mais carente.

Agora imagine o leitor as organizações que conhece sem o uso dos recursos de TI que dão suporte a todas essas atividades. Sem me estender, como seria um banco sem os sistemas de Tecnologia da Informação? Como seria a elaboração e a entrega de sua declaração de

Imposto de Renda sem tais recursos? Como seria tratar as informações relativas ao Fundo de Garantia do Tempo de Serviço, de milhões de brasileiros, sem tais recursos? Como seria o atendimento ao público junto ao Departamento de Trânsito, junto ao Instituto Nacional de Seguridade Social e a quaisquer órgãos que têm nos recursos de TI soluções para a agilização dos serviços?

Inúmeras outras situações podem ser imaginadas e nos levam a concluir que todos nós, pessoas físicas ou jurídicas, públicas ou privadas, dependemos, de algum modo, e em algum instante, da disponibilidade e integridade desses recursos. E já dependemos muito.

Por isso mesmo se tem dito que a TI é o "coração" da organização (pública ou privada): tem ela o poder de impulsioná-la ou paralisá-la. Quando mal gerenciada, a TI pode causar a paralisia da instituição; e de modo contrário, impulsioná-la. Os recursos e Soluções de Tecnologia da Informação automatizam, suportam e aprimoram cada dia mais os processos de trabalho da Administração.

A Administração está cada vez mais dependente do bom e regular funcionamento dos serviços de Tecnologia da Informação. E, o que é mais importante, a tendência é de aumento dessa dependência, por razões lógicas: a cada dia serão disponibilizados mais serviços aos cidadãos por meio de sistemas de informática. O e-Gov[5] (Governo Eletrônico) tende a se ampliar. E aquelas organizações que ainda não possuem seus processos de trabalho automatizados, o que é raro, o terão no futuro. As organizações que já possuem processos de trabalho automatizados intensificarão essa automatização, porque há agilização, eficiência e economia nos procedimentos.

A dependência das pessoas e organizações em relação a TI é grande e, atenção, repito, TENDE A CRESCER. Isso, pois, deve o leitor ter em mente, é a premissa de todo esse trabalho visando à melhoria da governança de TI na Administração Pública.

Hoje é possível afirmar-se que o fornecimento dos serviços de TI se aproxima, em essencialidade, ao fornecimento de energia elétrica, tamanha a sua necessidade para o regular funcionamento das instituições.

A Tecnologia da Informação tornou-se um dos principais instrumentos de desenvolvimento das atuais organizações, inclusive das públicas. As atividades de TI, em algumas situações, chegam a se

---

5 Segundo o portal <http://www.governoeletronico.com.br>, "o e-Gov pode ser entendido como uma das principais formas de modernização do estado e está fortemente apoiado no uso das novas tecnologias para a prestação de serviços públicos, mudando a maneira com que o governo interage com os cidadãos, empresas e outros governos".

confundir com as atividades-fim das organizações, veja-se, por exemplo, as lojas de comércio eletrônico. Tal circunstância era previsível.

Lembremo-nos que, há anos, por meio da Lei nº 7.232, de 1984, o Congresso Nacional já declarava que a Política Nacional de Informática deveria se orientar pela "natureza estratégica da informática e a influência desta no esforço desenvolvido pela Nação, para alcançar melhores estágios de bem-estar social".

A Constituição Federal de 1988, por sua vez, destacou a TI ao determinar a competência exclusiva da União para legislar sobre informática (art. 22, inciso IV). A vontade constitucional concretizou-se por meio da Lei nº 8.248, de 1991, conhecida como Lei de Informática, ainda em vigor, com as alterações necessárias.

A importância da TI na gestão do setor público também pode ser aquilatada pela iniciativa do Governo Federal em criar, por meio do Decreto nº 99.180, de 1990, um Sistema de Controle da Informática do Setor Público, cujo órgão central era a então Secretaria da Administração Federal, atualmente, a cargo da Secretaria de Logística e Tecnologia da Informação (SLTI) do Ministério do Planejamento, Orçamento e Gestão (MPOG ou, simplesmente, MP).

Por meio do Decreto nº 1.048, de 1994, essa estrutura veio a se tornar o Sistema de Administração dos Recursos de Informação e Informática (SISP), atualmente substituído pelo Decreto nº 7.579/2011, no qual o SISP passou a se denominar Sistema de Administração dos Recursos de Tecnologia da Informação (SISP).

Tal sistema é responsável pelo planejamento, coordenação, organização, operação, controle e supervisão dos recursos de TI dos órgãos e entidades da administração pública federal direta, autárquica e fundacional, em articulação com os demais sistemas utilizados direta ou indiretamente na gestão da informação pública.

Tamanha é a importância, também sob o ponto de vista econômico-financeiro, da Tecnologia da Informação, em termos de contratações de soluções, que, somente para se ter ideia, o orçamento total previsto para a contratação de Soluções de TI para a Administração Pública Federal em 2010 foi de aproximadamente R$12,5 bilhões, e, para o ano de 2011, cerca de R$18 bilhões.

Diante da grande importância e materialidade de recursos envolvidos, as significativas desvantagens do modelo anterior de contratação de serviços de TI, as suas consequências, a essencialidade e a natureza estratégica desses serviços, apontavam, portanto, para a necessidade de construção de um novo modelo de contratação, modelo esse pautado em uma série de diretrizes que devem ser observadas por todos os gestores públicos, da área de TI, da área administrativa e da área de negócio das organizações públicas, para que as contratações de TI sejam pautadas na economicidade, na qualidade e no atendimento dos interesses estratégicos das organizações públicas, conforme apresentado a seguir.

CAPÍTULO 3

ATUAL MODELO DE CONTRATAÇÃO DE SOLUÇÕES DE TI

3.1 Diretrizes do atual modelo de contratação de Soluções de TI

A nova modelagem surgiu da necessidade de tornar a contratação mais eficiente, eliminando-se os riscos inerentes ao modelo anterior, ao mesmo tempo em que se garantiria a reversão das fraquezas outrora verificadas em prol da maximização da eficiência, integridade e continuidade da expansão dos serviços de Tecnologia da Informação, do ponto de vista estratégico das instituições.

O novo modelo de contratação fundamenta-se em um conjunto de diretrizes que necessitam ser observadas por quaisquer instituições públicas, vez que plenamente amparadas no ordenamento jurídico vigente.

Muito embora essas diretrizes tenham-se condensado por meio de Instrução Normativa editada pela Secretaria de Logística e Tecnologia da Informação, do Ministério do Planejamento, Orçamento e Gestão, pode-se dizer que, por estarem amparadas em leis e na Constituição Federal, como será visto, vinculam todos os órgãos e entidades da Administração Pública e não apenas aqueles sujeitos às normas editadas pela referida Secretaria (IN SLTI/MP nº 4/2010).

O novo modelo se funda em um conjunto de nove diretrizes básicas e fundamentais ao processo de contratação, execução e gestão dos serviços de TI, a seguir expostos.

3.1.1 Planejamento da contratação

Diretriz nº 1 – Planejamento da contratação: A contratação de Tecnologia da Informação precisa ser previamente organizada, devidamente planejada. Tal planejamento envolve a realização de estudos técnicos preliminares, bem como o processo de elaboração de projeto básico, de edital, de minuta de contrato, que permitam identificar o objeto a ser contratado, selecionar o fornecedor e conduzir a execução contratual, tudo com qualidade.

Esse planejamento envolve não apenas os aspectos legais e jurídicos da contratação, mas também os aspectos técnicos e o levantamento das reais necessidades do órgão naquele dado momento. Envolve o conhecimento sobre se a contratação ocorrerá dentro das prioridades da organização, definidas em seu planejamento estratégico, conforme será visto mais adiante.

É sem dúvida a diretriz mais importante, pois de um planejamento inadequado ou inexistente decorrem os principais problemas verificados nas contratações de TI, atualmente. Mas não só nas contratações de TI.

3.1.2 Parcelamento do objeto

Diretriz nº 2 – Parcelamento do objeto em tantos itens quantos sejam técnica e economicamente viáveis.

Parte-se da premissa de que, em princípio, as soluções, serviços e bens nem sempre serão contratados de modo conjunto com uma única empresa. Tudo o que for técnica e economicamente viável dividir-se em parcelas de serviços ou de bens, será objeto de contratações distintas, seja por meio de licitações independentes, seja mediante a adjudicação por itens diversos em uma mesma licitação.

Naturalmente, essa forma de licitação envolverá o estabelecimento de exigências de habilitação e de avaliação da proposta técnica específicas para cada parcela de serviço ou bens, de maneira a garantir a ampliação do universo de licitantes, e a propiciar ampla competitividade, que tem, em regra, como benefício a natural redução dos preços contratados.

3.1.3 Mensuração e pagamento dos serviços por resultado

Diretriz nº 3 – Mensuração e pagamento dos serviços por resultado alcançado e verificado, e não por horas trabalhadas ou por postos de serviços.

Essa é a regra, pois haverá casos excepcionais em que o pagamento deva se dar por horas trabalhadas ou por postos de serviços, caso em que o administrador público deve, obrigatoriamente, justificar essa forma de mensuração e pagamento.

3.1.4 Avaliação de qualidade do objeto contratual

Diretriz nº 4 – Avaliação da qualidade dos bens adquiridos e serviços prestados: Ao se mensurar os serviços em razão dos resultados apresentados pelo prestador, necessariamente haverá que se mensurar também o nível de qualidade em comparação com aquele nível de serviço exigido em contrato, devidamente definido na fase de planejamento da contratação. A mesma ideia se aplica na aquisição de bens.

3.1.5 Estruturação do quadro próprio de pessoal de TI

Diretriz nº 5 – Estruturação do quadro de pessoal de TI com servidores permanentes suficientes e capacitados na gestão de TI.

Toda essa mudança exige o fortalecimento dos quadros próprios de pessoal relacionados aos serviços de Tecnologia da Informação. Sem a recomposição dos quadros, sem as pessoas necessárias para realizar o planejamento e o gerenciamento dos serviços contratados, não há como por em prática o novo modelo de contratação, execução e monitoramento dos serviços.

Dentro dessa diretriz a preocupação não reside nas pessoas que executarão os serviços, pois estas, em regra, encontram-se abrangidas no contrato celebrado com o prestador de serviço. Diz respeito, portanto, a pessoas com capacidade para gerenciar, passando, assim, pelo fortalecimento da gerência e governança das unidades de TI.

São exemplos de requisitos desse pessoal a capacidade de planejamento, supervisão, monitoramento, acompanhamento e fiscalização. Necessário, ainda, a título de exemplo, possuir capacidade de fixar acordos de níveis de serviço, os quais serão mensurados e pagos pela Administração.

Deve-se ainda garantir remuneração suficientemente adequada para que o capital humano detentor de conhecimento necessário a tais atividades não fique sujeito a rotatividade excessiva.

Enfim, a estruturação dos quadros de pessoal de TI passa por obter, capacitar e remunerar adequadamente os profissionais dessa área estratégica.

3.1.6 Boa governança de TI

Diretriz nº 6 – Governança de TI,[6] agregando valor e minimizando os riscos atrelados à área de TI.

A governança, diferentemente da gestão de TI, envolve o nível estratégico da organização. A gestão, por sua vez, apenas cumpre os objetivos traçados em nível estratégico pela organização.

Além do mais, a governança de TI envolve a área de TI, a área administrativa e, principalmente, as áreas de negócio da organização, devendo-se entender que governar a Tecnologia da Informação não é atribuição dos responsáveis por essa área, mas *da alta administração,* atribuição essa que não deve ser delegada, ainda que muitos dirigentes não tenham essa percepção, como, por exemplo, à auditoria interna, pois essa é responsável por fazer uma avaliação dos controles internos com vistas à indução de melhorias, mas os controles são ditados pelas normas e pela alta administração.

3.1.7 Boa gestão de TI

Diretriz nº 7 – Gestão de TI, com ações de execução das diretrizes emanadas da alta administração, planejando e contratando as Soluções de TI.

Envolve a efetiva atividade de gestão dos bens e serviços, com participação ativa nos processos de planejamento e contratação seguindo as diretrizes emanadas da alta administração,[7] a envolver corpo gerencial qualificado para tanto.

3.1.8 Controle efetivo da execução contratual

Diretriz nº 8 – Controle efetivo da execução contratual: A execução contratual necessita ser bem gerida, e isso começa no planejamento, a partir da definição das cláusulas adequadas e necessárias à garantia da boa execução contratual.

---

6 "O sistema pelo qual o uso atual e futuro da TI é dirigido e controlado" (NBR 38.500, item 1.6.3).

7 "O gestor e a alta administração são responsáveis pelos processos de gestão de risco e controles da organização" (IIA, IPPF, 2120-1).

3.1.9 Observância da legislação e jurisprudência

Diretriz nº 9 – Observância da legislação e jurisprudência pertinentes: Uma vez que o antigo modelo, se empregado às atuais contratações dos bens e serviços de Tecnologia da Informação, representa clara ofensa ao ordenamento jurídico, o novo e atual modelo compreende a observância da legislação, como será detalhadamente visto, bem assim, as orientações jurisprudenciais constantes dos acórdãos proferidos pelo Tribunal de Contas da União sobre o tema.

Essas diretrizes nortearam a elaboração, inicialmente, da Instrução Normativa SLTI/MP nº 4/2008, atualizada na da Instrução Normativa SLTI/MP nº 4/2010, hoje vigente, norma essa que veio disciplinar os processos de contratação de Soluções de Tecnologia da Informação no âmbito do Poder Executivo Federal.

Ressalta-se que tais diretrizes não são fundamentos ou parâmetros retirados da referida instrução normativa. Antes disso, por serem mais abrangentes que a própria norma referida, são verdadeiros princípios norteadores dos processos de contratação na área de TI e da própria Instrução Normativa, amparados em normas legais e constitucionais.

Fácil perceber, portanto, que ainda que não existisse a referida IN, os administradores públicos deveriam desenvolver alguma forma de contratar que de todo modo viesse a observar tais diretrizes.

Se não forem observados os procedimentos descritos na referida norma, outra forma parecida há que se desenvolver, a partir das diretrizes que norteiam esse modelo de contratação.

É o caso, por exemplo, das contratações realizadas pelos órgãos e entidades que não se encontrem sujeitos diretamente à referida instrução normativa expedida pelo Poder Executivo Federal.

Se o planejamento, por exemplo, é um dever do gestor público, e não uma faculdade, conforme se verá adiante, pouco importa se esse administrador está ou não sujeito à referida IN do Ministério do Planejamento, pois deverá planejar as contratações de TI.

Da mesma forma, se o "parcelamento dos serviços em tantos itens quantos sejam técnica e economicamente viáveis" corresponde a uma obrigação legal, conforme também será demonstrado, o gestor público tem o dever jurídico e funcional de observá-lo em suas contratações, independentemente de estar ou não obrigado ao cumprimento da referida instrução normativa.

A IN SLTI/MP nº 4/2010, no entanto, torna mais fácil a aplicação de tais diretrizes e cria um procedimento, uma metodologia de apoio, ao mesmo tempo em que vincula determinados órgãos e entidades à sua observância, consistindo nos elementos mínimos a serem considerados para uma contratação de TI dentro dos parâmetros de legalidade, economicidade e eficiência.

3.2 Âmbito de incidência da Instrução Normativa SLTI/MP nº 4/2010

A Instrução Normativa SLTI/MP nº 04, de 12 de novembro de 2010, é o resultado do aprimoramento da Instrução Normativa SLTI/MP nº 04/2008, verdadeiro marco normativo e regulatório da nova modelagem de contratação de Soluções de Tecnologia da Informação.

Surgiu de estudos realizados pelo Ministério do Planejamento, por meio de sua Secretaria de Logística e Tecnologia da Informação, por impulso de deliberações advindas do Tribunal de Contas da União, em decorrência de fiscalizações realizadas nos órgãos e entidades da Administração Pública Federal, com destaque para a medida constante do Acórdão nº 786/2006 – TCU - Plenário (de relatoria do autor), mediante o qual se recomendou:

> 9.4. [...] à Secretaria de Logística e Tecnologia da Informação do Ministério do Planejamento, Orçamento e Gestão que, a partir das diretrizes expostas na seção III do voto antecedente e nos Acórdãos deste Tribunal, sobretudo os de número 667/2005, 2.103/2005, 2.171/2005 e 2.172/2005, todos do Plenário, *elabore um modelo de licitação e contratação de serviços de informática para a Administração Pública Federal e promova a implementação dele nos diversos órgãos e entidades sob sua coordenação mediante orientação normativa, que deve conter no mínimo*: [...]. (BRASIL, 2006a, grifos nossos)

À ocasião, o Tribunal fixou um prazo para a adoção dessa medida e sua apresentação àquele órgão de controle externo, o que veio a ser concluído posteriormente.

Com efeito, em uma primeira tentativa de dar cumprimento a essa recomendação do TCU, o Ministério do Planejamento encaminhou-lhe uma minuta de Instrução Normativa contendo os regramentos julgados suficientes para tal.

Após ter sido examinada pelo Tribunal, mediante o Acórdão nº 1.480/2007 - Plenário (de relatoria do autor), a Corte de Contas expediu nova recomendação àquele ministério, para que, no cumprimento daquele acórdão anterior, procurasse contemplar a modelagem nele referida e os regramentos mínimos indicados nos seus respectivos subitens, em documento normativo que tratasse exclusivamente de licitação e contratação de serviços de Tecnologia da Informação, distinta da norma que se refere genericamente a contratação de outros serviços, continuados ou não, que foi o apresentado para exame nessa ocasião.

Só depois dessa nova recomendação, portanto, os estudos culminaram na elaboração de norma específica, editada sob a forma da IN SLTI/MP nº 4/2008, posteriormente transformada na IN SLTI/MP nº 4/2010.

Neste ponto, ressalta-se e louva-se o excelente trabalho da equipe técnica da Secretaria de Logística e TI, do Ministério do Planejamento, Orçamento e Gestão, que elaborou a IN SLTI/MP nº 4/2008, atualizada em 2010, que propiciou à Administração Pública Federal um roteiro seguro e de qualidade para a realização das contratações de TI.

3.2.1 Sujeitos alcançados pela Instrução Normativa SLTI/MP nº 4/2010

A IN veio disciplinar o processo de contratação de Soluções de Tecnologia da Informação pelos órgãos integrantes do Sistema de Administração dos Recursos de Tecnologia da Informação (SISP) do *Poder Executivo Federal*.

Integram o SISP, consoante o art. 3º do Decreto nº 7.579/2011, e, portanto, devem obrigatoriamente observar a IN SLTI/MP nº 4/2010:

a) a SLTI/MPOG, como órgão central;

b) os órgãos da Administração Direta Federal; e

c) as autarquias e fundações públicas federais.

De outro lado, *não estão obrigados* a observar as disposições da IN nº 04/2010:

a) as Empresas Públicas e Sociedades de Economia Mista;

b) os órgãos do Poder Judiciário, do Poder Legislativo, do Ministério Público e do Tribunal de Contas da União; e

c) os órgãos e entidades públicas estaduais e municipais.

Em que pese esse conjunto de instituições não estar obrigado a aplicar as disposições da referida instrução normativa, seus órgãos e entidades *podem optar*, e seria uma boa alternativa, pela utilização da referida norma, uma vez que ela disciplina os procedimentos necessários à realização de contratações de TI com qualidade, seguindo, inclusive, as diretrizes que regem o atual modelo de contratação de Soluções de TI.

Recentemente, foi editada a IN/SLTI/MP nº 2, de 14 de fevereiro de 2012, a qual excluiu da aplicação da IN/SLTI/MP nº 4/2010, conforme art. 1º acrescido pela novel instrução normativa, a contratação:

- com estimativa de preços inferior ao limite estipulado no art. 23, inciso II, "a", da Lei nº 8.666/1993 (compras e serviços de até R$80.000,00);
- por dispensa de licitação (art. 24, inciso VIII, da Lei nº 8.666/1993) de órgão ou entidade que integre a Administração Pública e que tenha sido criado para esse fim específico (o de prestar serviços a pessoas jurídicas de direito público interno); e
- contratação, por dispensa de licitação, da empresa pública vinculada ao Ministério da Fazenda, denominada Serviço Federal de Processamento de Dados – Serpro (art. 2º da Lei nº 5.615/1970, com a redação da Lei nº 12.249/2010).

3.2.2 Exclusão das contratações de baixo valor

No primeiro caso, conquanto se possa admitir que as contratações de Soluções de TI de baixo valor talvez não necessitem se mostrar aderentes a todas as exigências constantes da instrução normativa, considerando uma relação de custo-benefício, e do ponto de vista da gestão administrativa, nosso entendimento é de que a redação não foi feliz, ao excluir completamente a aplicação de tão importante instrumento.

Nosso argumento reside no fato de que há procedimentos previstos na referida norma que são comuns a quaisquer contratações de Soluções de TI, a exemplo do documento de "oficialização da demanda", em que a área solicitante descreve suas necessidades e os objetivos a serem alcançados com a contratação pretendida, documento esse necessário em qualquer contratação, seja ela pequena ou grande, de modo que não haveria razão para sua não consideração nessas contratações. No mesmo sentido, várias outros comandos constantes da instrução normativa, visualizáveis por sua simples leitura, poderiam perfeitamente ser observados.

Melhor seria, portanto, que tivesse sido apresentada redação de modo a conferir maior abertura, sem descartar integralmente a aplicação da referida norma em licitações situadas no parâmetro de preços apontado, como por exemplo: "esta instrução normativa se aplica, *no que couber*, a contratações com estimativa de preços inferior ao limite estipulado no art. 23, inciso II, 'a', da Lei nº 8.666/1993".

Convém que todas as contratações de TI numa entidade pública sigam procedimento único, podendo alguma etapa desse procedimento ser excluída ou simplificada, de acordo com o objeto a ser contratado, mas não convém que todo o procedimento venha ser excluído para determinado objeto, como foi o caso.

Nada impede, todavia, ao gestor público mais cauteloso, adotar, dessa forma, procedimentos e orientações constantes da referida instrução normativa, no que couber.

3.2.3 Exclusão das contratações diretas com base no art. 24, VIII, da Lei nº 8.666/1993

A segunda hipótese de exclusão, trazida pela IN/SLTI/MP nº 2/2012, compreende a contratação, por dispensa de licitação, sob o fundamento do art. 24, inciso VIII, da Lei nº 8.666/1993, de órgão ou entidade que integre a Administração Pública e que tenha sido criado para esse fim específico, qual seja, o de prestar serviços de TI a pessoas jurídicas de direito público interno.

O dispositivo da Lei de Licitações permite ser dispensável a licitação para a aquisição, por pessoa jurídica de direito público interno (administração direta, autarquias e fundações públicas), "de bens produzidos ou serviços prestados por órgão ou entidade que integre a Administração Pública e que tenha sido criado para esse fim específico em data anterior à vigência desta Lei", com a seguinte ressalva da parte final do dispositivo: "desde que o preço contratado seja compatível com o praticado no mercado".

De acordo com a jurisprudência predominante, "criado para esse fim específico" deve ser lida como sendo *criado para prestar o serviço de Tecnologia da Informação a pessoa jurídica de direito público interno*. Sendo assim, se a Administração Federal contar com uma pessoa jurídica que a integre, e que foi criada para o específico fim de prestar o serviço de informática aos órgãos da administração direta, autarquias e fundações públicas, ela pode ser contratada com base nos referidos dispositivos. É, por exemplo, o caso do Serpro e da Dataprev.

Novamente, entendemos passível de críticas referida exclusão. Entendemos não haver justificativa de ordem técnica ou jurídica para se proceder a tal exclusão. Pelo simples fato de se tratar de contratações realizadas entre entidades da Administração Pública não se lhe aplicaria o disposto na instrução normativa acerca do planejamento da contratação? Não seria necessário monitoramento efetivo da execução contratual?

Pensamos que sim. Tudo o que consta da instrução normativa é também válido para as contratações perante entidades da Administração Pública, pois envolve a transferência de recursos para o prestador, com o objetivo de que preste serviços a preços justos, com qualidade e eficiência desejados pelo contratante, e com observância a todos os princípios legais e constitucionais, que impõem a observância de formalidades, planejamentos, controles e fiscalização.

Melhor seria, então, que não se tivesse excluído tal tipo de contratação da aplicação da IN SLTI/MP nº 4/2010. Talvez a redação mais adequada teria conduzido a se aplicar, *no que couber*, as disposições de tal instrução normativa às referidas contratações.

De qualquer modo, ainda que tal exclusão permaneça, na ausência de procedimentos específicos aplicáveis a essas contratações, devem elas observar as diretrizes do novo modelo de contratação, mencionados no tópico 3.1, tanto quanto possível. Como já dito, essas diretrizes são como princípios aplicáveis a quaisquer contratações de Soluções de TI, e que encontram arrimo no próprio ordenamento jurídico, conforme será visto mais adiante.

3.2.4 Exclusão das contratações previstas no art. 2º da Lei nº 5.615/1970

Veja-se a referência ao disposto na Lei nº 5.615/1970 se refere pontualmente ao Serpro, nas seguintes condições previstas pela referida Lei:

> Art. 2º É *dispensada a licitação* para a contratação do Serviço Federal de Processamento de Dados – SERPRO pela União, por intermédio dos respectivos órgãos do *Ministério da Fazenda e do Ministério do Planejamento, Orçamento e Gestão,* para a prestação de serviços de tecnologia da informação *considerados estratégicos,* relacionados com as atividades de sua especialização. (Redação dada pela Lei nº 12.249, de 2010)
>
> §1º *Ato do Ministro* de Estado da Fazenda *especificará* os *serviços estratégicos* do Ministério da Fazenda e ato do Ministro de Estado do Planejamento, Orçamento e Gestão especificará os serviços estratégicos do Ministério do Planejamento, Orçamento e Gestão. (Incluído pela Lei nº 12.249, de 2010). (BRASIL, 1970, grifos nossos)

Ou seja, nesse caso, haverá prévia determinação do Ministro da Fazenda ou do Ministro do Planejamento, Orçamento e Gestão, de quais serviços são considerados estratégicos, de modo a se permitir a contratação por dispensa. Nessa hipótese, segundo o art. 1º da IN/SLTI/MP nº 4/2010, com a redação dada pela IN/SLTI/MP nº 2/2012, não se aplicam à contratação as disposições da IN nº 4/2010.

Novamente, ao excluir a aplicação da instrução normativa a esse tipo de contratação, não se definiu quais os procedimentos que lhes seriam aplicáveis. De todo modo, novamente é possível concluir que, enquanto não definidos, essas contratações também devam observar as diretrizes aqui apontadas, as quais são amparadas em todo o ordenamento jurídico.

Além do mais, necessário observar o que consta dos parágrafos seguintes do referido art. 2º da Lei nº 5.615/1970:

> 2º Ao Serpro é *vedada a subcontratação* de outras empresas para que prestem os serviços estratégicos a que se refere este artigo. (Incluído pela Lei nº 12.249, de 2010)
>
> §3º Os atos de contratação dos *demais serviços de tecnologia da informação,* não especificados como serviços estratégicos, seguirão as *normas gerais de licitações e contratos.* (Incluído pela Lei nº 12.249, de 2010)
>
> §4º O disposto neste artigo não constitui óbice a que *todos os órgãos e entidades da administração pública* venham a contratar serviços com o Serpro, mediante *prévia licitação ou contratação direta* que observe as normas gerais de licitações e contratos. (Incluído pela Lei nº 12.249, de 2010). (BRASIL, 1970, grifos nossos)

Perceba que não há, neste caso, possibilidade de subcontratação. Ou seja, embora excluída a aplicação da IN/SLTI/MP nº 4/2010, de um lado, de outro não é possível a execução dos serviços por terceira empresa, pois vedada a subcontratação.

Ainda nesse caso, em nosso entendimento, não há qualquer óbice à adoção da instrução normativa, *no que couber*, sendo que esse procedimento deveria ser pensado prioritariamente pelo gestor público, atendendo ao princípio da precaução. Recomendamos, portanto, em todo o caso, a observância do que consta na instrução normativa, para a própria segurança da administração contratante.

3.2.5 Regras para contratação de empresas públicas prestadoras de serviços de TI contidas no Acórdão 1.233/2012 - TCU - Plenário

Cabe, por fim, mencionar as disposições do Acórdão nº 1.233/2012 - Plenário (Rel. Min. Aroldo Cedraz) acerca das contratações de empresas públicas prestadoras de serviços de TI. Na hipótese, foi determinado à Secretaria de Logística e Tecnologia da Informação, do Ministério do Planejamento, que orientasse os órgãos e entidades de sua jurisdição que tiverem contrato com tais empresas, para que analisem a conformidade dos termos de contrato e do projeto básico e verifiquem se:

> 9.3.4.1.1. foi realizado o adequado planejamento da contratação, consistindo na execução do processo de planejamento previsto na IN – SLTI/MP 4/2010 se for integrante do Sisp (IN – SLTI/MP 4/2010, art. 18, inciso II) ou, caso não o seja, se foram realizados os devidos estudos técnicos preliminares (Lei nº 8.666/1993, art. 6º, inciso IX);
>
> 9.3.4.1.2. as especificações do objeto são precisas e suficientes, em conformidade com a Lei nº 8.666/1993, art. 6º, IX;
>
> 9.3.4.1.3. os critérios de mensuração dos serviços são precisos e suficientes, de acordo com o determinado na Lei nº 8.666/1993, art. 6º, IX, e (também necessários de acordo com a IN – SLTI 4/2010, art. 14, II, a);
>
> 9.3.4.1.4. a metodologia de avaliação da adequação dos produtos é precisa e suficiente, de acordo com o determinado na Lei nº 8.666/1993, art. 6º, IX, e (também necessária de acordo com a IN – SLTI 4/2010, art. 14, II, c);
>
> 9.3.4.1.5. as cláusulas de penalidades contidas na Lei nº 8.666/1993, art. 87, de acordo com o determinado na Lei nº 8.666/1993, art. 55, VII e VIII, são detalhadas e atendem aos princípios da razoabilidade, proporcionalidade e prudência (e também o previsto na IN – SLTI 4/2010, art. 15, III, h);
>
> 9.3.4.1.6. o modelo de pagamento é vinculado a resultados, obedecendo ao princípio constitucional da eficiência (e também ao previsto no Decreto nº 2.271/1997, art. 3º, §1º, e na IN – SLTI 4/2010, art. 15, §§2º e 3º);
>
> 9.3.4.1.7. a justificativa dos preços contratados é adequadamente fundamentada em arrazoada pesquisa de mercado, de acordo com o determinado na Lei nº 8.666/1993, art. 26, III, inclusive com a análise da planilha de composição de custos dos serviços, necessária segundo a Lei nº 8.666/1993, art. 7º, §2º, II; [...].

Note-se a obrigatoriedade nessas contratações, ainda que excluído o procedimento da IN/SLTI/MP nº 4/2010, de realização de planejamento adequado, a elaboração e especificações de objeto precisas e suficientes, a definição de critérios de mensuração de resultados, a definição do modelo de pagamento vinculado a resultados, a definição de metodologia de avaliação de qualidade e de adequação do objeto às especificações e justificativa dos preços contratados.

Recomendável, portanto, a aplicação do procedimento da IN/SLTI/MP nº 4/2010, no que couber.

CAPÍTULO 4

PLANEJAMENTO INSTITUCIONAL E SETORIAL DE TI

4.1 Que é planejar?

Conforme a conhecida teoria clássica da administração, são funções administrativas essenciais: o planejamento, a coordenação, o comando, a organização e o controle.

Dentre essas funções, confere-se especial relevo ao planejamento, atividade pensante das pessoas e das organizações, e que nos permite visualizar o ponto futuro a que desejamos chegar, a partir de onde estamos, e de que forma poderemos alcançá-lo.

Esse raciocínio simplista já nos permite extrair uma definição mais natural: planejamento é a construção, no plano teórico, do futuro, por meio da observação da realidade e da definição dos meios de se alcançá-lo tal como previsto.

Mas não só isso.

Poderíamos então buscar uma construção teórica do que é planejamento junto à abalizada doutrina encontrada nos livros de Administração, todavia, sendo dispensável para fins de se entender sua importância para a atividade administrativa de contratação de Soluções de TI.

Em vez disso, portanto, buscamos conceito também de simples entendimento, disponível democraticamente por meio da Solução de TI mais utilizada no mundo: a *internet*. Dela, retiro o conceito, a seguir, constante na Wikipédia, porquanto nos parece refletir, de forma ampla e clara, seu alcance:

> O planejamento [...] é uma ferramenta administrativa que possibilita *perceber a realidade, avaliar os caminhos, construir um referencial futuro, estruturando o trâmite adequado*, e *reavaliar todo o processo* a que o planejamento se destina. [...] o lado racional da ação. Tratando-se de um *processo de deliberação abstrato* e *explícito* que *escolhe* e *organiza ações, antecipando os resultados esperados*. (WIKIPÉDIA, 2012, grifos nossos)

Veja leitor que a principal função do planejamento é construir um referencial futuro. Quem planeja não terá o futuro que as circunstâncias e o acaso lhe reservam, pois construirá seu próprio futuro. Essa a ideia principal a ser extraída.

Sem embargo, nesse processo de construção do referencial futuro, são necessárias ações que compreendem todo o processo de planejamento, a exemplo da percepção da realidade atual de quem planeja, a definição dos caminhos, estratégias e ações que conduzam ao alcance dos objetivos futuros pretendidos, permitindo-se a reavaliação periódica de todo o processo.

O planejamento é essencial, não apenas para as organizações, como para a própria vida pessoal.

Exemplificando, suponhamos que se deseje alcançar um doutorado em Harvard, em Governança de Tecnologia da Informação. Se esse é o futuro desejado, provavelmente é ele fruto de uma prévia análise da situação atual e futura da área técnica desejada, da demanda atual e futura por profissionais assim qualificados, da potencial evolução dos serviços de governança, enfim, de um conjunto de informações prévias que lhe permitiram definir esse referencial, bem como os caminhos possíveis para alcançá-lo, a partir do ponto em que você se encontra atualmente.

Nesse processo podem surgir objetivos secundários prévios e necessários ao alcance do objetivo principal, como, por exemplo, adquirir recursos financeiros e fluência suficiente em inglês, os quais, na fase de planejamento, devem ser quantificados (definidos o nível de fluência em língua estrangeira e a quantidade de recursos financeiros), podendo, assim, ser chamados de metas específicas. Definidas as metas, determina-se as ações necessárias ao seu alcance (*v.g.*, realização de curso de inglês e de trabalho remunerado adicional). E, assim, vai-se construindo o planejamento, a partir de estratégias, metas e ações.

Nesse curso, as condições iniciais podem vir a ser alteradas, com o surgimento, por exemplo, de situações novas imprevisíveis, ou, simplesmente, não previstas. Para contemplar essas situações, o processo de planejamento compreende também as atividades de reavaliação periódica das premissas originais adotadas e das alternativas para continuidade, ou não, do plano desenhado.

Suponha-se, no exemplo do doutorado, a insuficiência na acumulação de recursos financeiros decorrentes de despesas adicionais imprevistas. Nesse caso, no momento da reavaliação do planejamento, nova meta deve ser definida, bem como a estratégia e as ações necessárias ao alcance da nova meta.

Sem a reavaliação do planejamento e alteração do plano, não seria possível o alcance do objetivo pretendido. Planejamento sem reavaliação periódica é atividade destinada ao fracasso. Por isso, convém que a metodologia e a ferramenta que vierem a ser escolhidas para realizar o planejamento facilitem a reavaliação e a alteração do plano.

Nas instituições, por se tratar sempre de um conjunto de atividades e pessoas que agem de forma organizada e coordenada para determinado fim, o planejamento deve ser realizado de forma mais formal e estruturada.

O planejamento é necessário para o desenvolvimento e aperfeiçoamento das organizações, para sua própria sobrevivência futura. É também necessário para evitar desperdício de esforço e de recursos materiais e econômicos.

Perceba que uma organização que não realiza planejamento age como uma canoa que desce o rio, sem remo. É conduzida de acordo com as condições de navegação do rio, e não conforme a sua vontade. Todavia, aquele que age impulsionado por processo de planejamento, tem condições não apenas de descer o rio, mas de também subi-lo e de enfrentar situações adversas no curso da navegação, avaliando opções opostas e alternativas que exigem capacidade própria de condução.

Organizações que desejam ser melhores no futuro necessitam conduzir ações planejadas para tal objetivo. Então, por que planejar as ações de Tecnologia da Informação?

4.2 Por que planejar?

Planejando adequadamente, avança-se em diversos e relevantes aspectos.

O primeiro deles é que os objetivos estratégicos institucionais passam a ser bem definidos. Determina-se a direção a ser seguida pela organização. Além disso, os objetivos e ações de TI são também definidos e podem ser alinhados com esses objetivos estratégicos institucionais. As contratações de Soluções de TI passam a ter raízes no planejamento estratégico institucional, deixa-se, portanto, de fazer TI por TI, mas sim TI em benefício da organização.

Além disso, as relações de dependência entre as contratações passam a ser consideradas no procedimento, de modo a se estabelecer uma sequência adequada de contratação de soluções TI que garanta não haver descompasso entre as soluções adquiridas e as necessidades da organização pública, a seu tempo.

Para se ter ideia de quão grave podem ser os reflexos da falta de planejamento em relação à interdependência das licitações, imagine que determinado órgão inicie processo licitatório para aquisição de novas estações de trabalho visando a atender ao aumento do número de servidores públicos, recém nomeados e em vias de serem alocados na instituição.

Sem qualquer planejamento prévio os computadores são adquiridos. Ao serem disponibilizados para instalação, percebe-se, por exemplo, que a rede local precisaria ser ampliada para receber novas conexões e tráfego de rede decorrentes desse incremento de estações de trabalho. Consequentemente, os novos computadores ficarão sem uso até que se especifique e inicie a licitação para a ampliação de tais serviços de rede. Essa situação, aparentemente grotesca, ocorreu na realidade, lamentavelmente.

Um mínimo de planejamento evitaria tal situação. Perceba o leitor que o planejamento envolveria nesse caso observar não apenas as contratações de Soluções de TI como um todo, mas também o plano estratégico da instituição, os objetivos de incremento de pessoal, que conduzirão ao aumento da demanda por serviços de TI.

4.3 Prazo orçamentário

Além disso, com o planejamento, o orçamento de TI de determinado exercício pode ser tempestivamente proposto no exercício anterior e a sua execução passa a ser adequadamente gerenciada.

Perceba, neste ponto, a importância do planejamento. Na Administração Pública existe prazo para a elaboração do orçamento para o ano seguinte, o que demanda, portanto, prévio planejamento das demandas relativas à área de Tecnologia da Informação.

Conforme o art. 165, §9º, da Constituição Federal, cabe à Lei Complementar dispor sobre o exercício financeiro, a vigência, os prazos, a elaboração e a organização do plano plurianual, da lei de diretrizes orçamentárias e da lei orçamentária anual, dispondo ainda o art. 166,

§6º, também da Constituição, que os projetos de lei do plano plurianual, das diretrizes orçamentárias e do orçamento anual serão enviados pelo Presidente da República ao Congresso Nacional, nos termos da Lei Complementar referida.

Como tal legislação infraconstitucional ainda não foi editada, segue-se o disposto no Ato das Disposições Constitucionais Transitórias (ADCT), onde consta consignado que:

> Art. 35. [...]
>
> §2º Até a entrada em vigor da lei complementar a que se refere o art. 165, §9º, I e II, serão obedecidas as seguintes normas:
>
> I - o projeto do plano plurianual, para vigência até o final do primeiro exercício financeiro do mandato presidencial subseqüente, será encaminhado até quatro meses antes do encerramento do primeiro exercício financeiro e devolvido para sanção até o encerramento da sessão legislativa;
>
> II - o projeto de lei de diretrizes orçamentárias será encaminhado até oito meses e meio antes do encerramento do exercício financeiro e devolvido para sanção até o encerramento do primeiro período da sessão legislativa;
>
> III - o projeto de lei orçamentária da União será encaminhado até quatro meses antes do encerramento do exercício financeiro e devolvido para sanção até o encerramento da sessão legislativa. (BRASIL, 1988)

Desse modo, o prazo para encaminhamento do projeto de lei orçamentária da União encontra-se fixado em 31 de agosto de cada exercício financeiro, e, sua aprovação, deve se dar pelo Congresso Nacional até o encerramento da sessão legislativa (22 de dezembro de cada ano, conforme art. 57 da Constituição Federal), seguindo, então, para sanção presidencial.

Ainda mais estrito é o prazo para encaminhamento da proposta da LDO, que define as diretrizes orçamentárias para o exercício seguinte. O cumprimento desse prazo determina que se conheçam, em meados de abril do ano anterior, as prioridades orçamentárias para o exercício em curso, inclusive as que se refiram às contratações de TI. Só o planejamento adequado garante qualidade no cumprimento dessa exigência.

Portanto, o prazo para se definir o montante de recursos necessários ao desempenho de quaisquer atividades, compras e contratações realizadas pela Administração deve ser definido em razão dos prazos máximos de envio dos projetos de lei que aprovam o orçamento, demandando o devido planejamento por parte de todas as áreas da organização, e, também, da área de TI, pois só é possível, no exercício seguinte, a realização de compras e contratações que estejam previamente sustentadas no seu orçamento.

Com efeito, segundo o art. 167 da Constituição, são vedados o início de programas ou projetos não incluídos na lei orçamentária anual, e a realização de despesas ou a assunção de obrigações diretas que excedam os créditos orçamentários ou adicionais.

Ademais, o art. 7º, §2º, da Lei nº 8.666/1993 também dispõe que as obras e os serviços somente podem ser licitados *se houver previsão de recursos orçamentários* que assegurem o pagamento das obrigações decorrentes de obras ou serviços a serem executadas no exercício financeiro em curso, de acordo com o respectivo cronograma, devendo o produto dela esperado estar contemplado nas metas estabelecidas no Plano Plurianual, quando for o caso.

Isso posto, torna-se fácil compreender que, sem um planejamento prévio, corre-se o risco de o gestor público se ver impossibilitado de executar ações capazes de alcançar os objetivos e melhorar as condições operacionais da instituição pelo simples fato de não ter previsto, com antecedência mínima necessária, as demandas de sua organização, bem assim, o montante de recursos necessários a serem a elas alocados, a tempo de sua aprovação orçamentária.

Dito isso, pode-se concluir que a principal função do planejamento é construir o referencial futuro da organização pública. Consiste em determinar para onde a organização deseja ir e construir o caminho até lá.

4.4 Dever de planejar

O planejamento, em termos de Administração Pública, não consiste em mera faculdade conferida ao gestor público. Compreende um dever a ele atribuído, cujo descumprimento pode ensejar, inclusive, responsabilização pessoal do agente.

É, antes de jurídico, um *dever político*, que decorre do Regime Republicano, na medida em que o gestor público tem o dever de manejar os recursos públicos de forma mais eficaz e eficiente, de modo a gerar o maior benefício possível à sociedade, prestando contas a ela da utilização de tais recursos financeiros, pois administra a coisa pública (do latim *res publica* = coisa pública: por isso a República).

E esse dever só pode ser cumprido com o planejamento efetivo que determine, com qualidade, o quê (e como) fazer, com os recursos públicos disponíveis. As demandas são muitas e os recursos são sempre poucos.

Impõe o Regime Republicano que o administrador público preste contas da utilização dos recursos a ele confiados, o que implica na exigência de maximização dos recursos frente às necessidades. É, portanto, um dever político.

Nessa situação se encontra qualquer um que venha a gerir recursos de outrem. Veja-se o exemplo de alguém que possui um pequeno sítio e, mensalmente, entrega ao caseiro uma quantia de recursos para manutenção e produção. No caso, o dono do sítio espera do caseiro o melhor uso possível dos recursos que lhe são entregues. Espera ainda que o caseiro periodicamente lhe preste contas desse uso.

Na hipótese dos recursos públicos, o dono é a sociedade da qual ele é retirado compulsoriamente por meio de tributos. O caseiro é o gestor público, que administra bens e recursos que não lhe pertencem.

Ainda que não fosse assim considerado, um dever político, planejar é também um *dever jurídico-constitucional* explícito. Quem não planeja incorre em inobservância ao disposto no *caput* do art. 37 da CF/1988, pois age contra o *princípio da eficiência*:

> Art. 37. A administração pública direta e indireta de qualquer dos Poderes da União, dos Estados, do Distrito Federal e dos Municípios *obedecerá* aos princípios de legalidade, impessoalidade, moralidade, publicidade e *eficiência* e, [...]. (BRASIL, 1988, grifos nossos)

É possível concluir-se que não se pode ser eficiente sem planejamento das ações da administração pública, pois o planejamento é que permite ao gestor efetuar as escolhas mais adequadas à conversão dos gastos públicos em serviços e bens necessários ao atendimento das necessidades públicas.

Atente-se que planejar é também um *dever jurídico-legal* do administrador público, pois se não planeja, incorre em inobservância do disposto nos artigos 6º, inciso I, e 7º do Decreto-Lei nº 200/1967, e ofende, portanto, o princípio da legalidade:

> Art. 6º As atividades da Administração Federal obedecerão aos seguintes *princípios fundamentais*:
>
> I - Planejamento. [...]
>
> Art. 7º A ação governamental obedecerá *a planejamento* que vise a promover o desenvolvimento econômico-social do País e a segurança nacional, norteando-se segundo planos e programas elaborados, na forma do Título III [...]. (BRASIL, 1967, destacamos).

É o planejamento, conforme se observa, o primeiro princípio fundamental da Administração Pública Federal. Primeiro, talvez por ser o mais relevante.

Desde 1967, portanto, se erigiu a atividade de planejamento, no âmbito da Administração Pública Federal, como princípio fundamental. Infelizmente, durante muito tempo, por razões diversas, sendo a principal delas o período inflacionário vivido pelo país, entre outras circunstâncias por que passamos, perdeu-se, no âmbito da Administração Pública, a capacidade de planejamento das ações.

A inflação, durante muito tempo ofuscou a atividade de planejamento de todas as organizações, públicas e privadas, na medida em que qualquer orçamento compreendia mera peça de ficção, especialmente, os orçamentos públicos, em razão da dinâmica e expressiva desvalorização da moeda em curto lapso de tempo.

A partir da estabilização da economia, no entanto, têm ganhado relevo as ações de planejamento no âmbito da Administração Pública, muito se falando, atualmente, em *governança corporativa*.[8] Há quase consenso de que se precisa melhorar a governança da Administração Pública.

Nesse aspecto, tenho defendido que, assim como tem feito em relação a TI, os órgãos de controle se capacitem e promovam levantamentos de auditoria com vistas a avaliar o grau de maturidade de Governança Corporativa em órgãos e entidades da Administração Pública Federal, com o intuito de produzir, nesses órgãos e entidades, ações voltadas à melhoria dessa Governança Corporativa e de gestão. É preciso atacar, por meio de ações estruturantes, as causas efetivas dos principais problemas vividos na Administração, de modo que, eliminados ou mitigados esses problemas, possa ela prestar serviços de maior qualidade à população.

A governança de TI faz parte desse contexto de governança, uma vez que o objetivo de governança, se presente em nível estratégico, como deve ser, envolve todas as áreas da organização pública, inclusive, as áreas de contratação de Soluções de Tecnologia da Informação.

Por se tratar de uma atividade complexa, o cumprimento desse dever por parte do administrador público pressupõe a necessidade de pessoas capacitadas que possam orientar o processo de planejamento, que conheçam dessa área, desse setor, no âmbito da Administração, e que conheçam as metodologias, as ferramentas, e, ao mesmo tempo, os processos de trabalho da organização.

---

[8] "O sistema pelo qual as organizações são dirigidas e controladas" (NBR 38.500, item 1.6.2), composto de normas, políticas, diretrizes, etc.

Não convém que pessoas desconexas com a organização realizem o planejamento, sendo possível, no entanto, a contratação de consultorias capazes de indicar e implantar metodologias, ferramentas e procedimentos. Porém, a construção do planejamento passa, obrigatoriamente, pelas pessoas que integram a organização, e que conhecem efetivamente o negócio, a atividade objeto de planejamento, e que vivenciaram e vivenciam as experiências passadas e presentes da organização.

Um consultor que deseje conhecer todas as atividades da organização para, depois, ele mesmo realizar o processo de planejamento institucional, passará, primeiramente, pela fase de conhecimento das deficiências e das necessidades da instituição, muitas das quais não reveladas em toda inteireza pelos gestores em entrevistas ou no preenchimento de formulários. De modo que, em regra, teria ele conhecimento parcial do negócio institucional.

Melhor será, portanto, extrair desse gestor diretamente as contribuições que possui para o processo de planejamento do que fazê-lo se sentir ameaçado pela revelação a um consultor dos pontos fracos da instituição e de seu próprio setor, e que precisam ser melhorados, ou que apenas demandem um processo de planejamento para suplantá-los.

Nesse processo, torna-se necessário o apoio dos dirigentes da organização, pois se trata de trabalho árduo e permanente e que necessita ainda ser revisto periodicamente, haja vista que o estabelecimento de uma cultura de planejamento passa por diferentes fases de maturação e desenvolvimento.

Normalmente, no início, os planos tendem a ser precários, e posteriormente, melhorados, diante das correções realizadas, influenciados por ações internas e externas à organização.

A complexidade exige continuo aperfeiçoamento desse processo, que envolve recursos humanos, financeiros e materiais, variáveis essas nem sempre controláveis, mas deve, antes de tudo, compreender: o envolvimento dos níveis de gerência, a capacitação de pessoas, e o apoio dos dirigentes.

Conforme apresentado, o dever de planejar não é inovação constante da IN SLTI/MP nº 4/2010, decorrendo de obrigação política e jurídica, constitucional e legal.

Essa atividade, no entanto, algumas vezes negligenciada pelos administradores públicos, não passa ao largo das observações dos órgãos de controle em suas auditorias. Tanto assim, que se pode encontrar, no Acórdão nº 669/2008 - TCU - Plenário (Rel. Min. Benjamin Zymler), recomendação feita a órgão ministerial no seguinte sentido:

> 9.1. recomendar ao [...] que:
>
> 9.1.1. em atenção ao *princípio constitucional da eficiência* e às disposições contidas no art. *6º, I, do Decreto-Lei nº 200/1967*, aperfeiçoe o processo de planejamento institucional no Ministério, de forma a organizar estratégias, ações, prazos e recursos financeiros, humanos e materiais, a fim de minimizar a possibilidade de desperdício de recursos públicos e de prejuízo ao cumprimento dos objetivos institucionais do órgão, observando as práticas contidas no critério 2 - Estratégias e Planos do Gespública (Programa Nacional de Gestão Pública e Desburocratização). (BRASIL, 2008a)

Exatamente os dispositivos aqui citados foram invocados pelo Tribunal de Contas da União para demandar o aperfeiçoamento do projeto de planejamento institucional do órgão ministerial, diante das fragilidades e deficiências ali apontadas, as quais comprometiam a eficácia, eficiência e a economicidade das ações e programas objeto dos negócios principais da organização.

Mas o planejamento não é apenas exigência jurídica ou política. É também imperativo lógico-racional. Sem um processo de planejamento maduro, como garantir que os recursos públicos estejam sendo bem aplicados (em quê, como e para quê)? Como garantir que as necessidades mais prementes e os objetivos com maior capacidade de alavancagem de resultados sejam aqueles que efetivamente recebam recursos? Como garantir que as ações de TI estão alinhadas aos objetivos estratégicos do negócio e contribuem efetivamente com a realização eficiente de sua missão institucional? Como organizar, monitorar e controlar as ações de TI, sem metas e objetivos específicos a seguir? Sem planejamento, como avaliar a gestão, como diferenciar a boa da má gestão?

Os critérios de eficácia, eficiência, efetividade e economicidade da gestão só podem ser realmente avaliados por meio das diretrizes e metas fixadas pelo planejamento. A efetividade da função controle depende da efetividade da função planejamento, assim como as de direção e comando.

Tal é a importância da existência de processo de planejamento institucional e de TI que o TCU vem se manifestando reiteradamente sobre sua necessidade para compras e contratações de serviços de TI, como nos Acórdãos nºs 1.521/2003, 1.558/2003, 2.094/2004, 786/2006, 669/2008, todos do Plenário, só para exemplificar.

No Acórdão nº 1.603/2008 - Plenário, da relatoria do Ministro Guilherme Palmeira, o TCU recomendou aos órgãos normatizadores federais de todos os poderes que atuem no sentido de disseminar a importância do planejamento estratégico institucional e do planejamento de TI, de maneira a garantir que os gastos de TI sejam decorrentes de ações planejadas.

Não custa ressaltar que esses gastos são significativos, superiores a R$18 bilhões anuais no âmbito da União, já a partir de 2011.

4.5 Níveis de planejamento

Segundo disposto no art. 1º do Decreto nº 7.579, de 11 de outubro de 2011, são organizados sob a forma de sistema, com a denominação de Sistema de Administração dos Recursos de Tecnologia da Informação (SISP), as atividades de *planejamento*, coordenação, organização, operação, controle e supervisão dos recursos de Tecnologia da Informação *dos órgãos e entidades da administração pública federal direta, autárquica e fundacional*, em articulação com os demais sistemas utilizados direta ou indiretamente na gestão da informação pública federal.

Faculta-se às empresas públicas e às sociedades de economia mista a participação no SISP, conforme definido no parágrafo único do dispositivo, cujas condições devem constar de termo próprio a ser firmado entre os dirigentes das entidades e o titular do Órgão Central do SISP.

No âmbito da Administração Federal, dos órgãos e entidades vinculados ao SISP, podemos encontrar quatro níveis de planejamento:

- Estratégia Geral de TI – EGTI (elaborada pela SLTI-MPOG, conforme art. 3º da IN SLTI/MP nº 4/2010 e artigos 2º, inciso VII, e 4º, inciso II, do Decreto nº 7.579/2011);
- Planejamento Estratégico Institucional – PEI;
- Plano Diretor de TI – PDTI (art. 2º, inciso XXII, da IN SLTI/MP nº 4/2010);
- Planejamento da Contratação – PCon (artigos 8º, inciso I, e art. 18, da IN SLTI/MP nº 4/2010).

Veja que o primeiro nível de planejamento, daqueles que estão sujeitos às normas que integram o SISP, corresponde à Estratégia Geral de TI para a Administração direta, autárquica e fundacional do Poder Executivo Federal.

Todo ano o Ministério do Planejamento, por meio da Secretaria de Logística e Tecnologia da Informação, publica essa estratégia explicitando os objetivos e ações estratégicas da área de Tecnologia da Informação, como subsídio à elaboração do Plano Diretor de Tecnologia da Informação (PDTI).

Desse modo, os órgãos e entidades ligados ao SISP devem realizar o Planejamento Estratégico Institucional e o Plano Diretor de

Tecnologia da Informação vinculados à Estratégia Geral de Tecnologia da Informação.

O Poder Judiciário, por intermédio do Conselho Nacional de Justiça (CNJ) já dispõe, também, em Resolução[9] por ele editada, uma EGTI para os órgãos que compõem aquele poder, obrigando, assim, a que os demais níveis de planejamento sejam realizados com observância dessa estratégia geral.

Outros órgãos e entidades pertencentes ao Poder Legislativo, bem assim, vinculados à Procuradoria-Geral da República, tendem a adotar medidas no mesmo sentido.

Nessa cadeia de planejamento, que comporta os quatro níveis retromencionados, o planejamento da contratação das soluções em termos de Tecnologia da Informação necessariamente deverá estar compatível ao PDTI, que, por sua vez, estará alinhado ao PEI, este se alinhando à EGTI, como se observa da leitura do art. 4º da IN SLTI/MP nº 4/2010:

> Art. 4º As contratações de que trata esta Instrução Normativa deverão ser precedidas de planejamento, elaborado em harmonia com o Plano Diretor de Tecnologia da Informação – PDTI, alinhado ao planejamento estratégico do órgão ou entidade.
>
> Parágrafo único. Inexistindo o planejamento estratégico formalmente documentado, será utilizado o documento existente no órgão ou entidade, a exemplo do Plano Plurianual ou instrumento equivalente, registrando no PDTI a ausência do planejamento estratégico do órgão ou entidade e indicando os documentos utilizados. (BRASIL, 2010a)

Disso resulta que as contratações passam a ser focadas nas necessidades estratégicas da instituição, não surgindo apenas para atender demandas isoladas, e sim demandas prioritárias. Não se observando tais níveis de planejamento, corre-se o risco de se realizar contratações que, embora sejam necessárias, podem não ser a prioridade para aquele momento.

Desse escalonamento da ação de planejar resulta efetiva uma das mais significativas diretrizes da Governança de TI: a de que a TI deve agregar valor ao negócio, ou de que a TI deve estar alinhada à estratégia do negócio.

---

9 Resolução nº 99, de 24 de novembro de 2009, institui o Planejamento Estratégico de Tecnologia da Informação e Comunicação no âmbito do Poder Judiciário. Disponibilizada *DOU* em 03 dez. 2009, e retificada no *DOU* em 07 dez. 2009. Também disponível no sítio do CNJ: <http://www.cnj.jus.br/atos-administrativos/atos-da-presidencia/323-resolucoes/12217-resolucao-no-99-de-24-de-novembro-2009>. Acesso em: 08 jun. 2012.

Isso para não falar em contratações realizadas sem qualquer necessidade, realizadas diante de nenhum planejamento, o que caracterizaria puro desperdício.

Quando realizado o planejamento obedecendo ao ciclo correspondente aos quatro níveis, reduz-se o risco de ocorrerem contratações questionáveis. E esses níveis de planejamento já podem ser cobrados de todos os órgãos e entidades da Administração Federal, não só daqueles que integram o SISP, sendo que para aqueles sujeitos à referida instrução normativa, compreendem obrigações jurídicas.

Conquanto a referida orientação se apresente explícita a todos os órgãos e entidades que se situem no âmbito de incidência da instrução normativa, impende salientar que a jurisprudência do Tribunal de Contas da União, que deve ser observada por todos os órgãos e entidades da Administração Pública Federal, já previa semelhante orientação, desde 2006, conforme consta do Acórdão nº 1.970/2006 – 2ª Câmara, de relatoria do Ministro Walton Rodrigues.

Desse acórdão se extraem orientações como a de que "as ações orçamentárias devem ser pautadas por planejamento prévio do órgão", e de que o planejamento da contratação deve vincular-se ao PDTI, que por sua vez deve se vincular ao planejamento estratégico da instituição.

CAPÍTULO 5

PLANEJAMENTO ESTRATÉGICO INSTITUCIONAL

O planejamento estratégico institucional compreende a seleção e a identificação dos objetivos da organização, das políticas e programas estratégicos para o alcance das metas e das estratégias do negócio. Um planejamento de longo alcance, ou, nas palavras de Denis Alcides Resende:

> O planejamento estratégico é um processo de *determinação dos principais objetivos* de uma organização [ou de uma unidade da organização], *das políticas e estratégias* que a governarão, *do uso e disponibilização dos recursos* para a realização desses objetivos, em que esse processo é composto por premissas, *planejamento* propriamente dito, implementação e *revisão*. (REZENDE, 2003, p. 20, grifos nossos)

Visa a construir um referencial futuro para a instituição consolidado em um plano estratégico.

Acerca da jurisprudência do Tribunal de Contas da União sobre o planejamento estratégico das organizações públicas, podemos afirmar que compreende recomendações no sentido de que todas elas devem realizar o seu.

Como a partir de 2008 iniciou-se uma série de levantamentos de auditoria por parte do órgão de controle externo, nos termos dos artigos 70 e 71 da Constituição Federal, especialmente, auditorias na área de Tecnologia da Informação, foi a partir daí que se verificou a existência de graves deficiências em termos de planejamento estratégico, situação que passou a demandar de todos os órgãos evolução nesse sentido.

Assim, mediante o Acórdão nº 1.603/2008 - TCU - Plenário (Rel. Min. Guilherme Palmeira), o Tribunal recomendou *ao Ministério do Planejamento, Orçamento e Gestão*, no que tange aos órgãos e entidades da administração direta e indireta, incluindo as empresas estatais, *ao Conselho Nacional de Justiça*, no tocante aos órgãos do Poder Judiciário, ao *Conselho Nacional do Ministério Público* (CNM), às Diretorias Gerais do *Senado* e da *Câmara dos Deputados*, bem assim *à própria Secretaria de Administração do TCU* que:

- promovessem ações com o objetivo de disseminar *a importância do planejamento estratégico*, procedendo ações voltadas à implantação e/ou aperfeiçoamento de planejamento estratégico institucional, planejamento estratégico de TI e comitê diretivo de TI, *inclusive, mediante orientação normativa* (item 9.1.1 do acórdão); e
- adotassem providências com vistas a garantir que as propostas orçamentárias para a área de TI fossem elaboradas com base nas atividades que efetivamente pretendam realizar e alinhadas aos objetivos do negócio (item 9.1.7 do acórdão).

A importância desse acórdão pode ser medida em razão dos destinatários de seus comandos. Observe que os comandos foram dirigidos a todos os órgãos e entidades da Administração Pública Federal, sem nem mesmo excluir o próprio Tribunal de Contas da União, responsável pela expedição de tal recomendação.

Nos anos de 2010 e 2012 o Tribunal de Contas da União realizou novas auditorias cujo objetivo principal consistiu na avaliação da Governança de Tecnologia da Informação na Administração Pública Federal, em cumprimento ao referido Acórdão nº 1.603/2008 - Plenário.

Esses levantamentos de auditoria foram destinados a verificar a evolução, em relação à situação detectada no procedimento realizado em 2007 e que culminou no referido acórdão de 2008.

Por ocasião da auditoria de 2010 (Acórdão nº 2.308/2010 - TCU - Plenário, relatado pelo Ministro Aroldo Cedraz) foram consultadas 315 instituições da Administração Pública Federal, das quais 265 responderam tempestivamente aos questionamentos efetuados. Nos trabalhos atinentes à auditoria mais recente, realizada em 2012 (Acórdão nº 2.585/2012 - TCU - Plenário, relatado pelo Ministro Walton Rodrigues), foram consultadas 350 instituições, sendo que 337 responderam tempestivamente aos questionários efetuados. Essas fiscalizações permitiram verificar o seguinte quadro evolutivo do planejamento estratégico na Administração Pública Federal:

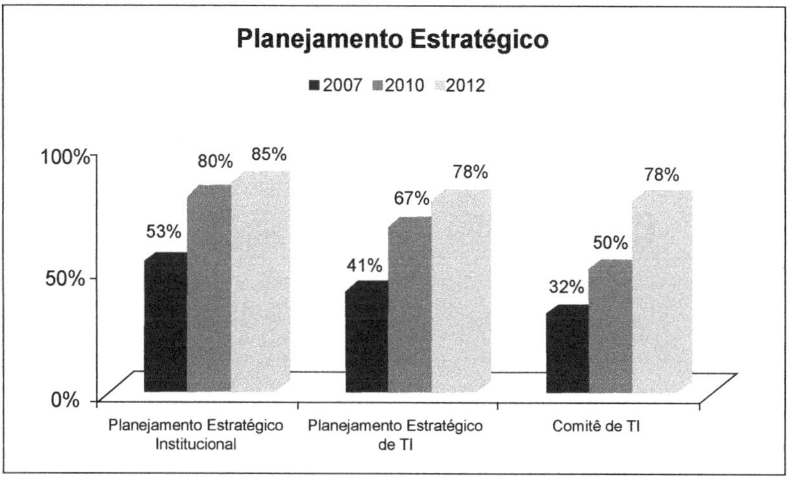

Fonte: Tribunal de Contas da União

Note-se o crescimento substancial do Planejamento Estratégico Institucional, do Planejamento Estratégico de TI e da designação de Comitês de TI. Conforme resultados apresentados pelas auditorias, há uma tendência de continuidade de evolução desses instrumentos de planejamento.

A auditoria de 2010 evidenciou, em especial, o crescimento do nível de planejamento no âmbito do Poder Judiciário, notadamente, após o marco regulatório da Resolução nº 99/2009 do CNJ, tendo sido apurado a realização de Planejamento Estratégico Institucional em 96% dos órgãos daquele Poder, contra os 42% apurados em 2007.

Destaque-se, ainda, que a auditoria realizada em 2012 apurou, em relação ao Planejamento Estratégico Institucional na Administração Pública Federal, a migração positiva para níveis de capacidade mais especializados, com um aumento de instituições que possuem processo de planejamento formalmente instituído e aperfeiçoado:

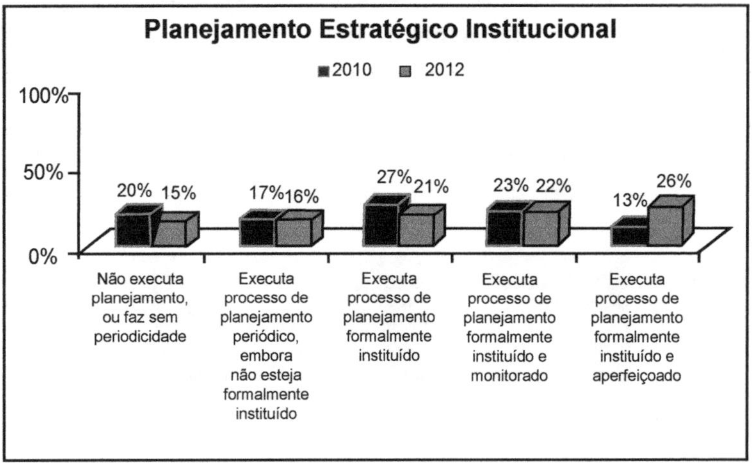

Fonte: Tribunal de Contas da União

CAPÍTULO 6

PLANO DIRETOR DE TECNOLOGIA DA INFORMAÇÃO (PDTI)

6.1 O que é?

Na IN SLTI/MP nº 4/2010 definiu-se o Plano Diretor de Tecnologia da Informação como sendo um "instrumento de diagnóstico, planejamento e gestão dos recursos e processos de Tecnologia da Informação que visam garantir o atendimento dos objetivos do órgão ou entidade" (art. 1º, inciso XXII).

O Plano Diretor é, como o próprio nome sugere, aquele que dirige, que orienta a atuação do gestor de TI. Consiste em uma das ferramentas de planejamento, direção e orientação quanto à arquitetura tecnológica e informacional a ser adotada, em linha com os objetivos estratégicos da instituição.

6.2 Onde buscar informações para sua elaboração?

Conveniente é que se tenha o planejamento estratégico do órgão estatal, e, a partir dele, se retirem as informações necessárias ao planejamento de TI, pois o plano diretor e o plano estratégico são altamente interdependentes. Como se disse o Plano de TI deve alinhar-se a estratégia do negócio.

É do Comitê de Tecnologia da Informação que emanarão as informações necessárias à realização do PDTI, pois é esse comitê o principal ator do planejamento de TI no âmbito do SISP. A propósito, os órgãos ligados a esse sistema estão obrigados à sua criação.

Referido comitê deve ser formado pelos profissionais mais capacitados da organização, da área de TI e sobretudo da área de negócio. Isso porque um comitê que seja composto unicamente por profissionais de TI certamente não refletirá as necessidades da organização, mas apenas dessa específica área.

Como a TI não é um fim em si mesmo, mas um apoio ao negócio da instituição, esse comitê deve ser formado pelos principais gerentes da área de negócio e também da área de TI. É absolutamente essencial que os principais gerentes da área de negócio participem ativamente desse comitê.

Pode acontecer, por exemplo, no âmbito da Administração Pública, que ao surgir demandas de indicação para composição de comitês como esse, profissionais sem poder de decisão sejam apontados para composição, apenas para cumprimento da obrigação legal ou normativa. Essa situação não é recomendável, pois é preciso que o profissional indicado conheça com profundidade a área que representa, bem assim, que tenha poder de decisão.

Note-se, a propósito, que as demandas da área de TI dos órgãos e entidades são muitas, ao contrário do orçamento, que é escasso, limitado. Obviamente que uma das funções do comitê será, diante do alto numero de demandas frente às reais capacidades orçamentárias e financeiras para sua execução, eleger, entre todas, aquelas mais prioritárias, que possam ser realizadas com os recursos disponíveis.

Entretanto, se forem nomeados para o Comitê membros das áreas de negócio que não possuam o conhecimento detalhado dessas áreas ou não tenham poder de decisão, não se possibilitará que esse comitê realize com qualidade as atividades de planejamento que lhe são incumbidas, nem que se avance em termos de decisões, representando perda de energia e tempo, em prejuízo das atividades de planejamento e decisão de estratégias e planos de direção de TI.

A Estratégia Geral de TI para 2011/2012[10] (elaborada pela SLTI) contém orientação para a formação de Comitês de TI, ligados à alta administração (art. 3º da IN SLTI/MP nº 4/2010).

Esses Comitês devem envolver as diversas áreas dos órgãos e entidades, que se responsabilizem por alinhar os investimentos de TI com os objetivos do órgão ou entidade e apoiar a priorização de projetos a serem atendidos.

---

[10] Disponível em: <http://www.governoeletronico.gov.br/sisp-conteudo/estrategia-geral-de-ti>.

Como referencial para criação desse comitê, pode ser usado, por exemplo, o objetivo de controle "PO4.2 Comitê Estratégico de TI", do CobiT 4.1 (ITGI, 2007),[11] relacionado ao estabelecimento do comitê estratégico de TI em nível de diretoria.

O surgimento do comitê, no bojo da IN SLTI/MP nº 4/2010, e também no âmbito da jurisprudência do TCU, deveu-se à necessidade de um ambiente onde pudessem ser tomadas decisões de qualidade na área de TI.

Até antes de sua criação, notava-se que as demandas de serviços da área de TI seguiam diretamente para essa área, em que pese o grande volume de atividades lá desenvolvidas e a impossibilidade de seu atendimento sem o processo decisório envolvendo outras áreas da organização, notadamente, da mais elevada gerência.

Ademais, as prioridades em termos de demanda por serviços de TI não poderiam ficar ao alvedrio dessa própria área. As prioridades são estabelecidas pelas áreas de negócio, que compreendem as atividades-fim das organizações, apoiadas, obviamente, pelas demais, entre as quais, as áreas de TI.

A partir do momento em que as decisões de planejamento forem sendo definidas no Comitê de TI e disponibilizadas no Plano Diretor, haverá maior transparência e compreensão de todas as áreas da organização envolvidas com o comitê, resultando em redução dos conflitos e compromisso com a execução do plano.

O comitê elegerá com essa ampla participação, a ordem de prioridades das demandas de TI a ser atendida. Aqueles que forem, ou não, contemplados em suas demandas saberão exatamente o porquê, não ficando sem resposta quaisquer das solicitações feitas à área de TI, como corriqueiramente ocorre em organizações que não dispõem do Comitê de TI e de PDTI.

6.3 Para que serve?

O PDTI tem a função de complementar o planejamento estratégico da organização, declarar os objetivos e as iniciativas estratégicas da área de TI, alinhar as soluções de Tecnologia da Informação com as metas dos negócios da organização, identificar oportunidades de Soluções de Tecnologia da Informação para aprimorar os negócios da

---

[11] ITGI. CobiT 4.1 Framework, Control Objectives, Management Guidelines and Maturity Models, USA, ITGI, 2007.

organização, além de definir planos de ação de TI de curto, médio e longo prazo.

O planejamento estratégico institucional precisa, para ser alcançado, do detalhamento dos objetivos e iniciativas estratégicas de cada área da organização.

Nesse sentido, torna-se importante declarar os objetivos e iniciativas estratégicas da área de TI, para então alinhar soluções com as metas dos negócios da organização, bem assim para definir os planos de ação a partir do que se pretende alcançar e de como se pretende alcançar.

6.3.1 Declaração de objetivos e estratégias da área de TI

A importância de se declarar os objetivos e de torná-los claros para a organização e para as pessoas que nela trabalham é tamanha. Pode conduzir à motivação dos servidores que atuam na busca de alcançar tais objetivos. Trabalhará motivado, em princípio, aquele que sabe para que serve o trabalho que está desenvolvendo e qual a contribuição de suas tarefas para o alcance dos objetivos institucionais.

Quando as prioridades mudam constantemente as pessoas tendem a não ver motivo no que fazem, e, quando não conhecem sua contribuição para o resultado final, a tendência é de acreditar cada vez menos naquilo que fazem.

O caso dos três pedreiros nos ajuda a entender essas colocações. Aqui, no entanto, será ele adaptado para nosso propósito.

Diz-se que em uma determinada obra trabalhavam três pedreiros, de igual maneira, assentando tijolos. Passando um homem pelo canteiro de obras perguntou ao primeiro: "- O que você está fazendo?". O outro respondeu: "- Estou assentando tijolos". Em seguida, o mesmo homem fez a mesma pergunta ao segundo pedreiro. Este lhe respondeu: "- Estou levantando uma parede". Perguntado, o terceiro respondeu "- Estou construindo uma Catedral".

Observe que, na realidade, todos os pedreiros estão fazendo a mesma coisa. Altera-se apenas a consciência que cada um possui do que está fazendo. Essa consciência depende, muitas vezes, do simples fato de se declarar os objetivos do negócio àqueles que o estão realizando, que, no caso, abrangeria os operários.

A partir do conhecimento dos objetivos é que as pessoas envolvidas terão consciência da importância do trabalho que desempenham e, com isso, motivação para realizá-lo melhor, e isso é válido para a organização inteira, assim como para a área de TI.

6.3.2 Tomada de decisão para aprimoramento do negócio

O planejamento de TI não beneficia apenas as atividades de apoio ao negócio da organização, pois o papel da Tecnologia da Informação não mais se limita a *apoiar*, mas também, a *aprimorar* a área de negócios da organização.

Se há necessidade de aprimoramento da atuação da organização no cumprimento da sua missão, certamente se poderá contar com alguma Tecnologia da Informação, seja em organizações privadas ou públicas.

Suponha que se deseje melhorar a forma de cumprimento da missão institucional, por exemplo, com mais efetividade, com maior eficiência, com menor custo, com mais agilidade. Isso certamente será possível mediante o uso das ferramentas adequadas de Tecnologia da Informação.

Mas onde se resolverá sobre o uso e a cooperação da tecnologia, em linha com os objetivos estratégicos e específicos, para o fim de melhorar o cumprimento da missão, do negócio da organização? Onde se poderá tomar a decisão de se utilizar esta ou aquela tecnologia para se alcançar tais objetivos? E em que momento precisa haver essa decisão?

É evidente que essas decisões devem ser parte do processo de planejamento, pois é essa a sua função. Perceba que, como já se disse, o Plano Diretor de TI é o instrumento de diagnóstico, planejamento e gestão dos recursos e processos de Tecnologia da Informação *que visam garantir o atendimento dos objetivos do órgão ou entidade*, e que deve estar alinhado ao planejamento estratégico da organização.

O planejamento de TI também tem a função de:

- identificar as *arquiteturas de dados e de infraestrutura* que melhor atendam à organização;
- determinar, *com qualidade, o quê* e *quanto* se precisa adquirir e fazer, e *para quê;*
- permitir a *obtenção de propostas mais vantajosas* para a Administração, eliminando desperdício, evitando fraude e reduzindo gastos para a instituição.

Para se ter ideia de quão importante são essas funções, citamos um exemplo baseado na experiência do Tribunal de Contas da União.

Em 2008 o TCU tomou uma decisão estratégica no sentido de implantar e disseminar o uso de processo eletrônico, extinguindo-se, gradativamente, os processos em papel. Tecnologia para tanto já se dispunha, há bastante tempo no mercado, mas uma decisão como essa é muito difícil de ser tomada, tendo em vista que, em uma instituição como o Tribunal, tende a impactar 100% da organização.

Questionamentos e dúvidas de toda ordem certamente surgiram naquela época acerca dos riscos envolvidos com uma decisão desse porte, a exemplo das seguintes:

- "E se não se conseguir a implantação de tal sistema de processo eletrônico?"
- "E se o sistema elaborado não for bom o bastante?"
- "E se os usuários, as pessoas acostumadas a realizar o trabalho com seu *desktop* e na presença de um processo físico, em papel, rejeitarem essa solução?"
- "E se a infraestrutura não suportar toda essa forma de trabalho, em que 2.600 pessoas estariam utilizando o *datacenter* o tempo todo, algumas, inclusive, de casa, considerando a possibilidade de acesso eletrônico aos processos via *web*?"
- "E se esse sistema não tiver a disponibilidade necessária, quanto é que custaria uma hora de paralisação? Seriam 2.600 pessoas paradas, representando, só de custo direto, uma hora de seus salários."

Logo se percebe que mesmo havendo a tecnologia disponível há tempos, não bastaria simplesmente que a área de TI, isoladamente, tivesse a iniciativa de transformar todos os processos em papel para o meio eletrônico.

No processo de planejamento, que envolveu desde o Plano Estratégico Institucional, passando pela Estratégia de TI e pelo PDTI até chegar ao planejamento das contratações, foram avaliados e estudados os riscos e impactos, em todas as áreas de negócio da organização TCU.

Para tanto, tornou-se necessário, por exemplo, delinear com clareza o que seria esse sistema, bem assim, mapear os processos de trabalho envolvidos em cada área e em cada setor da organização, para, dentro do possível, manter o mesmo processo de trabalho, ou para minorar o impacto e a interferência nesse processo, apenas potencializando sua melhor realização, mais ágil, eficiente, segura, eficaz, para permitir, gradativamente, a mudança da cultura organizacional.

Nesse processo, todas as funções do planejamento de TI foram empregadas, senão vejamos, passo a passo, em linhas gerais:

Definiram-se, no Plano Estratégico do TCU – PET[12] os objetivos estratégicos, dentre os quais:

"11. Reduzir o tempo de apreciação de processos."

---

[12] Cf. BRASIL. Tribunal de Contas da União. *Plano estratégico 2006-2010*. Brasília: TCU, Secretaria de Planejamento e Gestão, 2006.

"14. Aperfeiçoar instrumentos de controle e processos de trabalho."

"21. Assegurar adequado suporte logístico às necessidades do TCU."

Definiram-se, também no PET, as iniciativas estratégicas,[13] dentre as quais:

"11. Mapear e racionalizar os principais processos de trabalho do TCU."

"12. Disseminar o uso de TI para apoio ao controle externo."

"13. Aperfeiçoar o processo de capacitação gerencial e profissional."

"14. Assegurar a qualidade das informações das bases de dados corporativas do TCU."

A partir desse planejamento estratégico, passou-se a definir, exatamente, as arquiteturas de dados e de infraestrutura que melhor atenderiam aos objetivos traçados pela organização.

Seguiu-se, logo em seguida, no sentido de determinar, com qualidade, o quê e quanto se precisava adquirir e fazer para que os processos eletrônicos se tornassem realidade, contribuindo para os objetivos estratégicos e institucionais.

As decisões sobre os níveis de infraestrutura e arquitetura de dados compreendem atividades de planejamento para identificar os serviços e os processos de trabalho considerados críticos dentro da instituição, de modo permanente ou sazonal, a fim de conferir efetivo suporte capaz de evitar a paralisação desses.

O delineamento do projeto processo eletrônico iniciou-se na gestão do Ministro Walton Alencar Rodrigues, na presidência, visando, primeiramente, aos processos administrativos. No período de presidência do Ministro Ubiratan Aguiar, esse projeto teve alta prioridade e se consolidou, visando aos processos de controle externo.

Deve-se louvar aos dois Ministros-Presidentes e às equipes que atuaram, com excelência, no planejamento e implantação do projeto processo eletrônico no TCU, pois obtiveram sucesso pleno e mudaram, para sempre e para melhor, a forma de trabalhar do Tribunal e de quase 3.000 servidores, proporcionando eficiência, qualidade e redução de custos.

---

[13] Conforme esclarecido no PET 2006/2010, "As iniciativas estratégicas indicam, em linhas gerais, as ações a serem implementadas a longo e médio prazos para assegurar a realização dos objetivos estabelecidos no mapa estratégico e para preencher as lacunas existentes entre a performance atual da organização e a situação desejada".

O trabalho, no entanto, continua. Um sistema de TI, como esse, não se acaba, mas evolui de modo permanente e necessita de aprimoramentos cotidianos, de modo que se faz necessário planejar adequadamente essa evolução, conforme tem feito os presidentes da Casa.

6.3.3 Obtenção de propostas mais vantajosas para a Administração

O planejamento permite, finalmente, a obtenção de propostas mais vantajosas para a Administração, eliminando desperdício, evitando fraude e reduzindo gastos para a instituição. Planejadas com antecedência as contratações, torna-se possível a lapidação de um bom edital de licitação que, certamente, resultará em um contrato de mesmo nível.

O planejamento antecipado das contratações permite ainda que se ultrapasse o procedimento licitatório, geralmente custoso e angustiante, com mais tranquilidade.

Note-se, por exemplo, que a impugnação ao procedimento licitatório e ao edital é um direito do licitante, pessoa física ou jurídica, conforme o art. 113, §1º, da Lei nº 8.666/1993, muito embora, em algumas, situações não se perceba boa-fé no exercício desse direito. Não importa, trata-se de um direito a ser respeitado.

Muitas vezes o procedimento licitatório se torna angustiante porque não se dispõe de prazo suficiente para ultrapassar, com calma, a fase de impugnação, simplesmente em razão da não elaboração do planejamento ou de sua elaboração sem a antecipação necessária.

Quanto mais competitivo o mercado do objeto licitado, maior a possibilidade de conflitos entre licitantes na fase de impugnação do procedimento licitatório, o que pode levar a diversas impugnações no Tribunal de Contas e no Poder Judiciário e, por conseguinte, a longo prazo de espera na solução da controvérsia.

Quem planeja correta e antecipadamente tem maior probabilidade de ultrapassar esses obstáculos com maior tranquilidade.

6.4 Como deve ser?

6.4.1 Documento escrito, publicado e divulgado

O Planejamento de TI deve ser materializado em documento escrito, que deve ser publicado e amplamente divulgado no âmbito da organização.

Esse documento necessita de publicação e divulgação para que possa ser considerado formal e efetivamente implantado, de modo a permitir a sua contínua observância. Só assim se pode exigir que as ações de todos sejam voltadas ao seu cumprimento.

Deve abranger os ambientes interno e externo à organização, uma vez que, nas organizações em geral e, em especial, na Administração Pública, a área de Tecnologia da Informação não constitui um fim em si mesmo, mas um apoio ao negócio da instituição.

6.4.2 Estabelecimento de indicadores de desempenho

Sua elaboração precisa se dar com a participação das diversas subunidades das áreas de negócio e da área de TI, e, para tanto, mediante a formação de um Comitê de TI. Necessita também compreender o estabelecimento de indicadores de desempenho, em conformidade com os objetivos estratégicos da área de Tecnologia da Informação. E esses indicadores precisam ser periodicamente avaliados.

Só é possível administrar as ações realizadas em direção ao cumprimento das metas e objetivos, se essas puderem efetivamente ser medidas. Sem o estabelecimento dos indicadores de desempenho que possam mensurar o andamento das ações, não é possível conhecer os avanços que nos aproximam nem os obstáculos que nos afastam do alcance das metas e objetivos. Sem indicadores não é possível reavaliar o próprio planejamento.

6.4.3 Elaboração a partir de métodos e técnicas de mercado

O planejamento deve ser elaborado, preferencialmente, usando-se métodos e técnicas conhecidos do mercado.

A utilização de uma técnica pronta traz como vantagem o foco unicamente no conhecimento e no aprendizado do uso dessa técnica, já devidamente utilizada e testada diversas vezes. Se a técnica é resultado de aprofundado estudo por especialistas, bastará ao gestor público compreendê-la e aplicá-la.

O uso de métodos próprios tende a resultar em grande e muitas vezes desnecessário esforço de contínuo aperfeiçoamento desses métodos e técnicas, ao passo que aqueles conhecidos no mercado passam, naturalmente, por aperfeiçoamentos pelo próprio mercado, decorrentes de sua utilização ampla por diversas organizações. Exemplo disso é o

CobiT, que hoje já se encontra na versão 5. Ou seja, ao utilizar métodos próprios, o administrador público, além de investir tempo e recursos no desenvolvimento, aprendizado e utilização da metodologia, deveria alocar recursos para o aperfeiçoamento contínuo dela. Caso o faça, terá de gastar recursos adicionais, caso não, em pouco tempo, poderá ter um método desatualizado e inadequado às necessidades.

O planejamento necessita, ainda, abranger orçamento e estratégias de aquisição de bens e de terceirização de serviços, relativamente à Tecnologia da Informação, além de um planejamento conjunto de todas as contratações de soluções dessa área (aprovado pela alta administração), passando por acompanhamento e avaliação periódicos.

Deve-se definir, com base nos objetivos da organização, ou seja, com base no seu plano estratégico, que recursos serão necessários contratar (plano de investimentos).

6.4.4 Interdependência das contratações

Considerando que o planejamento de TI deve ser suportado por seu específico orçamento, o planejamento de TI deve ser concluído no início do exercício anterior (*e.g.* 2012), a tempo de fundamentar a proposta orçamentária para o exercício seguinte (*e.g.* 2013).

Como afirmado anteriormente, o art. 7º, §2º, da Lei nº 8.666/1993 também dispõe que as obras e os serviços somente podem ser licitados *se houver previsão de recursos orçamentários* que assegurem o pagamento das obrigações decorrentes de obras ou serviços a serem executadas no exercício financeiro em curso, de acordo com o respectivo cronograma.

Desse modo, podemos afirmar que a proposta orçamentária do órgão para um determinado exercício deve levar em conta todas as contratações de Soluções de TI planejadas para esse período, seja porque há dependência entre as contratações de Soluções de TI, seja porque a partir do levantamento de todas as contratações necessárias para um determinado exercício torna-se possível estimar o valor total dessas contratações, que perfaz o valor do orçamento de TI necessário para esse exercício.

Havendo descompasso entre a elaboração do orçamento de TI e o envio da proposta orçamentária do órgão ou entidade, surge o risco de o orçamento de TI não suportar todas as ações previstas no planejamento de TI. Caso não exista orçamento de TI perfeitamente elaborado antes do envio da proposta orçamentária do órgão, surge um descompasso entre a proposta orçamentária de TI e os planos do órgão e de TI. Esse problema é minimizado se o órgão conta com um plano estratégico de TI com abrangência de vários anos.

Entretanto, caso haja esse descompasso, torna-se necessário que a alta administração e a área de TI interajam para que essa última possa elaborar a proposta orçamentária de TI considerando ao máximo os objetivos do órgão para o ano seguinte, ainda que os planejamentos estratégicos do órgão e de TI ainda não tenham sido concluídos.

Essa sintonia pode ocorrer, por exemplo, no âmbito de estruturas de governança de TI, como o Comitê Estratégico de TI.

6.4.5 Possibilidade de contratação do suporte técnico ao planejamento

Diante dessas considerações, o leitor pode estar se perguntando como realizar esse processo de planejamento, caso não detenha o domínio das técnicas e métodos usuais de mercado, especialmente, se no órgão ou entidade em que trabalha os processos de planejamento não são ainda difundidos e efetivamente dominados com o profissionalismo que lhe é exigido.

Bem, para o desempenho dessa importante tarefa, vale mencionar que o suporte técnico aos processos de planejamento e avaliação da qualidade das Soluções de TI poderá ser objeto de contratação, desde que sob supervisão exclusiva de servidores do órgão ou entidade, conforme dispõe o art. 5º, parágrafo único, da IN SLTI/MP nº 4/2010.

Significa dizer que pode ser contratado o auxílio a implantação ou aprimoramento do processo de planejamento. Como a escolha da metodologia, a escolha da ferramenta mais adequada, o treinamento de pessoal, a estruturação do processo etc. No entanto, além da necessidade de todo esse procedimento estar sob a supervisão exclusiva de servidores, a realização do planejamento em si e a elaboração do plano devem ser de exclusiva responsabilidade de servidores da organização pública.

CAPÍTULO 7

PLANEJAMENTO DA CONTRATAÇÃO

7.1 O que é e quem está obrigado a fazê-lo?

Cabe ao gestor público definir formalmente o processo de trabalho chamado planejamento da contratação, que pode se apoiar na IN SLTI/MP nº 4/2010. Àqueles sujeitos ao SISP estão obrigados ao uso da IN, aos demais é recomendável o seu uso. De qualquer modo, todos os entes da Administração Pública devem ter implantado o seu processo formal de trabalho relativo ao planejamento das contratações de TI.

A aquisição de bens e serviços de Tecnologia da Informação e automação deverá ser precedida da elaboração de planejamento **da contratação, incluindo projeto básico ou termo de referência contendo as especificações do objeto a ser contratado** (art. 2º do Decreto nº 7.174/2010).

Essa modelagem formal é fundamental para o amadurecimento do órgão com relação às contratações de TI. A definição desse processo traz previsibilidade com relação à sua execução e à garantia da aderência às diretrizes mencionadas no tópico 3.1, à legislação e à jurisprudência. E esse processo de trabalho é considerado formal e implantado quando o documento é publicado pelo agente competente e divulgado junto aos executores.

A referida instrução normativa apresenta uma forma de realizar o planejamento da contratação de TI, muito bem elaborada pelo Ministério do Planejamento e sua Secretaria de Logística e TI.

Independentemente da utilização da IN, o planejamento da contratação é etapa absolutamente necessária em quaisquer processos de contratação de soluções de tecnologia, ainda que se trate de órgãos e entidades não sujeitos aos comandos da aludida norma, havendo licitação, dispensa ou inexigibilidade dela.

Apesar de existirem órgãos e entidades não sujeitos à IN SLTI/MP nº 4/2010, nada impede que seja ela tomada como referência, como parâmetro, e eventualmente adaptada às específicas contratações realizadas pelos demais órgãos não vinculados ao SISP. Além disso, a adoção de um procedimento diferente, por esses, não implica maiores prejuízos, desde que observados requisitos mínimos, explanados nos capítulos iniciais desta obra.

7.2 Como deve ser?

Importante, em qualquer caso, que o processo de trabalho de planejamento seja formalmente definido dentro da organização.[14] E que seja seguido de forma que se possa alcançar o amadurecimento do processo de contratação, uma vez que o planejamento da contratação:

- define o objeto a ser contratado, em natureza e em quantidade;
- define preços, prazos e forma de entrega;
- dá suporte à elaboração de projeto básico, edital e minuta de contrato;
- demonstra o alinhamento entre a contratação e a estratégia do negócio;
- documenta todas as decisões tomadas pelos gestores desde a identificação da necessidade até as diretrizes para gestão do contrato;
- agrega valor ao negócio da organização pública;
- permite o gerenciamento dos riscos das contratações;
- controla a conformidade legal da contratação.

Documentar as decisões tomadas é de suma importância. O administrador público está sujeito a um grande conjunto de normas de toda a espécie, leis, decretos, portarias, instruções normativas, etc., todas elas regendo os atos por ele praticados.

---

[14] "Para garantir que o processo de trabalho de planejamento da contratação de Soluções de TI seja seguido de forma padronizada, torna-se necessária a sua formalização, divulgação e capacitação dos servidores envolvidos. Esse processo de trabalho deve ser publicado após sua aprovação pela alta administração do órgão" (cf. BRASIL. Tribunal de Contas da União. *Guia de boas práticas em contratação de soluções de tecnologia da informação*: riscos e controles para o planejamento da contratação: versão 1.0. Brasília: TCU, 2012. p. 51).

Além disso, cada órgão que atua na fiscalização do administrador público aplica tais normas segundo sua interpretação da situação evidenciada, bem assim, da própria legislação. E nem sempre essas interpretações são uniformes.

Todavia, quem necessita decidir precisa adotar uma linha interpretativa com base na qual fundamentará a sua escolha por determinado caminho, entre vários possíveis, em razão, obviamente, do princípio da legalidade estrita a que se sujeita toda a Administração Pública.

Ao documentar todas as decisões tomadas desde a identificação da necessidade até as diretrizes para a gestão do contrato, o gestor público estará agindo de forma prudente, segura e preventiva, dispondo de meios robustos de justificar-se perante os órgãos de controle, administrativos ou judiciais, se for o caso.

A documentação deve ser contemporânea aos fatos e às decisões, de modo a evitar que questionamentos realizados em momento futuro lhe causem embaraços na produção de sua defesa, seja em razão da alteração na interpretação dos fatos, seja pela interpretação da lei vigente ao tempo de sua utilização.

7.3 Equipe de planejamento

Outra importante observação acerca das atividades de planejamento da contratação é que são elas atividades especializadas e por isso requerem servidores capacitados. São atividades de alto custo, mas que previnem a ocorrência de vultosos prejuízos em decorrência de contratações de TI mal conduzidas, podendo ser essas contratações divididas didaticamente em três fases (art. 8º da IN SLTI/MP nº 4/2010):

- planejamento da contratação;
- seleção do fornecedor; e
- gerenciamento do contrato.

Aqui nos referimos à primeira fase. Por se tratar de uma atividade complexa, sua realização se dá pela formalização de uma Equipe de Planejamento da Contratação, composta por três membros no mínimo (art. 2º, III, da IN SLTI/MP nº 4/2010):

- integrante técnico (da área de TI);
- integrante administrativo (da área administrativa); e
- integrante requisitante (da área de negócio requisitante).

Essa equipe é instituída a partir da apresentação do Documento de Oficialização da Demanda, devendo acompanhar e apoiar todas as atividades presentes nas fases de Planejamento da Contratação e Seleção do Fornecedor (art. 9º, §3º).

7.4 Obrigatoriedade do planejamento da contratação

Conforme disposto no art. 18 da Instrução Normativa da SLTI, a fase de *planejamento da contratação é obrigatória*, independentemente do tipo de contratação, *inclusive nos casos de:*[15]

- inexigibilidade;
- dispensa de licitação ou licitação dispensada;
- criação ou adesão à Ata de Registro de Preços; e
- contratações com uso de verbas de organismos internacionais, como Banco Mundial, Banco Internacional para Reconstrução e Desenvolvimento, e outros.

Mesmo que tal norma não houvesse expressamente assim referido, conforme já visto a atividade de planejamento seria obrigatória por força de outros dispositivos legais, dentre os quais o já mencionado art. 6º, inciso I, do Decreto-Lei nº 200/1967 e o art. 37, *caput*, da Constituição Federal.

Ademais, se observada a jurisprudência do Tribunal de Contas da União, notar-se-á que, em 2008, mediante o Acórdão nº 1.603 do Plenário, o TCU já havia recomendado ao *MPOG* (Adm. Direta e Indireta, incluindo as empresas estatais), ao *CNJ* (Poder Judiciário), ao *CNM* (Ministério Público), às Diretorias Gerais do *Senado* e da *Câmara* e à *Secretaria de Administração do TCU* que envidassem esforços visando à *implementação de processo de trabalho formalizado de contratação de bens e serviços de TI*, bem como de gestão de contratos de TI, buscando a uniformização de procedimentos nos moldes recomendados no item 9.4 do Acórdão nº 786/2006 - TCU - Plenário.

Conforme demonstrado na auditoria realizada em 2012 pelo TCU, em que foram pesquisados 337 órgãos/entidades da Administração Pública Federal, menos de 20% desses realizavam processo formal de planejamento das contratações de TI, situação que demonstra o longo caminho ainda a ser percorrido até se alcançar um nível de planejamento que efetivamente atenda aos ditames legais e aos princípios norteadores da Administração Pública:

---

[15] "[...] A forma de contratar deve ser consequência do planejamento da contratação e não o início desse processo de trabalho" (cf. BRASIL. Tribunal de Contas da União. *Guia de boas práticas em contratação de soluções de tecnologia da informação*: riscos e controles para o planejamento da contratação: versão 1.0. Brasília: TCU, 2012. p. 55).

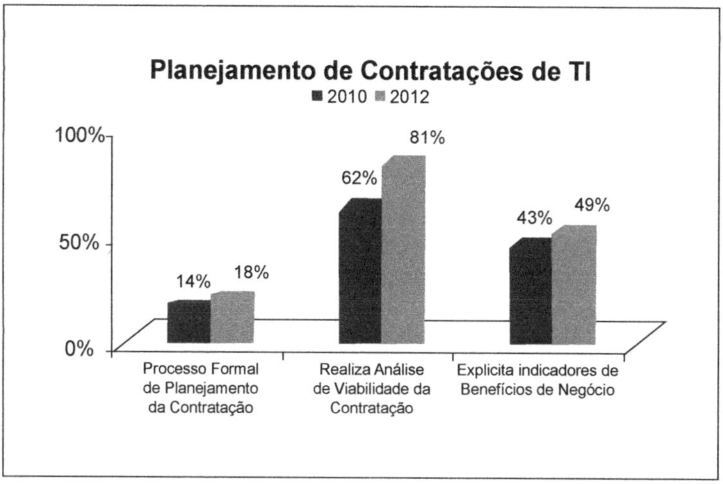

Fonte: Tribunal de Contas da União

Esperava-se que, a partir da edição da IN SLTI/MP nº 4/2010, esses números fossem revertidos e substancialmente majorados, com a implementação da cultura de planejamento das contratações de TI. Entretanto, como se vê no gráfico acima, a auditoria realizada pelo TCU em 2012 revela que o progresso ainda foi pequeno em relação à situação verificada em 2010.

7.5 Etapas do planejamento da contratação na IN SLTI/MP nº 4/2010

Pois bem, segundo o art. 10 da referida norma, a fase de planejamento da contratação deve compreender as seguintes etapas, devidamente documentadas, e que serão vistas em maior detalhe mais adiante:

I - Análise da viabilidade da contratação (art. 11);

II - Plano de sustentação (art. 14);

III - Estratégia de contratação (art. 15);

IV - Análise de riscos (art. 16); e

V - Termo de Referência ou Projeto Básico (art. 17).

Os documentos gerados a partir das etapas indicadas pelos incisos I a V podem, se for o caso, ser consolidados em um único documento, conforme parágrafo único do artigo 10 da referida IN SLTI/MP nº 4/2010.

A ordem a ser observada na fase de planejamento da contratação é a apresentada nesses incisos, iniciando pela análise de viabilidade da contratação e culminando com a elaboração do termo de referência ou projeto básico.

Cada uma das etapas do planejamento da contratação deve ser, ao fim, formalizada em um artefato (documento).

Além da fase de planejamento da contratação, a própria execução do contrato deve ser formalizada por meio de artefatos (desde o "Documento de Oficialização da Demanda" até a "Ordem de Serviço" e o "Termo de Encerramento do Contrato").

Note-se, portanto, que tudo estará documentado no processo de contratação. Desde a necessidade que disparou a contratação, passando pelos vários documentos gerados durante a fase de planejamento, indo até a elaboração do termo de referência, do edital, do contrato, das ocorrências relacionadas à execução contratual e ordens de serviço, até o termo de encerramento do contrato, organizadas de forma a manter um histórico de tudo que ocorreu no processo de contratação.

7.6 Documento de oficialização da demanda

Como visto, a fase de planejamento da contratação de TI compreende, basicamente, cinco etapas definidas pela instrução normativa da SLTI, que compreendem, sucessivamente: a análise da viabilidade da contratação; o plano de sustentação; a definição da estratégia de contratação; a análise de riscos; e culmina com a elaboração do termo de referência ou do projeto básico.

Precede, contudo, à análise de viabilidade da contratação, a elaboração do "Documento de Oficialização da Demanda", o qual está a cargo da área requisitante da solução.

É, portanto, o documento que inicia todo o processo da contratação. Deve apresentar, basicamente:

- A explicitação do motivo (motivação) da contratação e dos resultados a serem alcançados (resultados mensuráveis);
- A necessidade da contratação, considerando os objetivos estratégicos e as necessidades corporativas, bem como seu alinhamento com o PDTI (esse alinhamento deve ser demonstrado); e
- A indicação da fonte dos recursos (observar o caso de serviços contínuos, cujos contratos podem ser prorrogados por até sessenta meses).

É o documento que indica "o que é preciso contratar", "porque contratar", "quais resultados se espera com a contratação" e "qual a fonte de recursos será utilizada para a contratação".

Toda contratação pública deve estar amparada em uma necessidade que atenda aos interesses públicos envolvidos nas atividades desempenhadas pela instituição. Assim, muitas vezes, a regularidade da contratação será avaliada mediante simples análise de pertinência dessa contratação em relação às necessidades que a motivaram. Exigências desarrazoadas no edital da licitação são evitadas, evidentemente, pela definição da exata necessidade.

No primeiro item, portanto, exige-se a identificação daquilo que motiva a contratação, no plano imediato, do interesse que se pretende atender, bem assim, a sua motivação.

No segundo momento, deve-se entender que a *necessidade da contratação*, considerando os *objetivos estratégicos* e as *necessidades corporativas*, bem como seu *alinhamento com o PDTI* (esse alinhamento deve ser demonstrado), consiste em se determinar o grau de prioridade dessa contratação e em saber se está incluída entre os objetivos estratégicos da organização, capazes de atender às demandas da corporação.[16]

Por fim, como nenhum investimento na Administração deve ser realizado sem conhecimento do seu custo estimado e do seu retorno esperado (resultados mensuráveis), os custos e os correspondentes recursos orçamentários deverão ser indicados de forma antecipada pelo gestor, a fim de dar sustentação ao processo de planejamento e à própria contratação.

Por meio do "Documento de Oficialização da Demanda" e da "Análise de Viabilidade da Contratação", realizam-se, conforme a IN SLTI/MP nº 4/2010, os estudos técnicos e análises preliminares ao Projeto Básico, exigidos no art. 6º, IX, da Lei nº 8.666/1993.

Em consonância com o PDTI do órgão e tendo em vista as demandas apresentadas, dá-se início à contratação da Solução de TI, que, conforme a IN SLTI/MP nº 4/2010, corresponde ao "conjunto de bens e serviços de Tecnologia da Informação e automação que se integram para o alcance dos resultados pretendidos com a contratação" (art. 2º, IX).

A Solução de TI pode ensejar a realização de planejamento que envolva todos os elementos necessários à sua instalação e operação, mas não implica que os bens e serviços que a integram sejam conjuntamente licitados, sendo obrigatória a licitação de forma parcelada dos itens,

[16] "Isto é, a área requisitante, com o apoio da área de TI, deve explicitar como a contratação da Solução de TI colabora para o alcance de objetivos estabelecidos nos planos citados [Planejamento Institucional e PDTI]" (cf. BRASIL. Tribunal de Contas da União. *Guia de boas práticas em contratação de soluções de tecnologia da informação*: riscos e controles para o planejamento da contratação: versão 1.0. Brasília: TCU, 2012. p. 68).

sempre que técnica e economicamente viáveis, nos termos do art. 23, §1º, da Lei nº 8.666/1993.

7.7 Análise de viabilidade da contratação

A Análise de Viabilidade da Contratação compreende os aspectos técnicos e econômicos envolvidos com a contratação, notadamente, o desempenho das seguintes tarefas que possam conduzir à conclusão de ser ou não viável a contratação:

- especificação de requisitos;
- identificação de possíveis soluções;
- análise de custos;
- escolha da solução e correspondente justificativa; e
- necessidades de adequação do ambiente.

Esta etapa do planejamento da contratação exige o envolvimento dos integrantes do corpo técnico da área de TI, bem assim, do requisitante da solução a ser licitada.

A *especificação dos requisitos* consiste na tarefa realizada a partir da avaliação do "Documento de Oficialização da Demanda" e do levantamento de demandas dos potenciais gestores e usuários da Solução de TI, de soluções disponíveis no mercado e de análise de projetos similares de outras instituições.

Considera-se recomendável uma primeira definição dos requisitos com base apenas nas necessidades do negócio, fruto das demandas dos potenciais gestores e usuários da Solução de Tecnologia da Informação.

Após uma pesquisa das soluções disponíveis no mercado e a análise de projetos similares realizados por outros órgãos ou entidades da Administração Pública, novos requisitos podem ser adicionados e aqueles inicialmente considerados podem ser aperfeiçoados ou suprimidos.

A pesquisa de mercado é de grande importância, pois deve ser utilizada para apurar se os requisitos inicialmente previstos são, ou não, excessivamente restritivos. Os requisitos exigidos deverão ser os indispensáveis ao bom cumprimento das obrigações (conforme art. 37, XXI, da CF/88) e não os mínimos, conforme será visto no tópico relativo à definição dos requisitos do objeto, no Capítulo 8.

Somente após essa definição inicial dos requisitos e sua confrontação com as soluções existentes no mercado, bem assim, diante da necessidade do negócio, é que poderão ser justificados e mantidos os requisitos indispensáveis ao bom atendimento da demanda.

Observe bem: é a necessidade do órgão que define a amplitude dos requisitos. Essa relação de pertinência perpassa todo o processo de contratação da Solução de TI.

Nessa oportunidade é que se devem prever os requisitos indispensáveis de desempenho e qualidade dos bens ou serviços a serem contratados, devendo esses requisitos abarcar todos os elementos da solução.[17]

Cuidado especial se deve ter para que não sejam previstos requisitos ou exigências que constituam intervenção indevida da Administração na gestão interna dos fornecedores (art. 7º, inciso VI da IN SLTI/MP nº 4/2010).

Conforme já mencionado, a análise de viabilidade da contratação deve ser realizada pelos integrantes técnico e requisitante. A participação de cada um desses integrantes se deve em razão da necessidade da fixação de requisitos tecnológicos e não tecnológicos.

A especificação dos requisitos não tecnológicos, quando aplicáveis, deve ocorrer por parte do Integrante Requisitante[18] (art. 12 da IN SLTI/MP nº 4/2010), compreendendo a especificação dos requisitos:

- de negócio (necessidades e aspectos funcionais da Solução de TI);
- de capacitação (necessidade de treinamento);
- legais (conformidade com as normas e jurisprudência);
- de manutenção (necessidade de serviços de manutenção);
- temporais (prazos de início da execução, de atendimento a ordens de serviço, de entrega da Solução de TI, etc.);
- de segurança (juntamente com o Integrante Técnico); e
- sociais, ambientais e culturais (conformidade com costumes, idiomas e ao meio ambiente — como uso de energia elétrica e papel).

Já a especificação dos requisitos tecnológicos deve ocorrer por parte do Integrante Técnico (art. 13 da IN SLTI/MP nº 4/2010), compreendendo a especificação dos requisitos:

---

17 "Adicionalmente, os requisitos devem ser definidos possibilitando uma contratação em que o órgão não dependa excessivamente da contratada, de forma que possa substituir a solução quando considerar adequado" (cf. BRASIL. Tribunal de Contas da União. *Guia de boas práticas em contratação de soluções de tecnologia da informação*: riscos e controles para o planejamento da contratação: versão 1.0. Brasília: TCU, 2012. p. 71).

18 Importante ter em mente que não só o Integrante Requisitante pode participar da especificação dos requisitos não-tecnológicos. Todos os integrantes podem participar dessa especificação.

- de arquitetura tecnológica (*hardware*, *software*, interoperabilidade, *interfaces*, etc.);
- de projeto e de implementação (processo de desenvolvimento);
- de implantação (processo de disponibilização da solução);
- de garantia e manutenção;
- de capacitação (treinamentos a serem ministrados);
- de experiência profissional da equipe de trabalho;[19]
- de formação acadêmica e técnica da equipe de trabalho;[20]
- de metodologia de trabalho;
- de segurança da informação; e
- demais requisitos aplicáveis (padronização, suporte, desempenho).

A especificação do objeto da licitação é que definirá em maior grau a qualidade do produto ou serviço que se estará contratando. Ao especificar mal o objeto, a execução contratual se dará segundo essa má qualidade na especificação, podendo resultar em um produto ou serviço que não atenda, verdadeiramente, às necessidades da Administração. Ou, ainda que atenda parcialmente, não se traduzirá em serviço ou produto com a qualidade desejada. Por isso, deve-se ter cuidado especial com essa etapa.

O grau de exigência dos requisitos, devidamente avaliado na fase de planejamento, pode variar de acordo com a complexidade da Solução de TI pretendida, a maturidade do órgão em relação à solução, a quantidade dos itens a contratar e à materialidade da contratação.

Em todo o caso, a especificação dos requisitos do objeto deverá levar em consideração alguns fatores abaixo indicados:

- o atendimento à necessidade da contratação e à sua utilidade para o alcance dos resultados pretendidos com essa contratação;
- o atendimento aos regulamentos internos do órgão, à legislação e à jurisprudência específicas sobre os processos de trabalho do órgão que a solução deverá apoiar;
- os níveis mínimos de serviço aceitáveis; e
- os requisitos técnicos mínimos aceitáveis para os critérios de prazo de entrega, suporte de serviços, qualidade, padronização, compatibilidade, desempenho e garantia técnica.

[19] Vedada a exigência de que o profissional pertença aos quadros da empresa antes da contratação (art. 7º, VII, da IN/SLTI nº 04/2010).

[20] *Idem*.

Passo seguinte, a *identificação de possíveis soluções* deve levar em consideração a disponibilidade de solução similar em outro órgão ou entidade, as soluções existentes no Portal de Software Público Brasileiro,[21] as alternativas de mercado, inclusive a existência de *software* livre ou público, os padrões de interoperabilidade de Governo Eletrônico (e-PING)[22] e o Modelo de Acessibilidade em Governo Eletrônico (e-MAG).[23] Ainda na especificação dos requisitos, na etapa anterior, deverão ser identificados os padrões de interoperabilidade.

Além disso, a identificação de possíveis soluções deve levar em consideração também as normas atinentes à certificação digital, quando for o caso, bem assim, o orçamento estimado para a contratação.

A pesquisa deve ser ampla, a fim de se afastar o risco de uma licitação deserta ou direcionamento da licitação, servindo também de auxílio para a elaboração do modelo de execução do objeto.

Uma vez concluída a identificação das possíveis soluções, passa-se então à *análise e comparação entre os custos* totais de propriedade das soluções identificadas, levando-se em conta os valores de:

- aquisição dos ativos;
- insumos;
- garantia; e
- manutenção.

É recomendável a elaboração de um normativo regulador dos procedimentos de estimativa de preços e a consulta a diversas fontes, utilizando-se, se for preciso, deflatores para ajustar os preços obtidos. Nesse caso, devem-se incluir os memoriais de cálculo das estimativas de preços para posterior verificação, inclusive, por parte dos órgãos de controle, junto aos artefatos produzidos.

A partir do levantamento será possível verificar se há orçamento para garantir a execução durante toda a contratação, o que é imprescindível para evitar problemas futuros como a paralisação da execução do contrato.

---

21 Disponível em: <http://www.softwarepublico.gov.br>.

22 Conforme o sítio <http://www.governoeletronico.gov.br>: "Arquitetura e-PING – Padrões de Interoperabilidade de Governo Eletrônico – define um conjunto mínimo de premissas, políticas e especificações técnicas que regulamentam a utilização da Tecnologia de Informação e Comunicação (TIC) no governo federal, estabelecendo as condições de interação com os demais Poderes e esferas de governo e com a sociedade em geral".

23 Segundo definição constante do sítio <http://www.governoeletronico.gov.br>, "o Modelo de Acessibilidade de Governo Eletrônico (e-MAG), consiste em um conjunto de recomendações a ser considerado para que o processo de acessibilidade dos sítios e portais do governo brasileiro seja conduzido de forma padronizada e de fácil implementação".

Nesta etapa, está a se falar apenas de estimativas de custos, de custos aproximados, vez que os custos detalhados em planilhas devem ser apurados após a escolha da Solução de TI a ser adquirida.

Segue-se então a *escolha da solução*, que deve vir acompanhada de, no mínimo: descrição sucinta, precisa, suficiente e clara da solução; alinhamento dessa em relação às necessidades de negócio e aos requisitos tecnológicos; identificação dos benefícios em termos de eficácia, eficiência, efetividade e economicidade.

A eleição da solução a ser contemplada como objeto da contratação compreende a busca de uma solução que: (i) mais se aproxime dos requisitos; (ii) seja mais abrangente em termos dos resultados esperados; (iii) promova maior competição no certame licitatório.

Exemplificando, imagine que, oficializada a demanda, seja possível, a partir dos requisitos definidos, decidir-se entre desenvolver um sistema internamente, contratar o desenvolvimento do sistema, ou contratar uma solução já existente no mercado e adaptá-la às necessidades do órgão. A escolha deve se dar diante da solução que permita os melhores resultados, ao menor custo, e com qualidade suficiente para o atendimento dos requisitos definidos.

Em prol da independência do órgão, deve-se ter cuidado especial com soluções que sigam predominantemente padrões proprietários, pois nesses casos, eventual troca de empresa fornecedora, no futuro, quando do término do contrato, causará a descontinuidade da solução desenvolvida ou problemas de suporte e manutenção, além, é claro, de fazer com que especificações para novos certames sejam estabelecidas em razão do domínio desses padrões, limitando o universo de competidores, com a consequente elevação do custo da nova contratação.

Se acaso não for possível, de modo algum, evitar esse tipo de solução, tornar-se-á necessário estabelecer cláusula contratual que permita a transferência dos dados para um sistema de padrão aberto, que possa ser absorvido por outro sistema do mercado, ou possa ser aproveitado em razão do desenvolvimento de um sistema completamente novo.

As medidas mitigadoras trarão maior independência e segurança para a administração contratante. A realização dessa transferência deverá ser periódica, a fim de que não seja o órgão ou entidade surpreendido com a interrupção abrupta do contrato sem capacidade de reação.

Deve-se ainda evitar a opção por soluções imaturas (baseadas em tecnologias muito recentes) ou por soluções obsoletas.

Uma questão que pode surgir nesse processo de escolha consiste em saber se é possível o aproveitamento das soluções existentes quando da contratação de novos produtos, mediante a definição e escolha de soluções com capacidade de integração entre os novos produtos e aqueles já em uso ou operação na organização.

A esse respeito, embora a Lei de Licitações proíba, como regra geral, a indicação de marcas,[24] admite ela a padronização, conforme estudos e justificativas necessários à sustentação dessa padronização, dispondo, no art. 15, que as compras, sempre que possível, deverão "I - atender ao princípio da padronização, que imponha compatibilidade de especificações técnicas e de desempenho, observadas, quando for o caso, as condições de manutenção, assistência técnica e garantia oferecidas".

A propósito, o TCU editou a seguinte súmula, a respeito da padronização e da indicação de marcas, voltada para quaisquer compras, e, em especial, para a aquisição de produtos da área de TI:

> Súmula nº 270/2012
>
> Em licitações referentes a compras, inclusive de *softwares*, é possível a indicação de marca, desde que seja estritamente necessária para atender exigências de padronização e que haja prévia justificação. (BRASIL, 2012a)

Saliente-se, no entanto, que a padronização nem sempre conduzirá à contratação de determinado produto de uma marca identificada. Haverá casos em que a padronização conduzirá a diversas marcas disponíveis no mercado e, por isso, não haverá direcionamento a uma específica marca.

Frisamos, a propósito, que conforme constou do Acórdão nº 1.521/2003 - TCU - Plenário (de relatoria do autor), embora a indicação de marca na especificação de produtos de informática possa ser aceita frente ao princípio da padronização previsto no art. 15, I, da Lei nº 8.666/1993, dois requisitos devem ser observados:

- em primeiro lugar, a decisão administrativa que venha a identificar o produto pela sua marca deve ser circunstanciadamente motivada e demonstrar ser essa a opção, em termos técnicos e econômicos, mais vantajosa para a administração; e
- não obstante a indicação de marca, desde que circunstanciadamente motivada, possa ser aceita em observância ao princípio

---

[24] Lei nº 8.666/1993: "Art. 7º [...] 5º *É vedada* a realização de licitação cujo objeto inclua bens e serviços sem similaridade *ou de marcas*, características e especificações exclusivas, *salvo nos casos* em que for tecnicamente justificável, ou ainda quando o fornecimento de tais materiais e serviços for feito sob o regime de administração contratada, previsto e discriminado no ato convocatório" (BRASIL, 1993, grifos nossos).

da padronização, este como aquela não devem ser obstáculo aos estudos e, se for o caso, à efetiva implantação e utilização de *software* livre no âmbito da Administração Pública Federal.

É o que foi decidido nesse precedente acórdão, quando o Tribunal examinou a situação dos contratos do tipo *Select*, destinados à comercialização de licenças de uso dos produtos *Microsoft* para as grande corporações, contratados junto a um revendedor autorizado da *Microsoft*, denominado *LAR – Large Account Reseller*.

Nessa ocasião o Tribunal também decidiu que:

- quanto à contratação de licenças de uso de *software Microsoft*, essa deve obrigatoriamente ser precedida de licitação, ante a comprovada viabilidade de competição entre as diversas empresas credenciadas para vender os seus produtos nas diversas modalidades de comercialização existentes (*Select*, *Government Subscription*, *Open* e *Full Package*);
- é irregular a licitação ou o contrato para aquisição de licenças em que o objeto não esteja precisamente definido (sobretudo quantitativamente), nos termos dos artigos 7º, §4º, 8º, 14 e 55, I, da Lei nº 8.666/93;
- a licitação deve ser precedida de minucioso planejamento, realizado em harmonia com o planejamento estratégico da instituição e com o seu plano diretor de informática, em que fique precisamente definido, dentro dos limites exigidos na Lei nº 8.666/93, os produtos a serem adquiridos, sua quantidade e o prazo para entrega das parcelas, se houver entrega parcelada;
- o resultado do planejamento deve ser incorporado a projeto básico, nos termos do art. 6º, IX, e 7º da Lei nº 8.666/93, que deverá integrar o edital de licitação e o contrato;
- os aludidos planejamento e projeto básico deverão, sempre que possível, contemplar um período de três anos, de maneira que a licitação possa ser atendida por todas as modalidades de comercialização oferecidas pela *Microsoft* (*Select*, *Government Subscription*, *Open* e *Full Package*) e, portanto, possam dela participar todos revendedores credenciados, se assim o quiserem, ampliando-se ao máximo a competitividade do certame;
- na hipótese de o planejamento e o projeto básico indicarem a necessidade de atualização das licenças durante a vigência do contrato, tal necessidade deve ser circunstanciadamente justificada, uma vez que ela, além de onerar a contratação, restringe a competitividade do certame.

Note que algumas diretrizes do novo modelo para contratação de TI têm origem neste acórdão de 2003.

Passo seguinte, a avaliação da *necessidade de adequação do ambiente* da instituição, abrange:

- infraestrutura tecnológica;
- infraestrutura elétrica;
- infraestrutura de ar-condicionado;
- estrutura organizacional;
- logística;
- espaço físico;
- mobiliário;
- acesso a sistemas de informação;
- impacto ambiental da implantação da solução;
- impacto na área de TI e na área requisitante;
- impacto na rotina dos usuários; e
- impacto de mudança de processos de trabalho, entre outros.

A análise de viabilidade deve então levar em consideração o ambiente em que será introduzida a solução, para verificar se esse se encontra adequado ou se será necessário realizar novas contratações.[25]

Tudo reunido em documentação formal, a *Análise de Viabilidade da Contratação* deverá ser *aprovada* e *assinada* pela Equipe de Planejamento da Contratação.

Note que a Equipe de Planejamento é composta por integrantes da área de TI, da área administrativa e da área de negócio requisitante, de maneira que a assinatura do termo implica o compromisso dessas áreas com a escolha da Solução de TI a ser contratada. Não se poderá alegar, no futuro, que não se queria ou não se conhecia tal solução.

7.8 Plano de sustentação

Ainda na fase de planejamento da contratação das Soluções de TI, necessitam os envolvidos traçar o chamado plano de sustentação, que envolve as providências necessárias para implantar e manter em funcionamento na instituição a Solução de TI a ser contratada. Não basta contratar, é necessário garantir a implantação e funcionamento da solução, posteriormente.

---

25 "[...] pode-se concluir que há contratações que embutem uma série de custos invisíveis que, sem o planejamento adequado, podem não ser considerados no planejamento da contratação" (cf. BRASIL. Tribunal de Contas da União. *Guia de boas práticas em contratação de soluções de tecnologia da informação*: riscos e controles para o planejamento da contratação: versão 1.0. Brasília: TCU, 2012. p. 115).

O Plano de Sustentação compreende os aspectos relativos à segurança da informação, aos recursos materiais e humanos necessários para manter o funcionamento da Solução de TI, à transferência de conhecimento para a instituição pública contratante, à estratégia de independência em relação à contratada, à transição contratual e ao encerramento do contrato, incluindo o plano de continuidade de serviços.

O Plano de Sustentação também deverá ser elaborado pelos integrantes técnico e requisitante, sendo em seguida aprovado e assinado pela Equipe de Planejamento da Contratação.

Quanto aos *recursos materiais e humanos*, estes compreendem a identificação daqueles necessários e capacitados para a continuidade dos negócios. A alta administração deve priorizar a alocação de recursos humanos qualificados e recursos materiais na gestão dos contratos.

O *Plano de Continuidade* dos serviços compreende o conjunto de ações que possam garantir a continuidade no caso de eventual interrupção contratual.

Nesta etapa se antecipará aos acontecimentos e infortúnios que possam decorrer da interrupção abrupta do contrato. Ao desenvolver o plano de continuidade levar-se-á em consideração as alternativas possíveis e necessárias nesses casos.

Por exemplo, se a alternativa estudada for a contratação emergencial, o plano de sustentação conduzirá à elaboração de uma minuta prévia de contrato emergencial que contemple o objeto mínimo e essencial para suprir os serviços essenciais relativos ao contrato anterior, até a conclusão de nova licitação.

O plano de sustentação pode conduzir, em vez disso, à retomada do serviço pela própria administração contratante. O importante, nessa etapa, é já decidir qual será o "plano B" em caso de interrupção do contrato, considerando o nível de essencialidade do serviço contratado.

Esse plano pode auxiliar, inclusive, na fixação, desde logo, na minuta do contrato a ser celebrado em razão da licitação que se está planejando, de cláusula contratual que permita a migração de dados de sistemas proprietários, em caso de interrupção do serviço.

As atividades de *transição contratual e encerramento do contrato*, por sua vez, deverão ser previstas de modo a que se definam e se prevejam, antecipadamente, a entrega de versões finais de produtos e da documentação correspondente, a transferência final de conhecimento, a devolução de recursos, revogação de perfis de acesso, eliminação de caixas postais e outras medidas entendidas pertinentes.

Pode ser necessário, por exemplo, a participação da empresa anterior no processo de transição de uma empresa para outra. Para tanto, a previsão deverá ser contratual, motivo pelo qual é ainda na fase de planejamento que se deve definir essas atividades de transição contratual.

Assim, as providências necessárias, que necessitem previsão contratual, deverão ser previamente identificadas e inseridas como obrigações da contratada ainda na minuta do contrato que integrará o edital. Aquelas que não necessitem previsão contratual deverão ser documentadas previamente, de forma a permitir a rápida tomada de decisão.

Também é parte importante do plano de sustentação o desenvolvimento e documentação da *estratégia de independência* da organização em relação ao fornecedor da Solução de TI, de modo a contemplar a forma de *transferência do conhecimento* tecnológico e os *direitos de propriedade intelectual, os direitos autorais* da Solução de TI sobre os diversos documentos e serviços produzidos ao longo do contrato (incluindo a documentação, os modelos de dados e as bases de dados).

Ora, a regra é que, quando a Administração Pública contrata o desenvolvimento de uma determinada Solução de TI, torne-se dela proprietário, em razão de estar pagando por ela. Esse direito de propriedade, portanto, deve se apresentar claramente especificado na minuta do contrato.

Caso, por alguma razão, não exista possibilidade de tais direitos serem incorporados ao patrimônio da administração contratante, haverá necessidade de se fazer consignar tal impossibilidade juntamente com a *justificativa* suficiente para o exercício de tal opção de contratação, sujeita a verificação pelos órgãos de controle.

7.9 Estratégia da contratação

No plano da estratégia da contratação, torna-se necessário a elaboração de documento que contemple os seguintes pontos:

- indicação da Solução de TI a ser contratada;
- definição das responsabilidades da contratada;
- estimativa de impacto econômico-financeiro e indicação da fonte de recursos;
- elaboração de orçamento detalhado;
- indicação dos termos contratuais;
- elaboração de termo de compromisso e de termo de ciência (atinentes a sigilo e a normas de segurança); e a
- definição dos critérios de julgamento.

Conforme definido no art. 15 da IN SLTI/MP nº 4/2010, a *Estratégia da Contratação* será elaborada a partir da Análise de Viabilidade da Contratação e do Plano de Sustentação e conterá *a indicação da Solução de TI*. Essa indicação importa em descrever detalhadamente a solução e os bens/serviços que a compõem, registrando, ainda, suas características (serviço comum, atividade de natureza predominantemente intelectual não caracterizada como de serviço comum, serviço continuado ou não). Deve ser realizada pelos integrantes técnicos, ou seja, pelo corpo técnico específico da área de TI, com conhecimento suficiente para a indicação da solução.

Segue-se então à *definição de todas as responsabilidades da contratada* para a boa e fiel execução do contrato, com maximização dos resultados em prol da eficiência e qualidade na prestação dos serviços, também envolvendo a responsabilidade do integrante técnico.

A participação do integrante requisitante se inicia com a elaboração da estimativa do impacto econômico-financeiro no orçamento e a indicação da fonte de recursos.

Todavia, a *elaboração do orçamento detalhado em preços unitários*, atividade também integrante da estratégia de contratação, deve envolver a participação conjunta dos integrantes técnico e administrativo.

Esse orçamento necessitará estar fundamentado em pesquisas de mercado, por exemplo, envolvendo contratações similares, bem assim a valores oficiais de referência constantes de tabelas de preços, registros de preços e constantes de sistemas de dados como sítios de compras eletrônicas de governo, além de tarifas públicas, sempre que houver incidência na composição dos preços, além, é claro, das pesquisas junto a fornecedores da solução no mercado, e a potenciais competidores em uma futura licitação.

De posse desse conjunto de informações já será possível a *indicação dos termos contratuais* pela Equipe de Planejamento da Contratação, a qual deverá, obrigatoriamente:

- fixar os procedimentos e critérios de aceitação dos serviços ou bens, abrangendo métricas, indicadores e valores mínimos aceitáveis;
- definir a metodologia de avaliação da qualidade e adequação da Solução de TI às especificações funcionais e tecnológicas;
- estimar previamente o volume de bens ou serviços demandados, de forma a evitar a posterior celebração de termos aditivos;
- garantir a possibilidade de realização de inspeções e diligências, indicando a forma de seu exercício, durante a execução do contrato;

- prever o cronograma de execução física e financeira, seja em contrato, seja na ordem de serviço a ser emitida pelo contratante;
- definir a forma de pagamento, em função dos resultados obtidos, em se tratando da prestação de serviços;
- estipular os mecanismos formais de comunicação entre a Administração e a contratada, cuja interação deve se dar, preferencialmente, pela indicação de preposto para tanto, admitidas as exceções pertinentes, como no caso de serviços de *help desk*;
- definir claramente e de maneira detalhada, a estipulação de sanções administrativas, observando-se a vinculação ao contrato, a proporcionalidade e as situações típicas de advertência, multa, rescisão, suspensão para licitar e declaração de inidoneidade, previstas em lei ou ato normativo regulamentar.

A exigência de preposto decorre da necessidade da quebra do vínculo de subordinação que venha gerar responsabilidade da Administração pelos terceirizados, sendo ainda importante ter em mente e com destaque a Súmula nº 331[26] do TST:

> Súmula nº 331
>
> Contrato de prestação de serviços. Legalidade (nova redação do item IV e inseridos os itens V e VI à redação) – Res. 174/2011, DEJT divulgado em 27, 30 e 31.05.2011.
>
> I - A contratação de trabalhadores por empresa interposta é ilegal, formando-se o vínculo diretamente com o tomador dos serviços, salvo no caso de trabalho temporário (Lei nº 6.019, de 03.01.1974).
>
> II - A contratação irregular de trabalhador, mediante empresa interposta, não gera vínculo de emprego com os órgãos da Administração Pública direta, indireta ou fundacional (art. 37, II, da CF/1988).
>
> III - Não forma vínculo de emprego com o tomador a contratação de serviços de vigilância (Lei nº 7.102, de 20.06.1983) e de conservação e limpeza, bem como a de serviços especializados ligados à atividade-meio do tomador, desde que inexistente a pessoalidade e a subordinação direta.

[26] De se mencionar, a propósito, que em recente Acórdão nº 1.054/2012 - Plenário, o TCU determinou "a todas as unidades centrais e setoriais do Sistema de Controle Interno dos Poderes Executivo, Legislativo e Judiciário da União que orientem os órgãos e entidades a eles vinculados no sentido de que exijam das empresas contratadas, por ocasião de cada ato de pagamento, a apresentação da devida certidão negativa de débitos trabalhistas, de modo a dar efetivo cumprimento às disposições constantes dos artigos 27, IV, 29, V, e 55, XIII, da Lei nº 8.666, de 1993, c/c os artigos 1º e 4º da Lei nº 12.440, de 7 de julho de 2011, atentando, em especial, para o salutar efeito do cumprimento desta nova regra sobre o novo Enunciado 331 da Súmula de Jurisprudência do TST, sem prejuízo de que a Segecex oriente as unidades técnicas do TCU nesse mesmo sentido".

> IV - O inadimplemento das obrigações trabalhistas, por parte do empregador, implica a responsabilidade subsidiária do tomador dos serviços quanto àquelas obrigações, desde que haja participado da relação processual e conste também do título executivo judicial.
>
> V - Os entes integrantes da Administração Pública direta e indireta respondem subsidiariamente, nas mesmas condições do item IV, caso evidenciada a sua conduta culposa no cumprimento das obrigações da Lei nº 8.666, de 21.06.1993, *especialmente na fiscalização do cumprimento das obrigações contratuais e legais da prestadora de serviço como empregadora.* A aludida responsabilidade não decorre de mero inadimplemento das obrigações trabalhistas assumidas pela empresa regularmente contratada.
>
> VI - A responsabilidade subsidiária do tomador de serviços abrange todas as verbas decorrentes da condenação referentes ao período da prestação laboral.[27] (BRASIL, 1993, grifos nossos)

Ainda no âmbito da Estratégia da Contratação, devem ser elaborados pela Equipe de Planejamento da Contratação os seguintes modelos de documentos (artefatos) a serem utilizados no curso do contrato:

- *Termo de compromisso*, contendo declaração de manutenção de sigilo e respeito às normas de segurança (a ser assinado pelo representante legal do fornecedor); e
- *Termo de ciência* da declaração citada no item anterior (a ser assinado por todos os empregados da contratada diretamente envolvidos na contratação).

Note que a contratada é responsável por firmar esses termos e buscar assinatura de seus empregados, entregando os documentos ao órgão no início da contratação (art. 15, §1º, e art. 25, I, "b", da IN SLTI/MP nº 4/2010).

Passo seguinte, no desenvolvimento da Estratégia da Contratação, a *definição dos critérios técnicos de julgamento da proposta*, pelo integrante técnico, necessita observar, em especial a (o):

- utilização de critérios correntes no mercado;
- conteúdo da Análise de Viabilidade da Contratação;
- vedação de indicação de entidade certificadora, salvo se regulado em normas do governo federal;
- vedação de pontuação com base em atestados relativos à duração de trabalhos realizados pelo licitante;

[27] Disponível em: <http://www3.tst.jus.br/jurisprudencia/Sumulas_com_indice/Sumulas_Ind_301_350.html>.

- possibilidade de, se necessário para comprovar aptidão, considerar mais de um atestado relativo ao mesmo quesito de capacidade técnica (vedada a pontuação progressiva)
- definição de critérios justificados em razão dos benefícios proporcionados.

Ressaltamos apenas que, conforme esclarecido pelo art. 15 da IN SLTI/MP nº 4/2010:

> Art. 15. [...]
>
> §4º Nas licitações do tipo *técnica e preço*, é *vedado*:
>
> I - incluir critérios de pontuação técnica que não estejam diretamente relacionados com os requisitos da Solução de TI a ser contratada ou que frustrem o caráter competitivo do certame; e
>
> II - fixar os fatores de ponderação das propostas técnicas e de preço sem justificativa.
>
> §5º Nas licitações do tipo *técnica e preço, deve-se*:
>
> I - incluir, para cada atributo técnico da planilha de pontuação, sua contribuição percentual com relação ao total da avaliação técnica; e
>
> II - proceder a *avaliação do impacto de pontuação* atribuída em relação ao total de pontos, observando se os critérios de maior peso são de fato os mais relevantes e se a ponderação atende ao princípio da razoabilidade. (BRASIL, 2010a, grifos nossos)

Por fim, a Estratégia da Contratação deverá ser aprovada e assinada pela Equipe de Planejamento da Contratação (art. 15, §6º, da IN SLTI/MP nº 4/2010).

7.10 Análise de riscos

A análise de riscos consistente em outro importante elemento do planejamento. Compreende a antecipação a eventuais problemas que podem ocorrer durante o processo de contratação e execução do contrato, bem assim, após seu término, alcançando desde a fase inicial do planejamento até o tempo de vida útil do contrato, do produto gerado ou dos serviços que serão usufruídos. Compreende, portanto, o período desde muito antes do contrato até um tempo muito superior à sua conclusão.

Antecipando-se os riscos, buscam-se meios de sua mitigação, de forma que os impactos sejam os menos danosos, quando não inteiramente afastados. Basicamente, deve compreender:

a) a identificação dos principais riscos:
   - Riscos de frustração da contratação;[28]
   - Riscos de frustração do contrato.[29]
b) a mensuração das probabilidades de ocorrência e dos danos potenciais para cada risco identificado;
c) a definição das ações de prevenção a serem tomadas para reduzir ou eliminar as chances de ocorrência do risco;
d) a definição das ações de contingência a serem tomadas na hipótese de o risco se concretizar;
e) a definição dos responsáveis pelas ações de prevenção e pelas ações de contingência.

Bom exemplo de avaliação de risco é aquele que resulta na exigência de apresentação de amostras durante a seleção do fornecedor (estabelecendo parâmetro para aceitação dos produtos que serão entregues durante a execução contratual).

Outro exemplo de risco de frustração de contrato é o oferecimento de propostas inexequíveis, ou seja, propostas irresponsáveis que, após a assinatura do contrato não serão cumpridas. Nesse caso, a ação de prevenção a ser adotada é a fixação, no edital, de critério de aferição de exequibilidade de propostas, com base no art. 48 da Lei nº 8.666/1993. Tratamos desse ponto no Capítulo 15 desse livro.

É de fundamental importância, nessa etapa, valer-se da experiência em contratações anteriores, de modo que será necessário consultar o histórico de contratações do tipo no órgão ou entidade, se houver tal registro, podendo-se valer do exame do processo de contratação anterior.

A análise de riscos permeia todas as etapas da fase de Planejamento da Contratação, conforme esclarece o §1º do art. 16 da IN SLTI/MP nº 4/2010. É, por fim, consolidada no documento final "Análise de Riscos", que será aprovado e assinado pela Equipe de Planejamento da Contratação (*vide* art. 16, §§1º e 2º, da IN-SLTI 4/2010), devendo, todavia, continuar a ser realizada e reavaliada durante a gestão contratual.

---

[28] Exemplo: licitação deserta em razão de peculiaridades do mercado. O risco pode ser mitigado pela verificação das especificações frente ao que comumente é exigido/disponibilizado no mercado.

[29] Exemplo: o oferecimento pelo contratado de um preço inexequível, de forma que, na fase de execução do contrato, deixe ele de cumprir com sua execução. O risco pode ser mitigado pela aplicação do disposto no art. 48 da Lei nº 8.666/1993, fixando-se para tanto os critérios no edital.

Uma boa referência para a elaboração dos documentos correspondentes às etapas do Planejamento da Contratação, contendo inclusive os modelos dos artefatos, é o Manual de Contratação de Soluções de Tecnologia da Informação, publicado pela Secretaria de Logística e TI do Ministério do Planejamento, disponível na *internet*, no seguinte endereço, acessado em 08.09.2012: <http://www.governoeletronico.gov.br/biblioteca/arquivos/manual-de-contratacao-de-solucoes-de-tecnologia-da-informacao/view>.

Também é referência obrigatória no tema o excelente Guia de Boas Práticas em Contratações de Soluções de Tecnologia da Informação – Riscos e Controles para o Planejamento da Contratação, publicado pelo Tribunal de Contas da União em 2012 e disponível na *internet* no endereço a seguir, acessado em 19.11.2012: <http://portal2.tcu.gov.br/portal/pls/portal/docs/2509902.PDF>.

CAPÍTULO 8

CONTEÚDO MÍNIMO DO PROJETO BÁSICO OU TERMO DE REFERÊNCIA

Aqui cuidaremos de abordar o conteúdo mínimo do Projeto Básico ou do Termo de Referência, segundo uma visão mais próxima daquela indicada pelo Tribunal de Contas da União, conforme se extrai do precedente Acórdão nº 2.471/2008 - TCU - Plenário (Rel. Min. Benjamin Zymler).

A IN SLTI/MP nº 4/2010 relaciona o conjunto de elementos básicos que devem compor o Projeto Básico ou o Termo de Referência, para as contratações de TI, conforme art. 17 reproduzido a seguir:

> Art. 17. O Termo de Referência ou Projeto Básico será elaborado a partir da Análise de Viabilidade da Contratação, do Plano de Sustentação, da Estratégia da Contratação e da Análise de Riscos.
>
> §1º O Termo de Referência ou Projeto Básico será elaborado pela Equipe de Planejamento da Contratação e conterá, no mínimo, as seguintes informações:
>
> I - definição do objeto, conforme art. 11, inciso IV, alínea "a";
>
> II - fundamentação da contratação, conforme art. 9º, incisos I e II e art. 11, inciso IV;
>
> III - descrição da Solução de Tecnologia de Informação, conforme art. 15, inciso I;
>
> IV - requisitos da solução, conforme art. 11, inciso I;
>
> V - modelo de prestação de serviços ou de fornecimento de bens, conforme art. 13, inciso VIII;
>
> VI - elementos para gestão do contrato, conforme art. 15, inciso III, arts. 25 e 26;

> VII - estimativa de preços, conforme art. 15, inciso IV;
>
> VIII - adequação orçamentária, conforme art. 15, inciso V;
>
> IX - definições dos critérios de sanções, conforme art. 15, inciso III, alínea "h"; e
>
> X - critérios de seleção do fornecedor, conforme art. 15, inciso VII. (BRASIL, 2010a)

Conforme se percebe, a instrução normativa não discrimina como deve ser composto cada um dos elementos, sendo possível, no entanto, extraí-los a partir da deliberação já referida.

Antes de tudo, vejamos o que diz a Lei nº 8.666/1993 (Lei de Licitações e Contratos Administrativos – LLCA) sobre esse importante documento:

> Art. 6º [...]
>
> IX - Projeto Básico – conjunto de *elementos necessários e suficientes*, com nível de *precisão* adequado, para *caracterizar a obra ou serviço*, ou complexo de obras ou serviços objeto da licitação, elaborado *com base nas indicações dos estudos técnicos preliminares*, que assegurem a viabilidade técnica e o adequado tratamento do impacto ambiental do empreendimento, e que *possibilite a avaliação do custo da obra* e a *definição dos métodos e do prazo de execução* [...]. (BRASIL, 1993, grifos nossos)

Perceba o leitor que os estudos técnicos preliminares compreendem aqueles realizados durante a fase de planejamento, os quais culminarão na elaboração do Projeto Básico.

Tenha em mente, também, que o termo de referência nada mais é que um Projeto Básico que os decretos regulamentadores da Lei nº 10.520/2002 instituíram para a específica modalidade do Pregão, a exemplo do que consta do Decreto nº 5.450/2005:

> Art. 9º *Na fase preparatória* do Pregão, na forma eletrônica, será observado o seguinte:
>
> I - *elaboração de termo de referência pelo órgão requisitante*, com indicação do objeto de forma precisa, suficiente e clara, vedadas especificações que, por excessivas, irrelevantes ou desnecessárias, limitem ou frustrem a competição ou sua realização;
>
> II - aprovação do termo de referência pela autoridade competente; [...]
>
> §2º O termo de referência é o documento que deverá conter elementos capazes de propiciar avaliação do custo pela administração diante de orçamento detalhado, definição dos métodos, estratégia de suprimento,

valor estimado em planilhas de acordo com o preço de mercado, cronograma físico-financeiro, se for o caso, critério de aceitação do objeto, deveres do contratado e do contratante, procedimentos de fiscalização e gerenciamento do contrato, prazo de execução e sanções, de forma clara, concisa e objetiva. (BRASIL, 2005b, grifos nossos)

Portanto, doravante, ao nos referirmos ao Projeto Básico, estaremos também tratando do Termo de Referência.

Adiantamos, em face da transcrição desses dispositivos, que são vedadas especificações excessivas, irrelevantes ou desnecessárias que limitem ou frustrem a competição ou a realização do fornecimento (Decreto nº 3.555/2000, art. 8º, inciso I, Decreto nº 5.450/2005, art. 9º, inciso I, e IN SLTI/MP nº 2/2008, art. 16).

Esclarecemos, ainda, que conforme o art. 7º, §2º, da LLCA as obras e serviços somente poderão ser licitados quando (a) houver projeto básico (b) autorizado pela autoridade competente e (c) disponível para exame dos interessados em participar do processo licitatório. Logo, o Projeto Básico é requisito essencial à realização da licitação, no que concerne à sua existência, validade (autorização da autoridade competente), e publicidade/disponibilidade.

Acerca da disponibilidade ou da publicidade do Projeto Básico, a LLCA dispõe que constitui anexo do edital, dele fazendo parte integrante, com todas as suas partes, desenhos, especificações e outros complementos.

Repare, todavia, que no caso do Pregão Eletrônico o Decreto nº 5.450/2005 dispõe, no art. 30, inciso I, que o processo licitatório deve ser instruído com o termo de referência,[30] o qual deverá estar acessível a qualquer licitante.[31]

O Decreto nº 7.174/2010, que regulamenta a contratação de bens e serviços de informática e automação pela Administração Pública Federal, direta ou indireta, pelas fundações instituídas ou mantidas

---

[30] Segundo o art. 14 da IN SLTI/MP nº 2/2008, que trata da contratação de serviços, continuados ou não, "A contratação de prestação de serviços será sempre precedida da apresentação do Projeto Básico ou Termo de Referência, que deverá ser preferencialmente elaborado por técnico com qualificação profissional pertinente às especificidades do serviço a ser contratado, devendo o Projeto ou o Termo ser justificado e aprovado pela autoridade competente".

[31] Conforme decidido no Acórdão nº 394/2009 - TCU - Plenário, Rel. Min. José Jorge: "1. Na licitação na modalidade Pregão, o orçamento estimado em planilhas de quantitativos e preços unitários não constitui um dos elementos obrigatórios do edital, devendo estar inserido obrigatoriamente no bojo do processo administrativo relativo ao certame. Ficará a critério do gestor, no caso concreto, a avaliação da oportunidade e conveniência de incluir esse orçamento no edital ou informar, no ato convocatório, a sua disponibilidade aos interessados e os meios para obtê-lo".

pelo Poder Público, também menciona a importância e a necessidade do planejamento da contratação, incluindo nessa fase a elaboração do Projeto Básico ou do Termo de Referência (da mesma forma que a IN SLTI/MP nº 4/2010).

Dispõe o referido decreto que a *aquisição de bens e serviços* de TI e de automação deverá ser *precedida da elaboração de planejamento da contratação*, incluindo *projeto básico ou termo de referência*. Ao mesmo tempo, determina seja nele contempladas as especificações do objeto a ser contratado, com vedação a especificações que (art. 2º):

> I - direcionem ou favoreçam a contratação de um fornecedor específico;
>
> II - não representem a real demanda de desempenho do órgão ou entidade; e
>
> III - não explicitem métodos objetivos de mensuração do desempenho dos bens e serviços de informática e automação. (BRASIL, 2010b)

Conquanto o art. 10 da IN/SLTI nº 4/2010 preveja como fases do planejamento aquelas que incluem a Análise da Viabilidade da Contratação, o Plano de Sustentação, a Estratégia de Contratação, a Análise de Riscos e o *Projeto Básico*, em nossa visão deve-se compreender que as etapas, da análise de viabilidade até a análise de riscos, correspondem aos estudos preliminares de que se cuida no art. 6º, inciso IX, da LLCA, os quais culminarão na elaboração do Projeto Básico (ou Termo de Referência).

Assim, em nossa visão, o Projeto Básico compreende o documento elaborado a partir do planejamento, e não dentro daquele. Deve ser considerado como documento fruto das etapas do planejamento. De qualquer modo, esse raciocínio não invalida o que dispõe a instrução normativa, pois em termos práticos não há consequência alguma.

Consoante já dito, o art. 17, §1º, da IN SLTI/MP nº 4/2010 não detalha o conteúdo dos itens de informação do Projeto Básico mencionados. Todavia, conforme transcrito, faz remissão aos artigos relacionados a cada item.

De outro lado, destacamos que o TCU elaborou proposta de detalhamento desses itens, e que constou do Acórdão nº 2.471/2008 - Plenário. A Secretaria de Fiscalização de Tecnologia da Informação (Sefti/TCU), por sua vez, já havia publicado, em seu sítio na *intranet* do TCU, a Nota Técnica nº 1/2008, que contempla o conteúdo mínimo do Projeto Básico, sendo idêntico ao disposto no referido acórdão. Há, portanto, um grande conjunto de informações de modo a subsidiar a elaboração desse importante documento.

O nível de detalhamento do Projeto Básico pode variar em razão da complexidade da Solução de TI pretendida. Porém, o conteúdo mínimo do Projeto Básico ou Termo de Referência, conforme o Acórdão nº 2.471/2008 - Plenário, deve compreender os nove elementos discriminados abaixo:

- Fundamentação da contratação;
- Definição e requisitos do objeto;
- Descrição da Solução de TI;
- Modelo de prestação de serviços ou de fornecimento de bens;
- Estimativa de preços;
- Critérios de seleção do fornecedor;
- Definição dos critérios de sanções;
- Elementos de gestão do contrato;
- Adequação orçamentária.

Esses elementos serão abordados a seguir de forma mais detalhada.

8.1 Fundamentação da contratação

Conforme o Acórdão 2.471/2008 - TCU - Plenário, a Fundamentação da Contratação deve conter, no mínimo, a justificativa da necessidade do serviço, a demonstração do alinhamento da contratação ao Plano Estratégico Institucional, à EGTI e ao PDTI, a relação entre a demanda prevista e a quantidade de serviço a ser contratada, a explicitação da motivação e o demonstrativo dos resultados a serem alcançados, bem como a justificativa para a escolha da Solução de TI.

Os documentos elaborados na fase de planejamento da contratação são, agora, como será visto, utilizados para a composição do Projeto Básico ou do Termo de Referência, inclusive para fins de fundamentação da contratação.

Essa fundamentação compreende todos aqueles elementos que serviram de base para a tomada de decisão relativa à contratação, conferindo maior transparência ao processo de contratação, além é claro de obedecer ao princípio da motivação a que se sujeitam os atos administrativos.

Observe o leitor que, consoante a Lei nº 9.784/1999, a Administração Pública deve respeitar os princípios da *legalidade, finalidade, motivação, razoabilidade, proporcionalidade, moralidade, interesse público* e *eficiência,* entre outros constantes do art. 2º da referida Lei. E, ainda, nos termos do mesmo dispositivo legal, nos processos administrativos, entre os quais o da contratação, deverão ser indicados os pressupostos de fato e de direito que determinaram a decisão.

Tendo por base esse parâmetro e os estudos preliminares relacionados à fase de planejamento, deve-se explicitar no Projeto Básico a *justificativa da necessidade do serviço* (art. 9º, I, da IN SLTI/MP nº 4/2010), que consiste na justificativa da necessidade da contratação da Solução de TI para atendimento de uma demanda do negócio. Aproveita-se aqui o que já havia sido indicado no Documento de Oficialização da Demanda, bastando incluir o documento no Projeto Básico.

Tanto quanto possível, além da justificativa dessa demanda, deve-se demonstrar o seu *alinhamento ao Plano Estratégico Institucional, à EGTI e ao PDTI*. Esse alinhamento também já consta da Análise de Viabilidade, realizada no processo de planejamento da contratação. Basta trazê-lo, agora, para o Projeto Básico.

A *relação entre a demanda prevista e a quantidade de serviço a ser contratado*, outro item necessário a constar da fundamentação da contratação de TI, nada mais é do que a justificada estimativa das quantidades dos itens da Solução de TI necessários para o atendimento das necessidades definidas anteriormente, na fase de planejamento, de modo a que não haja descasamento entre as necessidades e as disponibilidades contratadas, ou seja, para que não haja insuficiência de produtos ou de serviços, ou excessos, conforme já anotado na Estratégia da Contratação, documento elaborado ainda na fase de planejamento. Basta trazer o documento, então, para o Projeto Básico.

Eventual falha no estabelecimento da demanda em face da quantidade de serviço a ser contratado poderá gerar responsabilização pela falha no Projeto Básico, especialmente, quando implicar na necessidade de aditivos, ou de nova contratação, haja vista que existe limite legal para a aditivação dos contratos, nos termos do art. 65, §1º, da Lei nº 8.666/1993, sem falar, é claro, na implicação de antieconomicidade da contratação.

A *explicitação da motivação e o demonstrativo dos resultados a serem alcançados* (art. 9º, II, da IN SLTI/MP nº 4/2010) também deve fazer parte da fundamentação da contratação, devendo haver apenas a transposição dessas informações que constavam do Documento de Oficialização da Demanda.

Por fim, a *justificativa para a escolha da Solução de TI* (art. 11, IV, da IN SLTI/MP nº 4/2010), que na fase de planejamento constou do artefato relativo à Análise da Viabilidade da Contratação, deve ser trazida ao Projeto Básico, a fim de demonstrar a razão principal da escolha, que deve se fundar naquela que mais se aproxima dos requisitos definidos naquela fase.

Portanto, é conteúdo necessário e imprescindível ao Projeto Básico e ao Termo de Referência a elaboração da fundamentação da contratação de forma a apresentar, de forma transparente, a justificativa da necessidade dos serviços, pois essa justificativa é elemento essencial, do mesmo modo que as justificativas quanto à quantidade de serviço a ser contratado e dos resultados a serem alcançados com a contratação, em termos de economicidade e melhor aproveitamento de recursos.

8.2 Definição e requisitos do objeto

Cabe lembrar, primeiramente, que a definição dos requisitos do objeto já foi realizada durante a fase de planejamento da contratação, mais especificamente, durante a análise da viabilidade. Mais uma vez, portanto, o artefato gerado naquela fase é aqui aproveitado, cuidando-se de transcrever no Projeto Básico o que foi desenvolvido na análise de viabilidade acerca da definição e dos requisitos do objeto.

A definição do objeto prevista no art. 17, §1º, inciso I, da IN SLTI/MP nº 4/2010 deve ser sucinta, sem deixar, entretanto, de ser precisa, suficiente e clara, conforme art. 11, IV, "a", da mesma norma. O detalhamento do objeto constará do item Descrição da Solução de TI.

Para o correto estabelecimento dos requisitos do objeto, indispensável também observar o disposto no art. 37, XXI, da CF/88, com uma leitura teleológica, conforme a seguir (repare no termo por nós introduzido):

> Art. 37. [...]
>
> XXI - ressalvados os casos especificados na legislação, as obras, serviços, compras e alienações serão contratados mediante processo de licitação pública [...] o qual *somente permitirá as exigências de qualificação técnica e econômica indispensáveis à garantia do [BOM] cumprimento das obrigações*. (BRASIL, 1988, grifos nossos)

Note que o termo "bom" não consta do dispositivo, mas deve ser considerado como regra implícita. E, também, que as exigências de qualificação técnica e econômica devem ser as indispensáveis, não as mínimas, como ordinariamente costumam pensar os gestores mais desavisados.

O que se está a dizer é que todas as exigências consideradas *indispensáveis* ao *bom* cumprimento das obrigações devem ser necessariamente incluídas na especificação do objeto ou como cláusula contratual, conforme o caso. Note-se que não se trata de uma faculdade do gestor, mas um dever.

Sendo a exigência *indispensável*, circunstância que deve ser comprovada, não se tem restrição indevida à competição. No caso, a restrição, se ocorrer, é devida e obrigatória.

Antes de exigências *mínimas* para não restringir a competição, deve-se pensar em exigências *indispensáveis* para garantir o bom cumprimento das obrigações.[32] Esse nos parece o desejo constitucional.

Somente com esses termos em mente será possível proteger os interesses da Administração na contratação.

Conforme já salientado, a identificação dos requisitos do objeto compreende a especificação dos requisitos tecnológicos e não tecnológicos indispensáveis ao atendimento às necessidades do negócio e à garantia dos padrões mínimos de qualidade, de forma a se garantir a economicidade da contratação.

Cabe ainda mencionar a determinação prevista no item 9.3.1. do Acórdão nº 1.233/2012 - TCU - Plenário à Secretaria de Logística e Tecnologia da Informação, no sentido de orientar os entes sob sua jurisdição sobre a necessidade de vincular os contratos de serviços de desenvolvimento de *software* a um *processo de software*. Tendo sido considerado, na deliberação, que, sem essa vinculação, o objeto do contrato não estaria precisamente definido, em desconformidade com o disposto no art. 6º, inciso IX, da Lei nº 8.666/1993.

8.3 Descrição da Solução de TI

Nem sempre ocorrerá a contratação conjunta da solução como um todo, embora a fase de planejamento envolva necessariamente toda a Solução de TI. Isso ocorre, obviamente, em razão da necessidade da divisão do objeto, quando técnica e economicamente viável, de forma a ampliar o universo de licitantes.

Nos casos em que a solução for licitada em parcelas do objeto, obviamente a descrição da Solução de TI, em cada Projeto Básico ou Termo de Referência, se dará em razão do específico objeto licitado e não do todo. A descrição deverá se dar em razão daquela parte que for objeto da contratação com base no específico Projeto Básico.

---

[32] "[...] O que a equipe de planejamento da contratação deve buscar é a relação adequada entre a necessidade da contratação e os requisitos necessários para atendê-la. Assim, caso os requisitos necessários para atender à necessidade da contratação levem a um nicho de mercado restrito ou de preços mais altos, estes requisitos podem ser considerados como adequados, desde que acompanhados das devidas justificativas. Não adianta contratar algo a preço baixo, mas que não atenda à necessidade da contratação, pois uma compra ineficaz não pode ser considerada econômica" (cf. BRASIL. Tribunal de Contas da União. *Guia de boas práticas em contratação de soluções de tecnologia da informação*: riscos e controles para o planejamento da contratação: versão 1.0, p. 77).

Essa descrição, ao contrário da definição sucinta do objeto (prevista no art. 11, IV, "a", e no art. 17, §1º, I, da IN SLTI/MP nº 4/2010), deve ser detalhada, de modo a indicar cada bem/serviço contido na Solução de TI e o seu valor estimado.

O objeto da contratação deve estar precisamente caracterizado e quantificado no Projeto Básico (Lei nº 8.666/93, artigos 7º, §4º; 8º; 14; 15, §7º; 55, I).

A descrição da Solução de TI escolhida deverá ser precisa, suficiente e clara, indicando os bens e serviços que a compõem (art. 3º, II, da Lei nº 10.520/2002).

O objeto deve estar precisamente definido em *natureza* e *quantidade*, sendo vedada a indicação de marcas específicas, salvo se tecnicamente justificável, caso em que se deverá consignar expressamente no processo licitatório, conforme referido no Capítulo 7 (tópico relativo à análise de viabilidade da contratação).

Não é por demais lembrar que o objeto possui, na realidade, três aspectos e não apenas os dois mencionados (natureza e quantidade), e que se precisa especificar. Existe um terceiro, chamado de *qualitativo*.

Imagine, por exemplo, que se deseja licitar a construção e pavimentação de um trecho de rodovia de 100km. Qual seria a *natureza* do objeto? A construção e pavimentação da rodovia.

A futura manutenção dessa rodovia, em razão de elementos externos como chuvas e tráfego, consistirá, portanto, em outra natureza de serviço, não prevista inicialmente.

O aspecto *quantitativo* desse objeto imaginado corresponderá à quilometragem da rodovia licitada, ou seja: 100km.

Qual seria então o aspecto *qualitativo*, não vislumbrado na descrição do objeto? Bem, para responder a essa pergunta, devemos saber que para construir essa rodovia, haverá necessidade, no projeto, da especificação, por exemplo, de serviços de terraplanagem, escavação, implantação de camadas de leito e subleito, pavimentação asfáltica, pintura de rodovia, dentre muitos outros elementos.

Suponhamos, então, que para fazer a escavação seja necessária a remoção de um milhão de metros cúbicos de terra. Têm-se, aqui, então, o aspecto *qualitativo*, que não aparece na descrição do objeto, embora presente em projeto e com reflexos contratuais.

Essa separação entre natureza, quantidade e qualidade tem razão de ser a partir da celebração do contrato e, especialmente, nas alterações contratuais. A natureza do objeto de um contrato, por exemplo, não pode ser alterada, uma vez celebrado.

Não é possível alterar um contrato de construção e pavimentação de rodovia para um contrato de manutenção de rodovia, não sendo possível a aditivação desse contrato para a realização de manutenção de um trecho subsequente da mesma rodovia, por exemplo. Para tanto, exige-se nova licitação com nova especificação do objeto a ser licitado, baseado nessa nova natureza.

Já o aspecto quantitativo pode, segundo disposto na Lei de Licitações (art. 65, §1º e §2º), ser objeto de acréscimos e supressões, nos limites da lei (25% do valor atualizado do contrato).

Também o aspecto qualitativo pode ser objeto de alteração. Imagine, por exemplo, que naquele contrato de construção e pavimentação se descubra, durante a elaboração do Projeto Executivo, a necessidade de, para construir a rodovia, extrair 20% a mais de terra. O aspecto qualitativo da escavação sofrerá alterações, podendo ser realizada dentro da margem de até 25%, em termos quantitativos, conforme previsão legal.[33]

Diga-se, por último, acerca da descrição da Solução de TI, que não poderá ela envolver a caracterização do objeto exclusivamente como fornecimento de mão de obra.

Tendo havido o planejamento da contratação, a administração contratante se valerá novamente do estudo realizado durante aquela etapa, notadamente, aquele realizado por ocasião da análise de viabilidade da contratação, em que, depois de especificados os requisitos do objeto, terão sido identificadas as possíveis soluções, analisadas e comparadas entre si, inclusive quanto aos custos envolvidos, e, ao final dessa análise, escolhida a solução, que virá acompanhada da devida justificativa para tal escolha.

Assim, no Projeto Básico, cuidar-se-á de descrever em detalhe a solução pretendida e escolhida na fase de planejamento, fruto dos estudos e da escolha efetuada naquela fase, e que conduzirá à contratação pretendida.

8.4 Modelo de prestação de serviços ou de fornecimento de bens

Concluídas as etapas anteriores, passa-se à definição do modelo de prestação dos serviços ou fornecimento de bens, a constar do Projeto Básico.

---

[33] Sobre a possibilidade de alterações qualitativas com reflexos quantitativos em montantes superiores a 25% do valor atualizado do contrato, *vide* a Decisão nº 215/1999 - TCU - Plenário.

Esse modelo deve ser definido levando-se em consideração, conforme o Acórdão nº 2.471/2008 - TCU - Plenário, da relatoria do Ministro Benjamin Zymler:

- estudos preliminares das soluções existentes no mercado e a justificativa da escolha (efetuado por ocasião da análise de viabilidade da contratação);
- identificação da Solução de TI a ser adotada, composta pelos serviços, produtos e outros elementos necessários (*idem*);
- justificativa para o parcelamento ou não do objeto;
- justificativa para utilização de licitações distintas ou a adjudicação por itens;
- justificativa para a permissão de subcontratação de parte específica do objeto e para a permissão para formação de consórcios;
- definição da forma de execução dos serviços, preferindo-se a execução indireta por resultados, justificando-se a impossibilidade de sua adoção.

Os estudos preliminares das soluções existentes no mercado e a justificativa da escolha, bem como a identificação da Solução de TI a ser adotada, devem ser aqueles oriundos da análise de viabilidade da contratação, fase anterior do planejamento da contratação, conforme já referido. Basta, então, incorporá-los ao Projeto Básico.

A justificativa para o parcelamento ou não do objeto a ser licitado deve levar em consideração o que consta do art. 23, §1º, da Lei nº 8.666/1993, segundo o qual:

> Art. 23. [...]
>
> §1º As obras, serviços e compras efetuadas pela Administração serão divididas em tantas parcelas quantas se comprovarem *técnica e economicamente viáveis*, procedendo-se à licitação com vistas ao melhor aproveitamento dos recursos disponíveis no mercado e à ampliação da competitividade sem perda da economia de escala. (BRASIL, 1993, grifos nossos)

O comando constante desse dispositivo não implica, necessariamente, que sejam realizadas licitações distintas, podendo haver, em seu lugar, a adjudicação por itens, conforme Súmula nº 247 do TCU:

> Súmula nº 247
>
> É obrigatória a admissão da adjudicação por item e não por preço global, nos editais das licitações para a contratação de obras, serviços, compras e alienações, cujo objeto seja divisível, desde que não haja prejuízo

> para o conjunto ou complexo ou perda de economia de escala, tendo em vista o objetivo de propiciar a ampla participação de licitantes que, embora não dispondo de capacidade para a execução, fornecimento ou aquisição da totalidade do objeto, possam fazê-lo com relação a itens ou unidades autônomas, devendo as exigências de habilitação adequar-se a essa divisibilidade. (BRASIL, 2004a)

Na justificativa a ser apresentada, deverão ser apostas as razões da escolha por um ou outro modelo de licitação, se por itens, ou distintas, além é claro da justificativa pela adoção ou não do parcelamento do objeto.

A subcontratação pode ser autorizada, mas apenas de forma parcial, devendo haver justificativas suficientes para tanto (art. 72 da Lei nº 8.666/1993).

A subcontratação integral, por sua vez, é, em regra, causa obrigatória de rescisão contratual. Somente em situações excepcionalíssimas, em que haja um interesse público maior a ser protegido, é que esse tipo de subcontratação pode não ensejar a rescisão. Normalmente, em situações que transcendem a vontade do contratante e do contratado, evidenciada no caso concreto. Corrobora esse entendimento o disposto nos artigos 37, inciso XXI, da CF/88, 3º, *caput*, 72 e 78 da Lei nº 8.666/1993 à luz da Decisão nº 420/2002 - TCU - Plenário (maior detalhamento será visto no Capítulo 17).

A LLCA admite a possibilidade de subcontratação apenas parcial, desde que esteja prevista no edital e no contrato.

Ao se prever no edital a possibilidade de subcontratação parcial, o administrador público deverá indicar, no mesmo edital e no contrato, em que parte do contrato será permitida a execução por terceira empresa subcontratada, pois só é lícito subcontratar a parte que a administração previamente assim admite, não se podendo deixar sem condicionantes essa decisão, muito menos para negociação futura, quando da execução do contrato.

A discricionariedade não será possível, como regra, quando da execução do contrato, pois este deve estar vinculado aos requisitos, disposições e condições fixados no edital.

Outro cuidado que se deve ter no caso de subcontratação (parcial) se refere à vedação de transferência da parte principal do contrato.

Se o planejamento conduz à contratação de um determinado licitante para prestar um dado serviço necessário aos objetivos institucionais, estratégicos e específicos de TI, no qual são estabelecidos requisitos de qualificação necessários à boa execução contratual, estar-se-á escolhendo um prestador que esteja preparado para prestar aquele determinado serviço.

Não faz sentido algum que se escolha o licitante preparado para a prestação do serviço que se deseja contratar, mas, para a execução do contrato, seja autorizada a subcontratação da parte principal em que consiste a prestação do serviço.

Ora, se os atestados exigidos na fase licitatória correspondem exatamente às parcelas de maior relevância, e justamente atestam a capacidade da contratada para a sua execução, não é nada razoável transferir a terceiros a execução desses mesmos serviços.

A subcontratação, portanto, deve, em princípio, se restringir a partes acessórias do contrato.

Em resumo, a subcontratação:

a) só pode ser parcial, em razão de expressa disposição da lei;
b) necessita estar prevista no edital e no contrato;
c) precisa estar especificada, no tocante a que parte do objeto da contratação se admite a execução por terceiro subcontratado; e
d) não deve se referir a parte essencial ou relevante do contrato.

A exigência ao subcontratado de mesma qualificação exigida no edital não será necessária se a subcontratação se referir à parte acessória do contrato, o que deve ser a regra, conforme já mencionado.

Todavia, se for justificável que a parte acessória também requererá um determinado nível de qualidade na prestação do serviço, será possível a realização de exigências correspondentes ao subcontratado, previstas no edital e no contrato.

Na execução do contrato, na realização da subcontratação, a empresa contratada deverá informar à Administração os dados da subcontratada, para que aquela autorize e tenha, assim, controle total do serviço que estiver sendo prestado, em que pese responder perante a Administração apenas o contratado.

Quanto à definição da forma de execução dos serviços, deve-se dar preferência à execução indireta por resultados, justificando-se a impossibilidade de sua adoção.

Esse item também já constará definido a partir do planejamento da contratação. A execução indireta por resultados, conforme já se disse, visará ao pagamento futuro do contrato em razão dos resultados efetivamente apresentados e aferidos, evitando-se o chamado "paradoxo do lucro-incompetência".

A definição do modelo de prestação dos serviços ou fornecimento de bens deve abordar ainda quatro outros aspectos, a saber:

- a descrição da dinâmica do contrato;
- a descrição do método de quantificação dos volumes de serviços a serem prestados, privilegiando a remuneração por resultados;
- a definição do formato e conteúdo do instrumento formal utilizado nas etapas de solicitação, acompanhamento, avaliação e atestação dos serviços (ordem de serviço); e
- a forma de transferência de tecnologia.

A definição da dinâmica do contrato envolve as etapas necessárias ao alcance dos resultados pretendidos, bem assim, quais produtos e serviços devem ser entregues em cada etapa. Cuida-se de trazer para o Projeto Básico essas informações já definidas anteriormente por ocasião das etapas do planejamento.

Igualmente, a descrição do método de quantificação e a remuneração por resultados já estarão, a esta altura, previamente definidos pela etapa de planejamento, cuidando-se, todavia, de explicitá-los no Projeto Básico.

O conteúdo das ordens de serviço deverá ser explicitado de forma a propiciar, por meio delas, verdadeiro acompanhamento da execução contratual. As ordens de serviço não são consideradas apenas simples documento de determinação da execução de um serviço, mas, além disso, documento em que serão registradas todas as ocorrências a ela relacionadas.

Citamos como exemplo de conteúdo das ordens de serviço:

a) especificação do pedido;
b) cronograma de execução;
c) cronograma financeiro;
d) a forma de execução;
e) a forma de medição/verificação da execução e pagamento;
f) responsáveis pela autorização, execução e pagamento.

Por fim, a forma de transferência da tecnologia, também definida na fase de planejamento, será explicitada no Projeto Básico, junto ao modelo de prestação dos serviços ou fornecimento de bens.[34]

---

34 "Por exemplo, a transferência de conhecimentos pode incluir reuniões mensais entre as partes ou em momentos específicos, como ao final de cada fase do contrato e no término da implantação da solução, bem como oficinas e treinamentos. Essa transferência deve ocorrer ao longo do contrato, e não somente no seu final" (cf. BRASIL. Tribunal de Contas da União. *Guia de boas práticas em contratação de soluções de tecnologia da informação*: riscos e controles para o planejamento da contratação: versão 1.0, p. 71).

8.5 Estimativa de preços

Lembramos, inicialmente, que o orçamento detalhado da Solução de TI deve ser elaborado ainda durante a fase de planejamento da contratação.

Tornar-se-á então necessário trazer para o Projeto Básico esse orçamento, uma vez que é exigência legal que dele faça parte o orçamento detalhado do custo global, conforme art. 6º, inciso IX, da Lei nº 8.666/1993:

> Art. 6º Para os fins desta Lei, considera-se: [...]
>
> IX - *Projeto Básico* – conjunto de elementos necessários e suficientes [...] e que possibilite a *avaliação do custo* [...] devendo conter os seguintes elementos: [...].
>
> f) orçamento detalhado do custo global [...]. (BRASIL, 1993, grifos nossos)

No mesmo sentido dispõe a Lei nº 10.520/2002 acerca do Pregão:

> Art. 3º A fase preparatória do Pregão observará o seguinte:
>
> III - *dos autos do procedimento* constarão [...] bem como o orçamento, elaborado pelo órgão ou entidade promotora da licitação, dos bens ou serviços a serem licitados; [...]. (BRASIL, 2002a, grifos nossos)

Ressaltamos, ainda, que, conforme o art. 7º, §2º, da Lei nº 8.666/1993, as obras e os serviços somente poderão ser licitados quando existir orçamento detalhado em planilhas que expressem a composição de todos os seus custos unitários, aplicando-se essa disposição também, no que couber, aos casos de dispensa e de inexigibilidade de licitação (§9º).

Segundo a Lei nº 8.666/1993, o orçamento estimado em planilhas de quantitativos de preços unitários deve constar anexo ao edital, dele fazendo parte integrante, nos termos do art. 40, §2º.

Diferenciam as exigências constantes da LLCA e da Lei do Pregão apenas quanto ao fato de que o orçamento detalhado, no Pregão, deve constar apenas dos autos do procedimento, não necessitando sejam apresentados como anexo ao edital. Todavia, é garantido o amplo acesso ao processo licitatório por quaisquer interessados, o que implica no acesso ao referido orçamento detalhado.

O órgão/entidade pode, todavia, apresentar o orçamento detalhado em anexo ao edital, caso assim deseje. Essa maior transparência traz como vantagem evitar que haja questionamentos por parte de licitantes não situados na sede do contratante acerca da quebra do princípio da isonomia, em razão da dificuldade de acesso a esse orçamento.

O Projeto Básico (ou o Termo de Referência) deve conter orçamento *detalhado* que possibilite a avaliação dos custos *unitários* e *global* do objeto, levando em consideração os *preços praticados no mercado*.

O edital de licitação deve indicar os *critérios de aceitabilidade dos preços* unitários e global (Lei nº 8.666/1993, art. 40, X). E, conforme orientação constante do Acórdão nº 2.471/2008 - TCU - Plenário (Rel. Min. Benjamin Zymler):

> 9.1.6. Estimativa do preço, que deve ser:
>
> - realizada com base em informações de diversas fontes, estando justificado nos autos, o método utilizado, bem como as fontes dos dados que a subsidiaram (Lei nº 8.666/1993, art. 6º, IX, "f", e itens 32 a 36 do Voto do Acórdão nº 2.170/2007 - Plenário);
>
> - detalhada em seus custos unitários (Lei nº 8.666/1993, art. 7º, §2º, inciso II);
>
> - detalhada em planilhas que expressem a composição de todos os seus custos unitários (Lei nº 8.666/1993, art. 7º, §2º). (BRASIL, 2008b)

Esta é uma das partes de execução mais difícil na licitação. A jurisprudência do TCU vem exigindo que a estimativa dos preços venha a ser elaborada a partir de diversas fontes, e, entre essas fontes, ainda se exige a pesquisa ao fornecedor.

Sabe-se que o fornecedor não está obrigado a responder à consulta de preços elaborada pela Administração, bem assim que às vezes ele a responde sem o rigor necessário, de maneira incorreta ou incompleta quanto às características do produto oferecido, o que, muitas vezes, pode configurar equipamento, serviço ou produto com qualidade bastante superior, ou bastante inferior, ao que será requerido na definição do objeto e de seus requisitos.

Não são raras as vezes em que esses fornecedores informam um determinado preço no momento de sua consulta pela Administração, ao passo que ofertam, para o mesmo bem ou serviço, em Pregão ou qualquer modalidade licitatória, valor diametralmente distinto.

Para evitar esse tipo de problema, a Administração Pública deveria contar com um cadastro nacional informatizado de custos de bens e serviços, uma vez que reiteradamente são contratados praticamente os mesmos serviços e os mesmos bens, nas três esferas de governo.

Uma vez que ainda não foi criado nenhum banco de dados com os preços de bens e serviços, capazes de refletir seu valor de mercado, nem determinada sua utilização como referência de preços, persistem as dificuldades em se elaborar uma adequada estimativa de preços para as licitações, o que não impede, todavia, sejam realizadas, nem que sejam responsabilizados os gestores por eventuais falhas nessa estimativa, falhas essas que podem, inclusive, conduzir a sobrepreços.

Em alguns casos, saliente-se, no entanto, já é possível contar com sistemas de referências oficiais de preços, como acontece em obras públicas, para as quais se tem hoje, no âmbito da Administração Pública Federal, o Sicro (Sistema de Custos Rodoviários, a cargo do Dnit) e o Sinapi (Sistema Nacional de Pesquisa de Custos e Índices da Construção Civil, a cargo da Caixa Econômica Federal).

Então, para obras rodoviárias, por exemplo, o gestor não precisa, como regra, fazer pesquisas junto aos fornecedores, bastando buscar as informações no Sicro.

Para a área de TI nos parece que seria relativamente tranquila a implementação de um sistema de referência de preços semelhante, notadamente, para aquisição de *softwares*, computadores, periféricos, suprimentos, e serviços padronizados, usualmente licitados via Pregão.

Como ainda não existe tal sistema de custos, continua obrigatória a consulta a diversas fontes, entre elas, aos potenciais fornecedores. Aguardamos que a Administração haja proativamente no sentido da criação de um sistema desse porte, considerando os vultosos recursos despendidos nas contratações de Soluções de TI.

Observe, a propósito, que em 2008 o TCU havia expedido recomendação facilitadora desse processo, por meio do Acórdão nº 371/2008 - Plenário (Relação nº 14/2008, Rel. Min. Guilherme Palmeira), vazado nos seguintes termos:

> 1. Recomendar à Secretaria de Logística e Tecnologia da Informação do Ministério do Planejamento – SLTI/MP que:
>
> 1.1. mantenha disponível, de forma centralizada e duradoura, as informações referentes às licitações, aos processos eletrônicos de aquisição e às contratações promovidas pelo Governo Federal, permitindo o acesso aos referentes atos administrativos, editais, participantes das licitações, contratos, atas e informações que propiciem a atuação das entidades de controle, constituindo uma base de referência aos gestores da Administração Pública, de forma a favorecer a fiscalização da aplicação dos recursos públicos e contribuir para a eficiência e economicidade na gestão pública;

> 1.2. priorize a construção de um *repositório de editais e contratos* em formato texto completo e padronizado, com ferramenta de pesquisa textual eficaz e eficiente, que facilite a recuperação de especificações semelhantes e propicie publicidade e transparência ao processo, constituindo uma *base de referência aos gestores da Administração Pública* que contribua para a eficiência e economicidade na gestão pública e favoreça a fiscalização da aplicação dos recursos. (BRASIL, 2008c)

Essas providências constantes do acórdão em tela ajudariam não apenas a pesquisa de preços, mas também a consulta de contratos semelhantes ao que se pretende realizar.

Por exemplo, caso se deseje contratar serviços de suporte de rede, seria possível averiguar quais outros contratos semelhantes foram celebrados no âmbito da Administração Pública Federal e quais os níveis de serviço exigidos e quais as obrigações contratuais estabelecidas, além, é claro, de quais os preços praticados nesses contratos. Consistiria em uma maneira de se aproveitar as experiências de contratos anteriores celebrados com a Administração Pública, para o contrato específico do órgão ou entidade consulente.

Sem tal base, torna-se dificultoso, complexo e demorado o processo, uma vez que, a cada novo serviço objeto de contratação em um específico órgão/entidade, tem-se, algumas vezes, que "partir do zero", ou seja, tem-se que se iniciar todo o processo sem parâmetros anteriores a serem adotados e/ou aperfeiçoados.

Conforme orientação do TCU constante do Acórdão nº 838/2004 - Plenário (Rel. Min. Ubiratan Aguiar) a estimativa de preços realizada com base somente nos preços anteriormente praticados para os mesmos serviços contratados é prática que deve ser evitada. Não somente por contrariar o disposto na Lei de Licitações e Contratos, mas também porque pode levar à perpetuação de preços desconformes com os praticados no mercado, mormente em mercados onde o desenvolvimento tecnológico é frequente, assim como são frequentes as reduções de preços em razão dos avanços tecnológicos e da obsolescência dos produtos.

Em razão mesmo disso o Tribunal determinou, no citado acórdão, que a entidade fiscalizada observasse, nos processos de aquisição e contratação de bens e serviços de informática, o disposto no art. 7º, §2º, II, da Lei nº 8.666/93, realizando pesquisa de preço e elaborando orçamento detalhado em planilhas para os serviços a serem adquiridos, inserindo nas pastas de todos os procedimentos licitatórios cópias dos levantamentos e estudos que fundamentaram o preço estimado, em conformidade com a legislação.[35]

8.6 Critérios de seleção do fornecedor

Também devem compor o Projeto Básico os critérios de seleção do fornecedor, assim explicitados pelo item 9.1.8 do Acórdão 2.471/2008 - TCU - Plenário:

- critérios de *habilitação*, com justificativas;
- critérios *técnicos obrigatórios*, com justificativas;
- nas licitações técnica-e-preço:
  - - os critérios *técnicos pontuáveis*, com justificativas;
  - - planilha contendo, para cada atributo técnico da planilha de pontuação, sua contribuição percentual com relação ao total da avaliação técnica;
  - - critério de aceitabilidade de preços unitários e globais; e
  - - critério de julgamento que será utilizado.

Os critérios de habilitação são aqueles previstos nos artigos 27 a 30 da Lei nº 8.666/1993. São eles:

I - habilitação jurídica;

II - qualificação técnica;

III - qualificação econômico-financeira;

IV - regularidade fiscal e trabalhista; (em conformidade com a Lei nº 12.440, de 2011), e

V - cumprimento do disposto no inciso XXXIII do art. 7º da Constituição Federal, que se refere à proibição de trabalho noturno, perigoso ou insalubre a menores de dezoito e de qualquer trabalho a menores de dezesseis anos, salvo na condição de aprendiz, a partir de quatorze anos.

Nenhuma outra exigência além dessas é permitida a título de critério de habilitação.

Os critérios técnicos obrigatórios, por sua vez, consistem naqueles necessários a garantir uma boa execução do contrato, mas que não impedem a habilitação dos licitantes, vez que não inseridos entre os critérios de habilitação.

É o caso, por exemplo, de quando se necessita de um gerenciamento de bancos de dados por pessoa que possua certa certificação

---

[35] A Comunidade de Tecnologia da Informação Aplicada ao Controle (TIControle) disponibiliza em seu site <http://www.ticontrole.gov.br> a Orientação Técnica – TIControle 1/2010, que traz considerações e orientações sobre a estimativa de preços.

ou experiência. Se for tecnicamente justificável, não poderá ser feita a título de habilitação, mas poderá constar do edital e da minuta de contrato que, iniciada a execução contratual, a empresa deverá manter um profissional com essas condições.

Não se pode exigir que a empresa contrate tal profissional previamente para participar da licitação, sendo vedado tal procedimento, o que se verificaria, por exemplo, se lhe fosse exigido como critério de habilitação. Mas é possível sua inclusão como critério técnico obrigatório em cláusula contratual.

Em licitações do tipo técnica e preço, há a possibilidade de inserção de critérios técnicos de pontuação para quesitos previstos no Decreto nº 7.174/2010 (art. 10), que permitem avaliar as propostas, a saber:

a) prazo de entrega;
b) suporte de serviços;
c) qualidade;
d) padronização;
e) compatibilidade;
f) desempenho; e
g) garantia técnica.

No que tange aos critérios de aceitabilidade de preços unitários e global, torna-se necessário não apenas sua identificação e descrição no Projeto Básico, como também a conscientização da necessidade, em alguns casos, de que sejam fixados critérios de aceitabilidade de preços unitários, os quais muitas vezes não são observados pelos órgãos e entidades contratantes.

Por fim, os critérios de julgamento deverão ser consignados no Projeto Básico, quais sejam: menor preço, técnica e preço ou melhor técnica.

Além desses, quaisquer critérios de julgamento que possam resultar em uma desclassificação das propostas de licitantes precisam estar claramente identificados e descritos no Projeto Básico, com as devidas justificativas. É irregular a desclassificação de proposta se o critério utilizado na desclassificação não estiver previsto no edital.

Digamos, por exemplo, que se queira efetuar a aferição de exequibilidade das propostas. Se isto for feito, e é recomendável que se faça, será obrigatória a inclusão dos critérios que serão adotados para tanto no edital. Assim, deve constar do Projeto Básico para que todos os licitantes tenham prévio conhecimento de quais serão os critérios utilizados para avaliar suas propostas.

As exigências de habilitação pontuáveis e de avaliação técnica da proposta devem ser:

- pertinentes ao objeto licitado e às necessidades verificadas em cada serviço, em especial quanto à qualificação do pessoal e às atividades desenvolvidas;
- objetivas, suficientes e razoáveis para aferir a aptidão (capacidade, qualificação e experiência) dos licitantes e a qualidade técnica das propostas (art. 46, §1º, I, Lei nº 8.666/1993), evitando-se a formulação de critérios irrelevantes para o cumprimento do objeto.

Nos critérios para pontuação técnica de propostas, necessitar-se-á fazer o correto dimensionamento da pontuação, de modo a evitar a supervalorização de critérios técnicos menos relevantes em detrimento daqueles importantes para o alcance dos objetivos da Administração (*vide* IN/SLTI 02/2008, art. 16).

Importante observar, também, que se deve promover o devido equilíbrio da valoração do fator técnico em relação ao fator preço, de forma a se evitar a valoração do primeiro além do necessário, em prejuízo da economicidade da contratação.

A IN SLTI/MP nº 2/2008, que se aplica às contratações de TI subsidiariamente, propõe, no art. 27, §3º, que se utilizem índices iguais (5 e 5) para técnica e preço: "Art. 27. [...] §3º. É vedada a atribuição de fatores de ponderação distintos para os índices técnica e preço sem que haja justificativa para essa opção".

No entanto, entendemos ser possível outras ponderações (por exemplo, 6 para técnica e 4 para preço), em situações em que reste demonstrada, por *justificativa técnica*, a necessidade de preponderância da técnica. Já a ponderação 7 para técnica e 3 para preço nos parece, em regra, desarrazoada, podendo ser usada somente em situações excepcionalíssimas, justificadamente, em que a preponderância da técnica em relação ao preço nessa ordem de grandeza seja essencial ao bom cumprimento das obrigações.

De qualquer modo, os pesos atribuídos ao índice técnico e de preço devem ser tecnicamente justificados e proporcionais ao grau de complexidade técnica do serviço.

Os pesos atribuídos aos fatores de avaliação das propostas técnicas (desempenho, qualidade, padronização, compatibilidade, etc.) devem ser consentâneos com a representatividade de cada fator para o serviço. Se para o objeto específico o que interessa mais é o desempenho, este terá maior peso. Se qualidade, esta é que terá um peso relevante, e, assim por diante. Tudo devidamente justificado, buscando-se dizer por que tal item recebeu maior peso.

Conforme orientação constante da IN SLTI/MP nº 4/2010, na definição desses critérios de pontuação deve-se priorizar a utilização de critérios correntes de mercado e a apresentação de justificativas para os critérios de pontuação adotados em termos do benefício que trazem para a Administração (art. 15, VII, "a" e "g").

Colhe-se da jurisprudência dominante do TCU algumas vedações relativas às propostas de habilitação e pontuação técnica de propostas, podendo-se afirmar que são vedados critérios:

- baseados *exclusivamente no tempo de serviço* de profissionais, salvo quando comprovadamente imprescindíveis à execução do objeto;
- que impliquem, para os licitantes, em *despesas anteriores* à celebração do contrato ou que frustrem o caráter competitivo do certame, a exemplo dos quesitos que pontuam os licitantes que possuírem, já na abertura da licitação, determinado quadro de pessoal com técnicos certificados e qualificados ou determinadas estruturas físicas, como centros de treinamento, plataformas de treinamento a distância e ambiente de fábrica de *software*, ficando excetuada da vedação a última estrutura citada quando esta se referir ao item "Desenvolvimento e Manutenção de Sistemas" e houver justificativa operacional, devidamente registrada, para exigi-la;
- que valorem apenas quantidades de serviços realizados em experiências passadas dos licitantes sem considerar o desempenho ou a complexidade dos serviços realizados;
- baseados apenas *no tempo de existência* dos licitantes;
- que *não sirvam para avaliar aspecto relevante* ou pertinente para a prestação do serviço;
- de pontuação baseados na assunção de compromissos e obrigações a serem *satisfeitos pelo licitante durante a futura contratação*;
- que vedem o somatório de atestados para fins de comprovação de atendimento a quesitos de pontuação, nos casos em que a aptidão técnica das empresas puder ser satisfatoriamente demonstrada por mais de um atestado; e
- relativos a quesitos de pontuação imprecisos ou que prejudiquem o julgamento objetivo das propostas, a exemplo dos quesitos que se referem à aplicação de metodologias em experiências anteriores dos licitantes.

Grande parte desse conjunto de vedações, especialmente as relativas à pontuação das propostas técnicas, pode ser encontrada no Acórdão nº 1.094/2004 - TCU - Plenário (de relatoria do autor), época em que ainda se tinha a cultura de realização de licitações de informática na modalidade de concorrência do tipo técnica e preço, em razão, até mesmo, do disposto no art. 45, §4º, da Lei nº 8.666/1993, que se estudará no Capítulo 12 desta obra.

Constam ainda do referido julgado as seguintes orientações ao fiscalizado à ocasião, e que devem ser observados, em todo caso, se achar-se estritamente necessário contratar por esse tipo de licitação (técnica e preço):

> 9.3.15. inclua quesitos de pontuação da proposta técnica que guardem estrita correlação técnica e operacional com os serviços constantes do item do objeto avaliado, abstendo-se de prever quesitos que não indiquem necessariamente maior capacidade para fornecer os serviços ou que não sirvam para avaliar aspecto relevante ou pertinente do item a que estão relacionados, tais como a utilização da metodologia de fábrica de *software* em itens que não fazem uso dela (*e.g.* "Gerência de Dados" e "Modernização Administrativa"); a avaliação mediante pontos por função, medida específica para desenvolvimento de sistemas, em itens que não contêm atividades passíveis de serem aferidas por esse critério (*e.g.* "Gerência de Dados" e "Modernização Administrativa"); a pontuação da parceria Linux, que objetiva a solução de problemas no sistema operacional, em itens que não requerem profundo conhecimento do sistema operacional (*e.g.* "Desenvolvimento e Manutenção de Sistemas", "Gerência de Dados" e "Operação de Microcomputador"); a utilização de quesitos referentes a metodologia de gestão de projetos e consultoria técnica de projetos no item "Operação de Microcomputador"; e itens com excesso de detalhamento;
>
> 9.3.16. inclua, nos quesitos de pontuação, somente as especificações necessárias à exata avaliação da proposta, aduzindo justificativas e fundamentação técnica quando o detalhamento das especificações se fizer necessário; [...]. (BRASIL, 2004b)

Outras vedações se encontram explicitadas na IN SLTI/MP nº 4/2010 (art. 15, VII, "d", "e" e "f"), a saber:

- indicação de entidade certificadora, exceto nos casos previamente dispostos em normas do governo federal;
- pontuação com base em atestados relativos à duração de trabalhos realizados pelo licitante, e
- pontuação progressiva de mais de um atestado para o mesmo quesito de capacidade técnica.

Adiantamos, todavia, desde já, que o tipo de licitação técnica e preço somente será cabível em situações excepcionalíssimas, tendo em vista a ampla possibilidade de utilização da modalidade Pregão, conforme será visto no Capítulo 12.

A propósito dos critérios de seleção do fornecedor, recomendamos ainda a leitura dos seguintes acórdãos do TCU:[36] 819/2000, 1.618/2002, 32/2003, 1.094/2004, 667/2005, 116/2006, 264/2006 e 786/2006, todos do Plenário.

8.7 Definição dos critérios de sanções

A definição dos critérios de sanções, conforme aludido na IN SLTI/MP nº 4/2010 (art. 15, III, "h"), deve se dar na fase de planejamento por ocasião da definição da Estratégia da Contratação, elaborada a partir da Análise de Viabilidade e do Plano de Sustentação.

Esses critérios, todavia, também serão transpostos para o Projeto Básico. Nesse figurarão uma definição clara e detalhada das sanções administrativas aplicáveis à contratada.[37] As penalidades são aquelas previstas nos artigos 86, 87 e 88 da Lei nº 8.666/1993, e art. 7º da Lei nº 10.520, de 2002.

A definição desses critérios, no Projeto Básico, deverá levar em consideração a(s):

- vinculação aos termos contratuais;
- proporcionalidade das sanções em razão do grau do prejuízo ou das infrações cometidas;
- situações em que advertências ou multas serão aplicadas, com percentuais obedecendo escala gradual para sanções recorrentes;
- situações em que o contrato será rescindido por parte da Administração;
- situações em que a contratada terá suspensa a participação em licitações e será impedida de contratar com a Administração; e
- situações em que a contratada será declarada inidônea para licitar ou contratar com a Administração.

---

36 Disponíveis no sítio <http://www.tcu.gov.br>.

37 "O estabelecimento de sanções atreladas às diversas obrigações da contratada é um elemento essencial para que o órgão tenha instrumentos para trazer o contrato à normalidade" (cf. BRASIL. Tribunal de Contas da União. *Guia de boas práticas em contratação de soluções de tecnologia da informação*: riscos e controles para o planejamento da contratação: versão 1.0, p. 161).

8.8 Elementos para gestão do contrato

Ainda no Projeto Básico deverão ser incluídos os elementos que se definiram como necessários à gestão do contrato pela administração contratante durante a fase de planejamento, para amplo conhecimento dos potenciais licitantes e da futura contratada.

Nesse sentido, o *protocolo de interação entre contratante e contratada* (art. 15, III, "g", e art. 25, II e §2º, da IN SLTI/MP nº 4/2010) deverá figurar no Projeto Básico, de forma a se definir como se estabelecerá a comunicação formal entre a administração e a contratada.[38]

Naquelas hipóteses em que houver terceirizados trabalhando no órgão ou entidade contratante, esse protocolo deverá incluir a obrigatoriedade de indicação do preposto, a fim de que sejam evitadas as responsabilidades subsidiárias por obrigações trabalhistas, além de servir de veículo acerca das demandas e respostas das partes, traduzidas pela execução das tarefas relacionadas ao contrato.

O *modelo do instrumento de controle* dos serviços/bens solicitados e recebidos ("ordem de serviço"), artefato gerado na fase de planejamento, deverá constar devidamente definido no Projeto Básico, de forma a propiciar o prévio conhecimento de todos.

A *definição dos procedimentos para mensuração, faturamento e pagamento dos serviços prestados* (art. 15, III, "a", "e", e §2º, da IN SLTI/MP nº 4/2010), também já efetuada na fase de planejamento, será agora transposta para o Projeto Básico, constituindo regras definitivas para os procedimentos de mensuração dos resultados, faturamento e pagamento dos serviços, conforme tais critérios.

Recomenda-se, ainda, a elaboração de uma *lista de verificação* (*check list*), também a integrar o Projeto Básico como elemento de gestão contratual, que permita identificar se todas as obrigações do contratado foram cumpridas antes da atestação da prestação do serviço. Assim, se minimiza, no caso da execução de múltiplas tarefas por parte do agente responsável (gestor do contrato), o cometimento de erros na verificação e controle dos serviços a serem atestados e pagos.

Recomendamos a explicitação de tudo o que será objeto de fiscalização na execução do contrato. Tudo que será verificado para aferição

---

[38] "Toda a interação com a contratada deve ser sempre documentada nos autos do processo de fiscalização, de modo que haja rastreabilidade dos fatos ocorridos ao longo da vigência do contrato" (cf. BRASIL. Tribunal de Contas da União. *Guia de boas práticas em contratação de soluções de tecnologia da informação*: riscos e controles para o planejamento da contratação: versão 1.0, p. 154).

entre aquilo que for demandado e o que for efetivamente realizado, de forma transparente à contratada.

A *quantificação ou estimativa prévia do volume de serviços/bens demandados* (art. 15, III, "b", da IN SLTI/MP nº 4/2010), também efetuada durante a fase de planejamento, deverá se incorporar ao Projeto Básico para que possa ser consultado por qualquer licitante, e também para que seja objeto de contínua avaliação por parte do gestor do contrato.

Uma vez que é necessário avaliar-se a qualidade do serviço prestado, bem assim a adequação desses ou dos bens ao que foi contratado, torna-se evidente a necessidade de trazer para o Projeto Básico a *definição do método de avaliação da qualidade e adequação às especificações dos serviços/bens, com vistas à aceitação e pagamento* (art. 15, III, "c", da IN SLTI/MP nº 4/2010).

Também farão parte da gestão do contrato a verificação do cumprimento dos prazos, razão pela qual outro elemento a constar do Projeto Básico consistirá na *indicação do cronograma de execução físico-financeira* (art. 15, III, "f", da IN SLTI/MP nº 4/2010). Em determinadas situações, todavia, o cronograma variará em razão da data de início ou de abertura da ordem de serviço, o que não impedirá uma indicação por estimativa de tempo ou de datas, conforme estabelecido durante a fase de planejamento da contratação.

Conquanto as regras para aplicação das penalidades (art. 15, III, "h", da IN SLTI/MP nº 4/2010) sejam elementos essenciais para a gestão dos contratos, essas já foram definidas por ocasião da definição dos critérios de sanções já expostos no tópico anterior, de modo que constarão do Projeto Básico, do Termo de Referência e da Minuta de Contrato.

As *garantias contratuais necessárias* deverão constar do Projeto Básico, assim como do futuro contrato a ser firmado. Constituem elementos imprescindíveis à gestão do contrato, uma vez que garantem a administração contratante contra eventuais vícios e defeitos, por fato do produto ou do serviço, permitindo-se a cobrança de providências junto à contratada que perfaçam suas obrigações de refazimento, reposição, substituição e manutenção, dentre outras hipóteses já devidamente definidas na fase de planejamento.

Por fim, o Projeto Básico deverá trazer a *definição dos fiscais do contrato e da possibilidade de realização de inspeções e diligências* (art. 2º, V, VI e VII; art. 15, III, "d"; e art. 24, II, III e IV, da IN SLTI/MP nº 4/2010).

A Instrução Normativa da SLTI propõe que sejam previstos três fiscais:

- *Fiscal Técnico do Contrato* – Servidor representante da Área de TI, indicado para fiscalizar tecnicamente o contrato;

- *Fiscal Administrativo do Contrato* – Servidor representante da Área Administrativa, indicado para fiscalizar o contrato quanto aos aspectos administrativos;
- *Fiscal Requisitante do Contrato* – Servidor representante da Área Requisitante da Solução, indicado para fiscalizar o contrato do ponto de vista funcional da Solução de Tecnologia da Informação.

O leitor pode se perguntar se é interessante esse formato compreendendo um corpo fiscal composto por três servidores. Não se trata de excesso. Cada um, sendo especialista em sua área, terá maior capacidade de fiscalizar a execução do contrato sob todos os principais ângulos envolvidos. A cada um competirá um objeto especifico a fiscalizar.

Assim, ao fiscal requisitante competirá o exame dos aspectos funcionais, daquelas especificações que atenderão ao negócio. Já ao fiscal técnico da área de TI, competirá a verificação das especificações e exigências inerentes aos requisitos tecnológicos.

Quanto ao fiscal administrativo, corresponderá ao profissional que entende dessa área, notadamente, de licitações e contratos administrativos, incumbindo-se da fiscalização de outros aspectos, tais como o cumprimento das obrigações trabalhistas por parte da contratada e demais verificações necessárias para que se possa autorizar o pagamento de parcela do contrato.

Esses fiscais devem ser, preferencialmente, os integrantes da Equipe de Planejamento da Contratação (art. 24, §2º, da IN SLTI/MP nº 4/2010).

Em contratações mais simples, penso ser possível a utilização de um único fiscal, justificando-se a medida.

8.9 Adequação orçamentária

A adequação orçamentária, último item do Projeto Básico a ser aqui comentado, deve ser comprovada a partir da elaboração, pelo Integrante Requisitante, da estimativa do impacto econômico-financeiro no orçamento do órgão, com indicação das fontes de recursos (art. 15, V, da IN SLTI/MP nº 4/2010).

Como a indicação de tal adequação também compreende atividade de análise inserida no âmbito do processo de planejamento, ao se elaborar o Projeto Básico essa informação já estará pronta, com a devida justificativa. Portanto, basta efetuar-se a transposição de tal informação a partir dos estudos de viabilidade realizados na fase de planejamento, para o documento de Projeto Básico ou Termo de Referência.

Eventual indisponibilidade orçamentária frente aos valores estimados do contrato pode levar a Administração a concluir pela inviabilidade da contratação. Por isso, a avaliação de tal adequação é parte integrante do planejamento. Assim, esse risco é mitigado com a realização de um planejamento conjunto de todas as contratações de Soluções de TI previstas e do orçamento de TI para o exercício em questão.

8.10 Da submissão do projeto básico ou termo de referência a audiência pública

O Termo de Referência ou Projeto Básico poderá, a critério da Área Requisitante da Solução ou da Área de Tecnologia da Informação, ser disponibilizado em consulta ou audiência pública, a fim de avaliar a completude e a coerência da especificação dos requisitos, a adequação e a exequibilidade dos critérios de aceitação, nos termos do art. 19 da IN SLTI/MP nº 4/2010.

Trata-se de situação que envolva objeto muito relevante ou de grande vulto ou de uma complexidade normalmente maior que as usualmente situadas no âmbito do conhecimento dos técnicos do órgão/entidade contratante, nas quais se necessite da colaboração do mercado no aprimoramento do Projeto Básico ou do Termo de Referência.

Concluído então o Projeto Básico ou o Termo de Referência, este será assinado pela Equipe de Planejamento da Contratação e aprovado pelas autoridades competentes (art. 17, §4º, da IN SLTI/MP nº 4/2010).

CAPÍTULO 9

PARCELAMENTO DO OBJETO

A segunda diretriz do novo e atual modelo de contratação das Soluções de TI se refere ao parcelamento dos serviços, conforme já explicitado no Capítulo 3.

O parcelamento do objeto permite (a) o estabelecimento de exigências específicas de habilitação e de avaliação técnica da proposta para cada parcela e (b) a realização de licitação independente (ou adjudicação por itens) para cada parcela.

Um dos problemas detectados no antigo modelo de contratação de TI era exatamente o fato de que as exigências de habilitação e de avaliação técnica da proposta correspondiam a uma licitação ampla, envolvendo todos os serviços de TI necessários ao órgão ou entidade.

O estabelecimento de tão amplo conjunto de exigências implicava em restrição ao universo de licitantes.

A partir do modelo mais recente, a divisão do objeto em parcelas técnica e economicamente viáveis permite o estabelecimento de exigências específicas, que podem ser atendidas por um número maior de empresas fornecedoras das Soluções de TI.

9.1 Vantagens do parcelamento do objeto

Sendo assim, o parcelamento traz como primeira vantagem o *aumento da competitividade*, uma vez que possibilita a participação no certame de empresas médias e pequenas, sem excluir as grandes empresas, privilegiando, assim, o princípio da isonomia.

Além disso, traduz-se, na prática, na possibilidade de *redução nos preços* contratados, em consonância com o princípio da economicidade.

Por fim, proporciona a *redução do risco estratégico* e *de segurança* para a Administração, que não dependerá, como antes, de uma única empresa para dar andamento às atividades do setor de informática.

Nesse sentido, vale destacar que a IN SLTI/MP nº 2/2008 (contratação de serviços, continuados ou não) dispõe, em seu art. 2º, parágrafo único, que uma das diretrizes do planejamento da contratação consistirá em se evitar o domínio de uma única empresa sobre a gestão dos serviços, e a dependência em relação a prestadores específicos.

9.2 Possibilidade de participação de empresas especialistas na licitação

Possibilita, também, a *participação de empresas especialistas,* que pode reduzir ainda mais os preços contratados em razão da especialidade do nicho de negócio a que dirigida, aumentando-se, por decorrência, a qualidade. Essa vantagem propicia o atendimento conjunto dos princípios da eficiência e da economicidade.

O modelo anterior, diferentemente do atual, afastava as empresas especialistas.

Digamos, por exemplo, que existissem no mercado empresas dedicadas ao suporte de rede e ao suporte de bancos de dados. Como a licitação envolvia todos os tipos de serviços, essas empresas não participavam da licitação, a não ser mediante subcontratação da grande empresa detentora de capacidade para a execução desses e dos demais serviços exigidos na licitação.

A empresa especialista, em regra, procura o tempo todo otimizar sua capacidade de produção, seus processos de trabalho e a qualidade de seus produtos e serviços, por questão de sobrevivência mercadológica e em razão de sua própria experiência cada vez mais aprofundada em sua área de domínio. Assim, com o passar do tempo, tende a empresa especialista a oferecer serviços melhores a preços menores.

A possibilidade de participação dessas empresas nas licitações públicas, por consequência, beneficia a Administração Pública tanto com os preços menores, quanto com os serviços de melhor qualidade. É o que se espera que aconteça.

9.3 Requisitos para o parcelamento do objeto

De se reconhecer, no entanto, que o parcelamento traz como suposta "desvantagem" a circunstância de se administrar vários contratos, em vez de apenas um concebido pela antiga modelagem de contratação, tornando a atividade administrativa mais complexa e trabalhosa.

Assim, tornam-se necessários certos requisitos para que a contratação parcelada não encontre obstáculos na execução contratual, podendo-se mencionar ao menos dois:

- o fortalecimento da capacidade gerencial da Administração; e
- a segregação de funções.

Devido à presença de várias empresas prestando os serviços necessários às demandas de negócio, muitas vezes atuando de forma complementar ou com suporte nos serviços oferecidos por umas e por outras, haverá, em princípio, o aumento de conflitos a serem resolvidos e administrados.

Para resolver e administrar tais conflitos, o órgão ou entidade deverá fortalecer sua capacidade gerencial em TI, dotando as áreas específicas voltadas à gestão e fiscalização dos contratos de recursos humanos qualificados (capacitação, remuneração e número suficiente), materiais e processos de trabalho necessários à atividade gerencial. Ressaltamos que a necessidade de fortalecimento da capacidade gerencial não deve ser considerada uma fragilidade ou desvantagem desse novo modelo de contratação de soluções de TI. A boa gerência é sempre necessária, em qualquer modelo que se apresente.

O órgão não poderá contratar o mesmo prestador para realizar serviços de execução e fiscalização relativos ao mesmo objeto (artigos 3º, §2º, e 19, I e II, da IN/SLTI nº 02/2008 e art. 6º da IN SLTI/MP nº 4/2010), havendo necessidade, portanto, de segregar as funções em prol do efetivo controle.

Suponhamos, por exemplo, que um determinado órgão não possua ainda capacidade gerencial instalada e apta ao gerenciamento de vários contratos. Digamos, por exemplo, que se trate de um órgão recém-criado. Esse poderá contratar uma empresa especializada na supervisão dos contratos de TI, por exemplo, para auxiliar na fiscalização dos contratos. Todavia, é evidente que a supervisora não poderá ser contratada para a execução de quaisquer serviços junto ao órgão.

Como é sabido, a supervisão e a fiscalização dos contratos são de responsabilidade exclusiva de agentes públicos, não podendo ser terceirizada (art. 67 da Lei nº 8.666/1993). De maneira que só o auxílio à fiscalização pode ser contratado, nos casos em que comprovadamente for necessário.

Imagine uma segunda situação. Determinado órgão contrata os serviços de desenvolvimento e teste de sistemas, serviço esse passível de execução por uma mesma empresa. Se, todavia, o órgão licita em separado, preferindo que os testes sejam efetuados por empresa distinta da desenvolvedora, não poderá permitir a adjudicação de ambos os itens por um mesmo licitante, pois buscará um teste imparcial do sistema.

9.4 Fundamentos jurídicos do parcelamento do objeto

No que tange ao fundamento legal, como veremos, o parcelamento do objeto encontra amparo nos princípios constitucionais da isonomia, da eficiência e da economicidade. No entanto, conforme já adiantado, a obrigatoriedade do parcelamento se encontra ele previsto no art. 23 da Lei nº 8.666/1993:

> Art. 23. [...]
>
> §1º As obras, serviços e compras efetuadas pela administração serão divididas em tantas parcelas quantas se comprovarem técnica e economicamente viáveis, procedendo-se à licitação com vistas ao melhor aproveitamento dos recursos disponíveis no mercado e à ampliação da competitividade, sem perda da economia de escala.
>
> §2º Na execução de obras e serviços e nas compras de bens, parceladas nos termos do parágrafo anterior, a cada etapa ou conjunto de etapas da obra, serviço ou compra, há de corresponder licitação distinta, preservada a modalidade pertinente para a execução do objeto em licitação. (BRASIL, 1993)

Significa dizer que se as obras, serviços e compras forem técnica e economicamente viáveis, deverão elas ser parceladas nos moldes ali previstos.

Complementa tal dispositivo o Enunciado de Súmula nº 247 do TCU, já referido no capítulo anterior, e que novamente reproduzo a seguir:

> Súmula nº 247
>
> É obrigatória a admissão da adjudicação por item e não por preço global, nos editais das licitações para a contratação de obras, serviços, compras e alienações, cujo objeto seja divisível, desde que não haja prejuízo para o conjunto ou complexo ou perda de economia de escala, tendo em vista o objetivo de propiciar a ampla participação de licitantes que, embora não dispondo de capacidade para a execução, fornecimento ou aquisição da totalidade do objeto, possam fazê-lo com relação a itens ou unidades autônomas, devendo as exigências de habilitação adequar-se a essa divisibilidade. (BRASIL, 2004a)

Note que a obrigação jurídica de parcelar o objeto não advém originalmente da IN SLTI/MP nº 4/2010, mas antes da Constituição Federal e da Lei nº 8.666/93, de maneira que alcança indiscriminadamente toda a Administração Pública, nas três esferas de governo.

Em consonância com o Princípio da Isonomia, o parcelamento do objeto implica no parcelamento dos requisitos de habilitação e de avaliação de proposta técnica, que conduz à ampliação do número de potenciais licitantes habilitados a participar das contratações públicas, o que implica em uma maior eficácia na aplicação do princípio da isonomia.

Atendendo ao Princípio da Eficiência, o parcelamento permite o melhor aproveitamento dos recursos do mercado. Por exemplo, a possibilidade de participação de empresas especialistas implica maior eficiência nas contratações públicas, vez que tais empresas são capazes, como já disse, de oferecer melhores serviços ou produtos a melhores preços.

Em conformidade com o Princípio da Economicidade, conduz ao aumento da competição e ao incentivo à criação de empresas especialistas em determinados serviços de TI, situação que implica, em princípio, redução dos custos contratuais.

A propósito, a IN SLTI/MP nº 4/2010 veda, no art. 5º, inciso I, a contratação de mais de uma Solução de Tecnologia da Informação em um único contrato. Ressalte-se, todavia, que o critério que embasa essa disposição, e que determina a realização do parcelamento, é aquele constante do art. 23, §1º, da LLCA.

Mais adiante essa mesma norma dispõe, no art. 17, §2º, que "a Equipe de Planejamento da Contratação avaliará a viabilidade de parcelamento da Solução de Tecnologia da Informação a ser contratada, em tantos itens quanto sejam tecnicamente possíveis e suficientes".

Em seguida, cuida estabelecer, no §3º do referido art. 17, que a equipe do planejamento deverá avaliar a necessidade de licitações e contratações separadas para os itens que, devido a sua natureza, possam ser divididos em tantas parcelas quantas se comprovarem *técnica e economicamente viáveis*, conforme o disposto no art. 23, §1º, da Lei nº 8.666/93, de modo que a leitura desses dispositivos deve se dar de forma conjunta com a Lei de Licitações.

Por último, mencionamos que essas disposições constantes da Instrução Normativa são fruto da modelagem de contratação recomendada pelo TCU no Acórdão nº 786/2006 - Plenário, com base nos motivos expostos no voto ali proferido e com base nos Acórdãos nº 667/2005, nº 2.103/2005, nº 2.171/2005 e nº 2.172/2005, todos do Plenário.

Dentre as recomendações constantes do novo modelo de contratação sugerido pelo TCU, constou orientação no sentido de que se contemplasse a realização de licitação independente para cada item, envolvendo requisitos de habilitação e critérios de avaliação de proposta técnica *objetivos, relevantes* e *específicos* para cada item, de modo a favorecer a competitividade do certame, a redução de preços, a especialização das empresas, a qualidade dos serviços, a redução de riscos estratégicos e de segurança para o órgão ou entidade.

CAPÍTULO 10

CONTRATAÇÃO DE SERVIÇOS POR RESULTADO

10.1 Em que consiste

A contratação de serviços por resultado compreende o tipo de contratação em que o pagamento da contratada será feito com base na mensuração dos serviços e dos resultados alcançados e verificados.

Evita-se, o mais possível, a utilização de metodologia de pagamento por horas-trabalhadas ou por posto de serviço (horas de disponibilidade do pessoal).

Existem basicamente duas formas de se formalizar um contrato com tal previsão de pagamento por resultados:

a) mediante o estabelecimento de uma métrica;

b) mediante a fixação de um Acordo de Nível de Serviço.

10.2 Mensuração do resultado por métrica específica

No primeiro caso, o serviço é perfeitamente mensurável por padrões ou unidades de medida devidamente fixadas, e, então, utiliza-se esse parâmetro métrico para a mensuração e pagamento.

É o caso, por exemplo, de um serviço de desenvolvimento de *software* e de sistemas. Para esses serviços, existe atualmente uma técnica de mensuração, a partir do detalhamento do projeto do *software*, que permite saber antecipadamente quantos *pontos de função* tal projeto terá ao final.

Diante disso, existe uma métrica específica para mensurar o resultado do desenvolvimento de sistemas, sendo possível ainda obter no mercado o preço de um ponto de função em determinada plataforma tecnológica utilizada para o desenvolvimento.

Com base no preço do ponto de função será possível fazer a contratação (orçamento estimativo) bem como os pagamentos pelo serviço prestado, fazendo-se a medição dos pontos de função executados durante determinado período. O número de pontos de função efetivamente executado será então determinante do valor do pagamento a ser efetuado à contratada, em face do preço das unidades de ponto de função contratadas.

Imaginemos, portanto, que façamos a contratação do desenvolvimento de um sistema que envolva 1.000 pontos de função. Digamos que quem venceu a licitação ofereceu um valor equivalente a R$100,00 por ponto de função. No momento da execução contratual, medem-se, no primeiro mês, quantos pontos de função foram realizados no desenvolvimento. Digamos que se tenha concluído pela realização de 100 pontos. O resultado dessa medição gerará o pagamento à contratada de R$10.000,00 naquele mês.

À medida que for então realizando o objeto do contrato, a empresa vai recebendo pelo que efetivamente realizar, até que alcance a totalidade do objeto, entregando o produto ao término do desenvolvimento, com os 1.000 pontos de função totalmente executados.

Este exemplo, por óbvio, é um exemplo muito simples e não exclui a necessidade do estabelecimento de critérios de avaliação da qualidade, de adequabilidade às especificações, dentre diversos outros que compreendem a aceitação e o pagamento pelos serviços.

Importante, nesse processo, é que a Administração pague pelo que efetivamente foi entregue, dentro da qualidade, das especificações e dos prazos definidos.

10.3 Mensuração do resultado por nível de serviço

No segundo caso, quando o serviço que está sendo contratado não possui uma métrica específica, torna-se necessário o uso do conhecido Acordo de Nível de Serviço.

Imagine, por exemplo, a contratação de um serviço de suporte e atendimento ao usuário. Típico serviço normalmente iniciado por telefone e, se não resolvido com o usuário diretamente por esse meio de comunicação, gera uma demanda de atendimento presencial. O objetivo desse serviço é resolver, o mais breve possível, eventuais problemas que os usuários tiverem nas suas estações de trabalho.

Esse tipo de serviço vinha sendo contratado na Administração Pública, até certo tempo atrás, por posto de serviço, donde se tinha uma remuneração da contratada pela simples disponibilidade de seus funcionários para o atendimento a demandas, quer elas existissem ou não na repartição.

Estimava-se o número de técnicos necessários ao atendimento de demandas em função do quantitativo de estações de trabalho e de usuários dos sistemas e então se contratava aquele número de postos de serviço de acordo com as demandas e os profissionais necessários ao seu atendimento com determinado padrão de qualidade e tempo de resposta.

Novamente imaginemos uma situação concreta. Digamos que precisemos contratar os serviços para o atendimento a 500 usuários e suas estações de trabalho espalhadas pelas instalações de nossa instituição fictícia. Após estudo prévio, estimamos como necessários 50 profissionais para fazer essa atividade de suporte, de modo a demandar uma licitação para preenchimento de 50 postos de serviços com tais profissionais, detalhando-se no edital qual a qualificação técnica requerida do profissional e o conhecimento requerido acerca de cada sistema, aplicativo ou infraestrutura necessária ao suporte.

Obviamente que esse tipo de contratação não mede efetivamente a prestação de serviços, pois remunera pela simples disponibilidade desse pessoal. Se contratados em número excessivo, a tendência será o pagamento por tempo ocioso, podendo gerar o que já mencionamos de paradoxo lucro-incompetência.

Para transformar um contrato como esse, de pagamento por posto de serviço para pagamento por resultados, precisaremos estabelecer, no edital e no contrato, um Acordo de Nível de Serviço que defina parâmetros de medição.

Como exemplo do serviço de atendimento ao usuário, imagine que seja estipulado, como o nível de serviço a ser acordado, que 70%, no mínimo, dos atendimentos aos usuários, no mês, deverão ser solucionados, no primeiro nível de atendimento, em menos de trinta minutos. Esse é também um exemplo muito simples, apenas para facilitar o entendimento, de maneira que na prática contratual os Acordos de Nível de Serviço são bem mais complexos.

Com esse tipo de requisito, sinaliza-se no contrato que o resultado (ou nível de serviço) esperado é a solução do problema pelo primeiro atendente (primeiro nível de atendimento), na maioria dos casos, com solução no prazo de 30 minutos. Note que nos atendimentos aos chamados, caso o primeiro atendente não consiga resolver o problema, deve passar o serviço ao supervisor (segundo nível de atendimento)

Observe que o resultado é fixado com a qualidade pretendida, e não será preciso, em princípio, identificar quantos profissionais serão necessários, pois o que interessa para a execução contratual é o alcance do resultado. A decisão sobre o número de profissionais e também sobre a qualificação requerida para essa tarefa torna-se responsabilidade da contratada, que poderá fazer a escolha mais eficiente, de modo a lhe trazer maior retorno sem prejuízo do cumprimento do Acordo de Nível de Serviço.

Note-se que nada impede à Administração, por questão de segurança ou outra razão estratégica, por exemplo, fixar também quantidade e qualificação mínimas para esses profissionais, desde que o pagamento se faça pelo nível de serviço (resultado) alcançado pelo contratado (e não pela hora trabalhada ou posto de serviço). Nesse caso, a margem de gestão da empresa contratada estaria restrita pelo atendimento dos mínimos estabelecidos (de quantidade e qualificação de pessoal) em prol da segurança requerida na execução contratual.

Esse tipo de contratação, se bem planejada, propicia vantagens para a Administração, uma vez que estimula a eficiência da contratada na prestação do serviço.

Estabelecido o nível do serviço, a remuneração da contratada passa a se dar com base no cumprimento desses níveis.

A questão fundamental passa a ser a identificação de quais níveis de serviço serão definidos para os contratos de TI, como de suporte de rede, de bancos de dados, a usuários, sistemas, enfim, para todos os serviços que não possuam uma métrica definida.

Em regra, os frameworks[39] da área de TI, a exemplo do CobiT (Control Objectives for Information and related Technology) e do ITIL (Information Technology Infrastructure Library), bem como daqueles desenvolvidos pelo PMI (Project Management Institute), dentre vários outros, apresentam indicadores que permitem a formulação de níveis de serviços para quaisquer Soluções de TI, todos eles de conhecimento dos profissionais da área de TI, corresponsável pelo planejamento da contratação.

---

[39] Os frameworks consistem nas melhores práticas de gestão em TI que, devidamente modeladas, permitem padronizar os processos da área e fornecem métricas para garantir que os contratos de prestação de serviços de TI sejam cumpridos conforme os indicadores estabelecidos mediante um Acordo de Nível de Serviço, ou do inglês: *Service Level Agreement* (SLA).

10.4 Fixação do pagamento nos acordos de nível de serviço

A remuneração, por sua vez, será fixada em relação a esse Acordo de Nível de Serviço. Por exemplo: constará do edital e do contrato o nível de serviço pretendido. Vencerá a licitação quem oferecer menor remuneração para esse nível de serviço. No nosso exemplo, 70%, no mínimo, dos atendimentos no mês solucionados no primeiro nível, em menos de trinta minutos.

Digamos, ainda, no exemplo apresentado, que a licitação tenha sido vencida com preço de R$500 mil/mês. No contrato constará qual será a remuneração da contratada em razão do cumprimento do Acordo de Nível de Serviço, assim exemplificado:

- para o cumprimento de 70%, no mínimo, no primeiro nível em 30 minutos, a remuneração corresponderá a 100% do valor contratado;
- para o cumprimento de percentual na faixa igual a 65% e inferior 70%, no primeiro nível em 30 minutos, a remuneração corresponderá a 95% do valor da remuneração contratada (5% de desconto);
- para o cumprimento de percentual na faixa igual a 50% e inferior 65%, no primeiro nível em 30 minutos, a remuneração corresponderá a 85% da remuneração contratada (15% de desconto).

Assim, vai-se aumentando o desconto à medida que o nível de serviço decresce no cumprimento dos parâmetros estabelecidos no edital e no contrato. Evidente que há um limite abaixo do qual não se deve aceitar o nível de serviço, o que pode gerar sanções ao contratado e, até mesmo, rescisão contratual.

O desconto na remuneração é automático. Se em determinado mês alcançou o atendimento de 66%, por exemplo, terá o contratado, naquele mês, uma remuneração de R$475 mil, correspondente a 95% da remuneração total. O descumprimento do mínimo de 70% não representa, isoladamente, uma infração contratual, mas a ausência de uma condição de pagamento, não se necessitando de processo administrativo para efetuar tal desconto. Apenas compreende o impacto na remuneração, devidamente previsto no contrato, em razão do resultado alcançado pela contratada, abaixo do nível estipulado.

É possível ainda se estabelecer em contrato que um determinado número de não atendimento aos níveis de serviço pactuados configure infração e, portanto, enseje a aplicação de uma sanção contratual, independentemente do desconto na remuneração decorrente do desatendimento do nível de serviço. Por exemplo, pode-se estabelecer em contrato que se, por três meses consecutivos, o nível de atendimento for inferior a 70%, que era o resultado mínimo desejado pela Administração, aplicar-se-á uma sanção, cujo valor também deve estar estabelecido no edital e no contrato.

Nesse caso, nos dois primeiros meses a contratada terá um desconto automático no pagamento de sua remuneração, decorrente do descumprimento do nível de serviço acordado. No terceiro mês, além do desconto automático no pagamento, poderá sofrer a incidência de uma multa, aí sim não automática, mas apurada em processo administrativo, observando-se o devido contraditório e a ampla defesa.

Pode-se, inclusive, prever uma sanção mais grave em razão de reincidências, ou de um determinado mínimo inaceitável de execução do serviço, gerando, inclusive, rescisão contratual.

Por exemplo, o nível de serviço abaixo de 55% pode ser considerado inaceitável contratualmente, de maneira que sua ocorrência daria causa ao desconto automático e ao processo administrativo para aplicação de sanção por inadimplemento contratual. O Acordo de Nível de Serviço poderia também prever que a segunda ocorrência desse resultado seria causa de rescisão contratual, caso não venha a ser justificado em processo administrativo.

Nesse modelo de contratação, interessa à Administração Pública, portanto, no prazo fixado, a obtenção dos resultados ou produtos, em conformidade com as especificações, qualidade e nível de serviços preestabelecidos, independentemente da quantidade e qualificação dos funcionários do fornecedor, que deve, quanto a esses últimos, tomar as decisões e fazer as escolhas adequadas.

A Administração paga somente pelos produtos e serviços efetivamente realizados, verificados e aceitos conforme as métricas e os padrões previamente estabelecidos (IN SLTI/MP nº 4/2010, art. 15, III, "a" e "c").

10.5 Requisitos dos acordos de nível de serviço

Tudo o que for incluído no Acordo de Nível de Serviço, todos os parâmetros ali envolvidos, no entanto, devem estar no campo de controle do contratado.

No nosso exemplo, 70%, no mínimo, dos atendimentos realizados no primeiro nível, solucionados em trinta minutos, representa parâmetro que se encontra sob total controle da empresa contratada, uma vez que dependerá dela colocar um maior ou menor número de funcionários alocados ao atendimento das demandas do contrato, com maior ou menor especialização e conhecimento teórico ou prático das Soluções de TI envolvidas.

Além disso, a medida do nível de serviço precisa ser objetiva, normalmente, se referindo a um simples cálculo matemático de aferição. No nosso exemplo, mede-se o serviço efetuado pela divisão entre o número de atendimentos realizados em primeiro nível, resolvidos em trinta minutos, em um determinado mês, pelo total de atendimentos no mês. O resultado fornecerá o nível de serviço prestado.

Não há, no nosso exemplo, nenhum parâmetro subjetivo de aferição dos resultados para fins de pagamento. E é o que deve ser realizado quando adotada essa modalidade de contratação e pagamento por resultados. A remuneração da contratada não pode, em nenhum momento, depender de parâmetros subjetivos ou de algo sobre o qual não tenha ele controle.

Portanto, os requisitos para a fixação do Acordo de Nível de Serviço são basicamente dois: definição de parâmetros objetivos e possibilidade de controle das variáveis relacionadas ao cumprimento desse acordo, por parte da contratada.

Hipóteses de fatores outros externos ou internos que possam afetar negativamente o serviço prestado, sem que se deem por culpa da contratada, necessitam estar previstos no edital e no contrato, para que, em situações excepcionais, não venha a ser prejudicada a contratada na remuneração do contrato.

Por exemplo, digamos que seja autorizada pela área interna da administração contratante, no nosso exemplo, a atualização do sistema operacional, e, em razão disto, sejam atualizadas as 500 estações de trabalho. Todavia, em razão dessa atualização, outro aplicativo que rode sobre o sistema operacional deixe de funcionar, gerando uma demanda excessiva do serviço contratado de suporte a usuários.

Veja que numa situação como essa, na qual todos os usuários estarão acionando o serviço de suporte, restará praticamente impossível à contratada atender ao nível de serviço exigido no contrato. É uma situação excepcional não gerada por culpa da contratada, razão pela qual não pode ser ela penalizada por esse evento, devendo haver cláusula contratual que permita o recebimento da integralidade da remuneração prevista, ou de uma média das remunerações dos meses anteriores, dependendo de como planejado o acordo.

De outro lado, em se tratando de contratos públicos, onde imperam os princípios da indisponibilidade do interesse público, da eficiência, economicidade, impessoalidade, moralidade e legalidade, dentre outros, não pode haver previsão de bônus ou pagamentos adicionais para os casos em que a contratada superar as metas previstas, ou caso seja necessária à alocação de maior número de profissionais para o alcance das metas.

Igualmente, a superação de uma das metas não poderá ser utilizada para compensar o não atendimento de outras metas no mesmo período, bem assim o não atendimento da mesma meta em outro período.

Para facilitação da formulação de propostas pelos licitantes, é conveniente que no Projeto Básico ou no Termo de Referência sejam inseridas informações sobre o contrato anteriormente celebrado, sobre o quantitativo de serviço demandado e sobre o quantitativo médio e qualificação dos profissionais alocados nas contratações anteriores. Tais quantitativos servem apenas de referência aos licitantes na formulação de suas propostas.

No Edital de Pregão Eletrônico nº 17/2010, por exemplo, em que o Tribunal de Contas da União se dispôs a contratar serviço de suporte técnico e remoto e presencial a usuários de Soluções de TI, tal modelo de contratação de serviços por resultado, conforme a seguinte explicitação do modelo constante do Termo de Referência:

> 3. Modelo de execução e forma de pagamento
>
> Para a execução do contrato, será implementado método de trabalho baseado no conceito de delegação de responsabilidade. Esse conceito define a contratante como responsável pela gestão do contrato e pela atestação da aderência aos padrões de qualidade exigidos dos produtos e serviços entregues, e a contratada como responsável pela execução dos serviços e gestão dos recursos humanos e físicos necessários. Nesse contexto, o valor mensal a ser pago estará associado ao alcance de metas estabelecidas para a prestação do serviço. Entretanto, a natureza dos serviços requer o atendimento tempestivo a demandas dos usuários, as quais não podem ser previamente planejadas por decorrerem de falhas ou dúvidas quanto ao funcionamento das Soluções de TI do Tribunal. Por esse motivo, será exigida da contratada a disponibilidade permanente de equipes qualificadas e dimensionadas de forma compatível com a demanda esperada. Com isso, configura-se um modelo híbrido de contratação, no qual a remuneração máxima é estabelecida com base na disponibilidade esperada do serviço, porém os valores efetivamente pagos são calculados em função do cumprimento de metas de desempenho e qualidade associadas aos serviços. (BRASIL, 2010c)

Um exemplo bastante elucidativo de como são definidos os acordos de nível de serviço no Termo de Referência, também pode ser extraído a partir daquele edital, de forma que transcrevemos a seguir, para melhor compreensão do leitor, podendo ser encontrados diversos outros nos editais mais recentes dos órgãos que ou passaram a observar as disposições constantes dos acórdãos do TCU, ou passaram a adotar a modelagem de contratação indicada pela IN SLTI/MP nº 4/2010. Eis o que foi descrito no referido edital:

> 3.1. Modelo de níveis de serviço
>
> Níveis de serviço são critérios objetivos e mensuráveis estabelecidos entre a contratante e a contratada, com a finalidade de aferir e avaliar diversos fatores relacionados com os serviços contratados, quais sejam: qualidade, desempenho, disponibilidade, abrangência/cobertura e segurança.
>
> Para mensurar esses fatores serão utilizados indicadores relacionados com a natureza e característica dos serviços contratados, para os quais foram estabelecidas metas quantificáveis a serem cumpridas pela contratada. Esses indicadores são expressos em unidades de medida como, por exemplo: percentuais, tempo medido em horas ou minutos, números que expressam quantidades físicas, dias úteis e dias corridos.
>
> A frequência de aferição e avaliação dos níveis de serviço será mensal, devendo a contratada elaborar relatório gerencial de serviços, apresentando-o ao TCU até o quinto dia útil do mês subsequente ao da prestação do serviço. Devem constar desse relatório, entre outras informações, os indicadores/metas de níveis de serviço alcançados, recomendações técnicas, administrativas e gerenciais para o próximo período e demais informações relevantes para a gestão contratual. O conteúdo detalhado e a forma do relatório gerencial serão definidos pelas partes.
>
> Os primeiros 90 (noventa) dias após o início da execução dos serviços serão considerados como período de estabilização, durante o qual a contratada deverá proceder a todos os ajustes que se mostrarem necessários no dimensionamento e qualificação das equipes, bem como nos procedimentos adotados e demais aspectos da prestação dos serviços, de modo a assegurar o alcance das metas estabelecidas. Caso haja prorrogação da vigência contratual, não haverá novo período de estabilização.
>
> As metas de nível de serviço serão implementadas gradualmente durante o período de estabilização, de modo a permitir à contratada realizar a adequação progressiva de seus serviços e alcançar, ao término desse período, o desempenho pleno requerido pelo Tribunal.
>
> Para tanto, serão consideradas as seguintes metas:
>
> a) para o 1º mês de execução contratual: 70% das metas constantes das especificações técnicas;

> b) para o 2º mês de execução contratual: 80% das metas constantes das especificações técnicas;
>
> c) para o 3º mês de execução contratual: 90% das metas constantes das especificações técnicas; e
>
> d) a partir do 4º mês de execução contratual: 100% das metas constantes das especificações técnicas. (BRASIL, 2010c)

As especificações técnicas constam do anexo ao edital, servindo elas de base para a aferição dos resultados esperados e para a fixação da remuneração mensal, por isso se referindo a contratação da prestação de serviços por resultados.

10.6 Fundamentação jurídica

O Decreto nº 2.271/1997, que dispõe sobre a contratação de serviços pela Administração Pública Federal direta, autárquica e fundacional, representa o primeiro fundamento legal para a utilização da contratação de serviços por resultado, dispondo que:

> Art. 3º [...]
>
> §1º Sempre que a prestação do serviço objeto da contratação puder ser avaliada por determinada unidade quantitativa de serviço prestado, esta deverá estar prevista no edital e no respectivo contrato, e será utilizada como um dos parâmetros de aferição de resultados. (BRASIL, 1997)

Outrossim, no Projeto Básico ou Termo de Referência, vedam-se especificações que não explicitem métodos objetivos de mensuração do desempenho, conforme disposição do art. 2º, inciso III, do Decreto nº 7.174/2010.

Ainda, pelo Princípio da Eficiência, previsto no art. 37, *caput*, da Constituição Federal, pode-se concluir que o pagamento de serviços por resultado incentiva a eficiência na execução do contrato, pois o contratado tentará organizar o trabalho no sentido de atingir o resultado estabelecido a partir do melhor rendimento que estiver ao seu alcance.

Como corolário da eficiência, o pagamento por resultado dirige a atenção da Administração para o controle da eficácia da contratação. Incentiva o contratado a atingir os padrões desejados de qualidade do produto ou serviço fornecido.

De outra banda, o precedente Acórdão nº 786/2006 - TCU - Plenário (de relatoria do autor), revela recomendação do órgão de controle externo no sentido de que a mensuração de resultados deve seguir metodologia expressamente definida no edital, devendo contemplar:

> 9.4.3.1. a fixação dos procedimentos e dos critérios de mensuração dos serviços prestados, abrangendo métricas, indicadores, valores aceitáveis, etc.;
>
> 9.4.3.2. a quantificação ou a estimativa prévia do volume de serviços demandados, para fins de comparação e controle;
>
> 9.4.3.3. a definição de metodologia de avaliação da adequação às especificações e da qualidade dos serviços com vistas à aceitação e pagamento;
>
> 9.4.3.4. a utilização de um instrumento de controle, geralmente consolidado no documento denominado "ordem de serviço" ou "solicitação de serviço";
>
> 9.4.3.5. a definição dos procedimentos de acompanhamento e fiscalização a serem realizados concomitantemente à execução para evitar distorções na aplicação dos critérios. (BRASIL, 2006)

A IN SLTI/MP nº 2/2008, por sua vez, ao dispor sobre as regras e diretrizes para a contratação de serviços, continuados ou não, trouxe a obrigatoriedade de que o Projeto Básico ou Termo de Referência contenha o Acordo de Nível de Serviço, sempre que possível, apresentando um modelo em seu Anexo II (art. 15, XVII):

ANEXO II

Modelo do Acordo de Níveis de Serviços

Indicador	
Nº + Título do indicador que será utilizado	
Item	**Descrição**
Finalidade	
Meta a cumprir	
Instrumento de medição	
Forma de acompanhamento	
Periodicidade	
Mecanismo de cálculo	
Início de vigência	

(continua)

Indicador	
Nº + Título do indicador que será utilizado	
Item	**Descrição**
Faixas de ajuste no pagamento	
Sanções	
Observações	
Exemplo de indicador	
nº 01 – Prazo de atendimento de demandas (OS)	
Item	**Descrição**
Finalidade	Garantir um atendimento célere às demandas do órgão
Meta a cumprir	24h
Instrumento de medição	Sistema informatizado de solicitação de serviços – Ordem de Serviço (OS) eletrônica
Forma de acompanhamento	Pelo sistema
Periodicidade	Mensal
Mecanismo de cálculo	Cada OS será verificada e valorada individualmente. nº de horas no atendimento/24h = X
Início de vigência	Data da assinatura do contrato
Faixas de ajuste no pagamento	X até 1 – 100% do valor da OS De 1 a 1,5 – 90% do valor da OS De 1,5 a 2 – 80% do valor da OS
Sanções	20% das OS acima de 2 - multa de XX 30% das OS acima de 2 - multa de XX + rescisão contratual
Observações	

Fonte: Ministério do Planejamento, Orçamento e Gestão (IN SLTI/MP nº 2/2008).

10.7 Conteúdo dos acordos de nível de serviço

Embora a IN SLTI/MP nº 4/2010 não preveja o instrumento de Acordo de Nível de Serviços, vale observar que a IN SLTI/MP nº 2/2008 se aplica subsidiariamente, conforme art. 28 daquela norma editada em 2010.

Como visto retro, a IN SLTI/MP nº 2/2008 (art. 15, inciso XVII) fixou como conteúdo dos Acordos de Nível de Serviços (conteúdo mínimo tendo em vista o que consta do Acórdão nº 786/2006 - Plenário), os seguintes elementos a serem dele integrantes:

a) os procedimentos de fiscalização e de gestão da qualidade do serviço, especificando-se os indicadores e instrumentos de medição;
b) os registros, controles e informações que deverão ser prestados pela contratada; e
c) as respectivas adequações de pagamento pelo não atendimento das metas estabelecidas.

Mais adiante (art. 17), a referida IN SLTI/MP nº 2/2008 apresenta um conjunto de oito diretrizes básicas para a elaboração dos Acordos de Nível de Serviço, quando adotados, orientando-se os órgãos e entidades contratantes no sentido de que:

- antes da construção dos indicadores, os serviços e resultados esperados já deverão estar claramente definidos e identificados, diferenciando-se as atividades consideradas críticas das secundárias;
- os indicadores e metas devem ser construídos de forma sistemática, de modo que possam contribuir cumulativamente para o resultado global do serviço e não interfiram negativamente uns nos outros;
- os indicadores devem refletir fatores que estão sob controle do prestador do serviço;
- a previsão de fatores, fora do controle do prestador, que possam interferir no atendimento das metas;
- os indicadores deverão ser objetivamente mensuráveis, de preferência facilmente coletáveis, relevantes e adequados à natureza e características do serviço e compreensíveis.
- evitar indicadores complexos ou sobrepostos;

- as metas devem ser realistas e definidas com base em uma comparação apropriada;[40]
- o não atendimento das metas, por ínfima ou pequena diferença, em indicadores não críticos, poderá ser objeto apenas de notificação nas primeiras ocorrências, de modo a não comprometer a continuidade da contratação;[41]
- os pagamentos deverão ser proporcionais ao atendimento das metas estabelecidas no Acordo de Nível de Serviços, observando-se o seguinte:
- as adequações nos pagamentos estarão limitadas a uma faixa específica de tolerância, abaixo da qual o fornecedor se sujeitará às sanções legais; e
- na determinação da faixa de tolerância, considerar-se-á a relevância da atividade, com menor ou nenhuma margem de tolerância para as atividades consideradas críticas.

Toda a metodologia de mensuração de serviços e resultados deve ser definida, explícita e detalhadamente apontada *no edital* (art. 19 da IN SLTI/MP nº 2/2008). Todos os licitantes necessitam saber exatamente e em todos os detalhes sobre como se dará o Acordo de Nível de Serviços. Nada poderá ser definido *a posteriori*. Tudo o que constar do contrato deverá estar previamente previsto no edital, em razão do princípio da vinculação ao instrumento convocatório.

Além disso, compreendem esses acordos as condições de pagamento, de interesse relevante para as empresas participantes e para a futura empresa contratada.

10.8 Horas trabalhadas e posto de serviço: ainda é possível?

A resposta a esse questionamento pode ser encontrada na Súmula TCU nº 269 e também nas instruções normativas editadas pela SLTI.

---

[40] Metas estabelecidas de forma não realista ou sem comparações apropriadas, as quais podem ser obtidas a partir de parâmetros de contratos anteriores, podem gerar uma oneração excessiva do contrato, em razão do maior esforço que será necessário para atingi-las por parte das empresas, ou até mesmo no esvaziamento da licitação.

[41] Fatores não críticos não precisam ensejar desconto na remuneração. Além disso, entendemos possível o estabelecimento de um prazo inicial para adaptação do prestador de serviço que iniciará a execução contratual em órgão ou entidade no qual ainda não detinha contrato anterior, a depender do tipo de serviço contratado, desde que devidamente justificado, limitado à fase inicial do contrato e fixado um nível mínimo aceitável, a partir do qual o prestador poderá se ajustar às condições do contrato (ao Nível de Serviço considerado ótimo).

O entendimento dominante atualmente é o de que se deve restringir a contratação por horas trabalhadas ou posto de serviço somente àquelas modalidades de serviço cujas características efetivamente não permitam, comprovadamente, a execução mediante prestação de serviços por resultados (art. 11 da IN/SLTI 02/2008).

Especificamente no que tange à contratação de Soluções de TI, o Tribunal de Contas da União editou o seguinte enunciado de Súmula nº 269:

> Súmula nº 269
>
> Nas contratações para a prestação de serviços de tecnologia da informação, a remuneração deve estar vinculada a resultados ou ao atendimento de níveis de serviço, admitindo-se o pagamento por hora trabalhada ou por posto de serviço somente quando as características do objeto não o permitirem, hipótese em que a excepcionalidade deve estar prévia e adequadamente justificada nos respectivos processos administrativos. (BRASIL, 2012b)

No art. 15 da IN SLTI/MP nº 4/2010 encontramos também os seguintes dizeres:

> Art. 15. [...]
>
> §2º A aferição de esforço por meio da *métrica homens-hora* apenas poderá ser utilizada *mediante justificativa* e sempre vinculada à entrega de produtos de acordo com prazos e qualidade previamente definidos
>
> §3º É *vedado* contratar *por postos de trabalho* alocados, salvo os casos justificados mediante a comprovação obrigatória de resultados compatíveis com o posto previamente definido. (BRASIL, 2010a, grifos nossos)

A jurisprudência e os normativos indicam que a regra é a contratação e o pagamento por resultado. Se for utilizada forma diferente, ou seja, horas trabalhadas ou postos de serviço, esta somente será legitimada a partir de situações excepcionais em que não seja possível o pagamento por resultados, sendo necessária a prévia justificativa.

ESTRUTURA DE PESSOAL E LIMITES DA TERCEIRIZAÇÃO DE SERVIÇOS DE TECNOLOGIA DA INFORMAÇÃO

11.1 Indelegabilidade da gerência

Conforme já mencionado anteriormente, é de suma importância que os órgãos e entidades da administração estejam providos de pessoal capacitado, especialmente na área de Tecnologia da Informação, para o exercício das funções relativas à atividade de gerenciamento e governança.

O modelo de contratação das Soluções de TI, objeto de recomendações do Tribunal de Contas da União, normatizado pela Secretaria de Logística e Tecnologia da Informação do Ministério do Planejamento, Orçamento e Gestão, só é funcional se houver gerência adequada dos serviços. Aliás, nenhum modelo de contratação é eficaz sem a gerência adequada dos serviços.

Essa atividade de gestão deve ser realizada por servidores capacitados da própria administração contratante. É possível que haja, na realização desse trabalho, a contratação de empresa que preste auxílio na atividade de supervisão, em caso de eventual necessidade. Porém, a atividade gerencial na Administração Pública é indelegável, podendo ser transferidas a terceiros apenas as atividades materiais, mas não as atividades gerenciais, pois há vedação legal constante do Decreto-Lei nº 200/1967:

> Art. 10. [...]
>
> §7º *Para melhor desincumbir-se das tarefas de planejamento*, coordenação, supervisão e controle e com o objetivo de impedir o crescimento desmesurado da máquina administrativa, a Administração *procurará desobrigar-se* da *realização material de tarefas executivas*, recorrendo, sempre que possível, à execução indireta, mediante contrato, desde que exista, na área, iniciativa privada suficientemente desenvolvida e capacitada a desempenhar os encargos de execução. (BRASIL, 1967, grifos nossos)

Observe que, segundo esse dispositivo legal, estão autorizadas a descentralização ou a terceirização de tarefas executivas, mediante execução indireta, via contrato, devendo-se a Administração desincumbir-se melhor, ou seja, conferir melhor cumprimento às tarefas gerenciais de planejamento, coordenação, supervisão e controle. Não se autoriza, portanto, a terceirização dessas atividades.

O Decreto nº 2.271/1997, que dispõe sobre a contratação de serviços pela Administração Pública Federal direta, autárquica e fundacional, encontra fundamento exatamente nesse dispositivo do Decreto-Lei.

Esse decreto também não autoriza a transferência de atividades gerenciais, conforme pode ser visto.

Se no âmbito do Direito Administrativo vige o princípio da legalidade estrita, segundo o qual somente é lícito ao agente público praticar o ato previsto, autorizado em lei, não pode o administrador público inovar, indo além dos dispositivos legais e normativos, de forma a permitir a terceirização das atividades de gerenciamento, notadamente, de gerenciamento dos contratos de TI. Isso porque, quando a lei é omissa, significa que não há autorização legal para que o agente público possa agir.

O princípio da indelegabilidade das atividades de planejamento, coordenação, supervisão e controle, é claramente perceptível pela leitura do art. 67 da LLCA, no qual se verifica que o fiscal do contrato necessariamente precisa ser um representante da Administração especialmente designado, sendo permitida apenas a contratação de terceiros para assisti-lo e subsidiá-lo de informações pertinentes às suas atribuições.

A IN SLTI/MP nº 4/2010 expressamente dispõe que:

> Art. 5º Não poderão ser objeto de contratação: [...]
>
> II - *gestão* de processos de Tecnologia da Informação, incluindo gestão de segurança da informação.
>
> Parágrafo único. O suporte técnico aos processos de planejamento e avaliação da qualidade das Soluções de Tecnologia da Informação

> poderá ser objeto de contratação, desde que sob *supervisão exclusiva* de servidores do órgão ou entidade. (BRASIL, 2010a, grifos nossos)

Portanto, resta evidente que as atividades de gestão relativas à contratação e aos processos de TI, incluindo a segurança da informação, são atividades indelegáveis a quaisquer terceirizados, devendo ser realizadas por servidor dos quadros da instituição pública.

Daí, portanto, a necessidade de quadros efetivos e capacitados para tal atividade no âmbito da Administração Pública, com remunerações também adequadas para essa importante tarefa.

Cabe ainda mencionar determinação feita, no Acórdão nº 1.233/2012 - TCU - Plenário (Rel. Min. Aroldo Cedraz), à Secretaria de Logística e Tecnologia da Informação, do Ministério do Planejamento, para que orientasse os órgãos e entidades sob sua jurisdição no sentido de que:

> 9.3.5.1. mesmo que a execução de seus serviços de tecnologia da informação seja transferida mediante contrato ou outro acordo a outra organização pública, como as empresas públicas prestadoras de serviços de tecnologia da informação, as atividades de gestão (planejamento, coordenação, supervisão e controle) de TI devem ser acometidas a pessoas integrantes do quadro permanente, ou, excepcionalmente, a detentores de cargo em comissão, da organização contratante, não podendo ser delegadas a pessoas direta ou indiretamente ligadas à contratada;
>
> 9.3.5.2. a contratação de empresas públicas prestadoras de serviços de tecnologia da informação não afasta a necessidade de a organização contratante manter estrutura de governança de TI própria, que direcione e controle a gestão desses contratos bem como a gestão de todos os processos de TI da organização.

11.2 Atividades essenciais

Cumpre ressaltar, também, que as atividades essenciais dos órgãos e entidades da Administração não podem ser terceirizadas, de modo que não só as atividades gerencias se encontram protegidas pelo manto da indelegabilidade.

As atividades essenciais deverão ser desenvolvidas pelos servidores de carreira. Embora ilegal a terceirização das atividades essenciais, sabe-se que foi por muito tempo utilizada, sendo ainda possível de ser encontrada na Administração, em razão de diversas circunstâncias.

Conquanto essa ilegalidade tenha sido tolerada, em razão da ausência de concurso público para o preenchimento de vagas em determinados setores da Administração, muitas vezes já objeto de Termo de Ajustamento de Conduta junto a representantes do Ministério Público, tal ilegalidade tende e deve desaparecer. Determinações várias já foram expedidas pelo Tribunal de Contas da União nesse sentido.

O Decreto nº 2.271/1997, por exemplo, traz expressamente em seu texto a vedação à terceirização das atividades essenciais, inerentes às categorias funcionais do corpo de servidores dos órgãos ou entidades:

Esse decreto estabelece o seguinte:

> Art. 1º No âmbito da Administração Pública Federal direta, autárquica e fundacional poderão ser *objeto de execução indireta* as atividades *materiais acessórias, instrumentais ou complementares* aos assuntos que constituem área de competência legal do órgão ou entidade. [...]
>
> §2º *Não poderão ser objeto de execução indireta* as *atividades inerentes às categorias funcionais* abrangidas pelo plano de cargos do órgão ou entidade, salvo expressa disposição legal em contrário [...]. (BRASIL, 1997, grifos nossos)

E, em linha com esse pensamento, a IN SLTI/MP nº 2/2008, senão vejamos:

> Art. 6º Os serviços continuados que podem ser contratados de terceiros pela Administração são aqueles que *apoiam a realização das atividades essenciais ao cumprimento da missão institucional do órgão ou entidade,* conforme dispõe o Decreto nº 2.271/97.
>
> Art. 7º As atividades de conservação, limpeza, segurança, vigilância, transportes, *informática*, copeiragem, recepção, reprografia, telecomunicações e manutenção de prédios, equipamentos e *instalações serão, de preferência, objeto de execução indireta*. (BRASIL, 2008d, grifos nossos)

Existe um núcleo de atividades de informática que são estratégicas e que deverão, por óbvio, ser realizadas por servidores de carreira dos órgãos e entidades. São as atividades que:

a) lidam com informações privilegiadas;
b) tratam da fiscalização/controle dos contratos;
c) dependem o funcionamento do órgão; ou
d) envolvem tomada de decisão (atividades de gestão).

São atividades que, se mal executadas, têm o condão de causar prejuízos significativos à Administração.

Não é razoável que essas atividades sejam executadas por pessoas estranhas à Administração, podendo os terceiros contratados apenas apoiar parte dessas atividades, mas elas devem continuar sob responsabilidade de servidores efetivos.

CAPÍTULO 12

SELEÇÃO DO FORNECEDOR

Tratemos, agora, do processo formal de seleção do fornecedor, abordando aspectos relacionados ao edital, à modalidade e ao tipo de licitação a serem empregados nas contratações de Soluções de TI.

12.1 Conteúdo obrigatório do edital conforme o Decreto nº 7.174/2010

O Decreto nº 7.174, de 12 de maio de 2010, veio regulamentar, em substituição ao Decreto nº 1.070/1994, a contratação de Soluções de Tecnologia da Informação pela Administração Pública Federal, direta ou indireta, pelas fundações instituídas ou mantidas pelo Poder Público e pelas demais organizações sob o controle direto ou indireto da União.

A primeira observação a se fazer é que o referido decreto se aplica a todos os órgãos e entidades da Administração Federal, e não apenas àqueles integrantes do SISP.

O novo regulamento trouxe várias novidades, sendo algumas delas aqui tratadas, sem esgotamento de suas disposições, podendo o leitor recorrer à sua integral leitura, pela fácil localização dos instrumentos normativos hoje disponibilizados no sítio da Presidência da República na *internet*.

O decreto trouxe várias condições a serem observadas e exigidas no edital, apresentando assim um conteúdo mínimo obrigatório desse instrumento de convocação:

> Art. 3º Além dos requisitos dispostos na legislação vigente, nas aquisições de bens de informática e automação, o *instrumento convocatório deverá conter*, obrigatoriamente:

> I - as *normas* e *especificações técnicas* a serem consideradas na licitação;
>
> II - as exigências, na fase de habilitação, *de certificações* emitidas por instituições públicas ou privadas credenciadas pelo Instituto Nacional de Metrologia, Normalização e Qualidade Industrial – *Inmetro, que atestem,* conforme regulamentação específica, a *adequação dos seguintes requisitos*:
>
> a) segurança para o usuário e instalações;
>
> b) compatibilidade eletromagnética; e
>
> c) consumo de energia;
>
> III - *exigência contratual* de *comprovação da origem* dos *bens importados* oferecidos pelos licitantes e da *quitação dos tributos de importação* a eles referentes, que deve ser apresentada no momento da entrega do objeto, sob *pena de rescisão contratual e multa*; e
>
> IV - as ferramentas de *aferição de desempenho* que serão utilizadas pela administração para medir o desempenho dos bens ofertados, *quando for o caso*. (BRASIL, 2010b, grifos nossos)

12.1.1 Impropriedade do art. 3º, inciso II, do Decreto nº 7.174/2010

O inciso II do dispositivo transcrito apresenta, a nosso ver, defeito quanto ao estabelecimento de exigência, na fase de habilitação, não compreendida no conjunto de requisitos previstos na Lei nº 8.666/1993 (artigos 27 a 30), conforme visto inicialmente no Capítulo 8 (item 8.6). As exigências de habilitação previstas em lei são somente as seguintes:

> Art. 27 Para a habilitação nas licitações exigir-se-á dos interessados, exclusivamente, documentação relativa a:
>
> I - habilitação jurídica;
>
> II - qualificação técnica;
>
> III - qualificação econômico-financeira; (Redação dada pela Lei nº 12.440, de 2011)
>
> IV - regularidade fiscal e trabalhista;
>
> V - cumprimento do disposto no inciso XXXIII do art. 7º da Constituição Federal. (Incluído pela Lei nº 9.854, de 1999). (BRASIL, 1993)

As certificações emitidas por instituições públicas ou privadas credenciadas pelo Inmetro, e que atestem, conforme regulamentação específica, a adequação dos requisitos de segurança para o usuário e instalações, compatibilidade eletromagnética e consumo de energia, podem ser exigidas, quando for o caso, porém não como requisito de habilitação nas licitações.

Melhor seria exigir-se unicamente a apresentação de tais documentos do licitante vencedor, que é quem necessitará possuir tais certificados para a celebração e execução do contrato.

Não faz sentido impor ônus aos licitantes de um encargo prévio para fins de tão somente participar da licitação.

Além do mais, tal exigência possui semelhança ao já decidido diversas vezes pelo TCU acerca de certificados de qualidade, cujos argumentos apresentados para fins de fundamentação dos acórdãos correspondentes se aplicariam também a esses certificados, mencionados no art. 3º, inciso II, do Decreto nº 7.174/2010.

Nesse sentido, trazemos a seguir o posicionamento da Corte de Contas, sintetizado no seguinte excerto do voto condutor do Acórdão nº 381/2009 - TCU - Plenário (Rel. Min. Benjamin Zymler), no qual a exigência de certificado como critério de habilitação também fora inserido em decreto ampliador do rol taxativo de exigências habilitatórias da Lei de Licitações, porém rechaçado pelo Tribunal:

> [VOTO]
>
> II - exigência, como condição para participação no certame, de apresentação de certificado do Programa Brasileiro de Qualidade e Produtividade do Habitat (PBQP-H) "Nível A" [...]
>
> 10. Não obstante a existência de normativo estadual (Decreto nº 5.049/2002), que fixa a exigência de certificados do programa PBQP-H como requisitos de qualificação técnica, e a superveniência de decisão do Tribunal de Justiça do Estado do Mato Grosso (TJMT), que considerou procedente a prática, não se pode afastar a apreciação deste Tribunal sobre a questão haja vista que a obra envolve predominantemente recursos públicos federais (77,35%).
>
> 11. A Constituição Federal atribuiu à União a competência privativa para legislar sobre normas gerais de licitação e contratação e, nesse sentido, não pode uma norma estadual estabelecer condições conflitantes com a Lei Federal.
>
> 12. No âmbito desta Corte, a jurisprudência tem considerado ilegal a exigência de apresentação de certificação de qualidade como requisito de habilitação em procedimentos licitatórios, aceitando apenas a possibilidade da sua previsão no edital como critério de pontuação técnica. Nesse sentido, vale citar os recentes Acórdãos nº 1.107/2006, 1.291/2007, 608/2008, 2.215/2008, todos do Plenário.

> 13. Com efeito, o artigo 27 da Lei nº 8.666/93 estabelece que, para a habilitação, é permitido exigir dos interessados, exclusivamente, documentação relativa à habilitação jurídica, qualificação técnica, qualificação fiscal, qualificação econômico-financeira, regularidade fiscal e cumprimento do disposto no inciso XXXIII do artigo 7º da Constituição Federal.
>
> 14. A certificação de qualidade exigida na licitação em tela poderia inserir-se na qualificação técnica. Contudo, o artigo 30 da mencionada Lei elenca os documentos que poderão ser exigidos para comprovar essa qualificação, entre os quais não se incluem os certificados de qualidade. Nesse contexto, este Tribunal tem considerado ilegal a exigência de sua apresentação como requisito de habilitação em procedimentos licitatórios.
>
> 15. Conforme reiteradamente tem destacado esta Corte em suas decisões, é preciso considerar, ainda, que, no âmbito federal, não foi editada lei especial que obrigue a apresentação do certificado em questão, o que afasta a possibilidade de enquadramento dessa exigência no inciso IV do supracitado artigo 30. (BRASIL, 2009a)

Além dos precedentes citados no excerto dessa deliberação, vale mencionar ainda que nos Acórdãos nº 1.107/2006, nº 1.291/2007 e nº 2.521/2008, todos do Plenário, o TCU também se manifestou no sentido de que atestados dessa natureza, exigidos para fins de habilitação técnica, não encontram respaldo legal.

A exigência, apenas no decreto, a nosso ver, implica no estabelecimento de novo critério de habilitação não previsto em Lei (lei em sentido estrito), de modo que o decreto exorbita do seu poder regulamentar, apresentando ilegalidade se assim for aplicado o dispositivo em sua literalidade.

Em nosso entendimento seria mais seguro, portanto, que se exija o referido certificado para fins de execução do contrato a ser celebrado, de modo a não impedir a participação dos licitantes, ao mesmo tempo em que se obriga a contratada a manter ou a alcançar a certificação necessária à execução dos serviços.

Assim, pode-se exigir tal certificação para fins de adjudicação, homologação, assinatura ou execução do contrato, a depender, é claro do tempo necessário para obtenção de tal certificação e das condições estabelecidas na fase de planejamento, que, nesse caso, torna-se importantíssima, pois garante a realização de licitação antecipadamente e com certa folga ao início da contratação seguinte, e ao início da execução do contrato, evitando-se os atropelos de um processo conduzido a destempo.

12.1.2 Impropriedade do art. 3º, inciso III, do Decreto nº 7.174/2010

No inciso III do art. 3º do Decreto nº 7.174/2010 outra impropriedade redacional pode ser observada: referimo-nos à exigência contratual da quitação dos tributos de importação, a ser apresentada no momento da entrega do objeto.

Pensamos ser indevida a exigência de *quitação*. A quitação exige o pagamento integral do tributo, implicando na extinção do crédito tributário. A redação do dispositivo não leva em conta as modalidades de suspensão do crédito tributário, por exemplo, de parcelamento do tributo, ou mesmo de contencioso administrativo fiscal ou judicial, no qual se possa questionar o tributo, com efeito suspensivo relativo a recursos ou a depósitos judiciais, casos nos quais o contribuinte normalmente obtém uma certidão positiva com efeitos de negativa, relativamente aos tributos devidos.

O que se deveria exigir, *in casu*, é a regularidade fiscal. Nesse caso, demonstrada a regularidade perante o fisco, estaria cumprida a obrigação contratual, que é o que importa de fato.

Observe, a propósito, que a Lei nº 8.666/1993 exige como critério de habilitação a "regularidade fiscal" e não a "quitação" de tributos. Se a lei não exige essa quitação, novamente se está diante de uma ilegalidade do decreto, uma vez que vai além do que dispôs a lei, incluindo obrigação legal não prevista ao licitante, futuramente contratado.

Portanto, diante dessas observações, cremos que competirá aos agentes públicos encarregados da elaboração do edital e do cumprimento de suas cláusulas, fazê-lo de forma a conferir a interpretação que comporte o aproveitamento da norma em face das disposições legais, mediante os critérios de razoabilidade, bem assim, considerando uma interpretação sistemática da norma em face do ordenamento jurídico, preferida em vez de uma aplicação literal desses dispositivos.

12.2 Bens e serviços comuns

Para a seleção do fornecedor, importantes questões necessitam ainda ser enfrentadas pela administração contratante, antes de se partir para a elaboração e lançamento do edital.

O primeiro passo consiste na caracterização do bem ou serviço como comum ou não. A depender da resposta, o uso da modalidade licitatória Pregão será o empregado, modalidade que muito facilita e agiliza o processo de contratação. Por isso, nos tópicos seguintes, daremos ênfase à tarefa de identificação dessa caracterização, a fim de se permitir, em seguida, a escolha da modalidade licitatória adequada.

Escolhida a modalidade e o tipo de licitação, haverá que se trabalhar nas justificativas para sua utilização, sendo essas, na realidade, parte de um processo único de decisão. Todavia, necessitam restar consignadas no processo.

Avalia-se, também, a aplicação ou não do direito de preferência e regramentos pertinentes, que também serão estudados adiante.

E, se a opção for a contratação direta, as justificativas para tanto também deverão ser apresentadas e consignadas no processo administrativo, de modo a permitir a tomada de decisão e a fiscalização pelos órgãos de controle, além, é claro, de garantir a motivação do ato administrativo.

Iniciemos, então, pelo entendimento daquilo que a Lei nº 10.520/2002 considera bens e serviços comuns.

A Lei nº 10.520/2002 disciplinou que o Pregão poderia ser utilizado para a aquisição de bens e serviços comuns (art. 1º). Para perfeita compreensão do tema, é preciso definir o que são bens e serviços comuns, conceito também introduzido pela Lei, como segue:

> Art. 1º [...]
>
> Parágrafo único. Consideram-se bens e serviços comuns, para os fins e efeitos deste artigo, aqueles cujos padrões de desempenho e qualidade possam ser objetivamente definidos pelo edital, por meio de especificações usuais no mercado. (BRASIL, 2002a)

Muito se disse e escreveu sobre esse conceito logo após a edição da Medida Provisória nº 2.026/2000, norma que posteriormente sofreu diversas reedições e veio a ser convertida na Lei nº 10.520/2002.

Apesar de a doutrina abordar o assunto, este ainda causa alguma confusão, levando a conclusões inadequadas como, por exemplo, a de que um bem comum é um bem padronizado, ou de que um bem comum é um bem simples, para diferenciá-lo do bem complexo.

Em verdade, um bem padronizado normalmente é um bem comum, mas nem sempre um bem comum é um bem padronizado. De igual modo, um bem simples muitas vezes é um bem comum, mas um bem comum não necessariamente é um bem simples. Vejamos.

Para esclarecer, o melhor é se ater ao exato teor do conceito introduzido, de forma clara, pela Lei nº 10.520/2002.

A chave para uma melhor compreensão do conceito e para simplificar sua aplicação aos casos concretos está na parte final do dispositivo legal: os padrões de desempenho e qualidade dos bens e serviços comuns podem ser objetivamente definidos por meio de especificações usuais de mercado.

Na aquisição de bens ou serviços, o atendimento efetivo das necessidades da administração contratante requer o estabelecimento de conjunto de requisitos que reflitam os padrões de desempenho e qualidade do objeto pretendido. Há relação direta e de pertinência entre as necessidades e os requisitos. Requisitos que não se prestem ao atendimento das necessidades são indevidos e, no mais das vezes, retiram a legalidade da licitação.

O vocábulo legal "usuais" é a pedra de toque. Se tais requisitos do objeto puderem ser atendidos por especificações usuais de mercado, o objeto é comum. Ou melhor, se os fornecedores dos bens e serviços pretendidos oferecem usualmente seus produtos com os requisitos requeridos, tal objeto é comum. Ou, ainda, se a maioria significativa dos fornecedores oferecem seus produtos no mercado com os requisitos requeridos pela administração, é de se entender que tais produtos (bens e serviços) têm natureza comum, nos termos legais.

Bens e serviços comuns são usuais no mercado; são habitualmente nele encontrados. Essa a intenção da lei. Para identificarmos um objeto comum devemos, então, observar o mercado fornecedor daquele objeto em relação aos requisitos de desempenho e qualidade exigidos.

Para ilustrar, podemos seguir o exemplo de aquisição de *notebooks*. Em primeiro momento é preciso estabelecer quais requisitos o *notebook* deve conter para atender às necessidades da administração. Em um segundo momento, torna-se necessário verificar se é possível estabelecer tais requisitos, em edital, por meio de especificações usuais de mercado, caso em que o bem ou serviço poderá, então, ser considerado comum.

Por simplicidade, consideremos que, para atender à administração, os *notebooks* precisem apenas de dois requisitos: possuir câmera integrada e acesso a rede sem fio (Wifi). Percebemos que, atualmente, a grande maioria dos fornecedores de *notebooks* no mercado oferece produtos com essas duas características. Significa dizer que referidas características são comuns no mercado fornecedor. Logo, pode-se estabelecer tais requisitos no edital, utilizando-se de especificações usuais de mercado. Por conseguinte, o *notebook* requerido pode ser considerado um bem comum, na acepção da palavra desejada pelo legislador.

Porém, se retrocedermos no tempo, há alguns poucos anos atrás, verificaremos que essas características exigidas pela administração (câmera integrada e acesso a rede sem fio) não eram oferecidas usualmente no mercado pelos fornecedores de *notebooks*. Então, naquele momento do passado, os *notebooks* não poderiam ser considerados bens comuns, segundo o critério da Lei do Pregão. Chega-se à conclusão de que o enquadramento de um bem como "comum" não depende dele em si mesmo. O mesmo bem pode ser comum hoje, mas não há alguns anos atrás.

No mesmo sentido, um bem pode não ser comum hoje e passar a sê-lo em poucos anos. Estamos falando do mesmo *notebook*, com as mesmas características. Em um momento é comum, em outro não. Em suma, o que define um bem ou serviço como comum é o mercado fornecedor desse bem ou serviço em determinado momento, qual seja: o da contratação.

Dessa forma, o fato de o bem ser simples ou padronizado não é essencial para o seu enquadramento como bem comum. O que importa para identificar um objeto comum, nos termos da lei, é saber se as características de que a administração necessita em determinado momento são usualmente oferecidas no mercado pelos fornecedores do objeto, naquele mesmo momento.

A depender das características necessárias à administração, é possível considerar, por exemplo, em determinado caso concreto, um helicóptero como bem comum, a despeito de não estarmos tratando de um bem simples ou padronizado. Se a administração necessitar um helicóptero tão somente para transporte de passageiros, sem necessidade de requisitos excepcionais, é bem possível determiná-lo a partir de especificações usuais do pequeno mercado fornecedor de helicópteros, uma vez que aeronaves nessa configuração são comercializadas com características ordinárias semelhantes pela maioria dos fabricantes de helicópteros do mundo.

Aplicando esse raciocínio, verifica-se que também a maioria dos serviços ordinários de TI contratados atualmente pela Administração Pública se encontra dentro do conceito de serviços comuns estipulado pela Lei do Pregão. Seja o serviço de suporte de rede, o serviço de atendimento a usuário ou o serviço de suporte e administração de banco de dados, e até mesmo o serviço de desenvolvimento ordinário de *software*. Para todos esses é possível definir os requisitos a partir de características que são usualmente oferecidas pelos prestadores desses serviços no mercado.

Por exemplo, em relação ao serviço de suporte de rede, pergunta-se: é possível especificar o serviço ordinário de suporte de rede a partir de requisitos (ou características) de desempenho e qualidade usualmente oferecidos pelos prestadores desse serviço no mercado? Se a resposta for sim, o serviço é comum. Repita-se a pergunta para os demais serviços de TI, ou para bens de TI, ou para outros bens e serviços que não sejam de TI. Se a resposta for positiva, o objeto será considerado comum, nos termos da lei.

Especificamente para a maioria dos serviços ordinários de TI, questionamentos como esses têm tido respostas positivas, conforme sintetizado pela seguinte item do Acórdão nº 2.471/2008 - TCU - Plenário (Rel. Min. Benjamin Zymler):

> 9.2.2. Devido à padronização existente no mercado, os bens e serviços de tecnologia da informação geralmente atendem a protocolos, métodos e técnicas pré-estabelecidos e conhecidos e a padrões de desempenho e qualidade que podem ser objetivamente definidos por meio de especificações usuais no mercado. Logo, via de regra, esses bens e serviços devem ser considerados comuns para fins de utilização da modalidade Pregão (Lei nº 10.520/2002, art. 1º). (BRASIL, 2008b)

Evidente que se ao menos um dos requisitos exigidos para o objeto não for oferecido usualmente pelos fornecedores no mercado, tal objeto não será considerado comum.

Somente para não deixar passar em branco, cabe mencionar que o Decreto nº 7.174/2010 traz também uma definição própria do que sejam bens ou serviços comuns:

> Art. 9º [...]
>
> §2º Será considerado *comum* o bem ou serviço cuja especificação estabelecer padrão objetivo de desempenho e qualidade e for capaz de ser *atendida por vários fornecedores*, ainda que existam outras soluções disponíveis no mercado. (BRASIL, 2010b)

Bem, diante da conclusão de que a maioria dos bens e serviços de Tecnologia da Informação podem ser considerados, nos dias atuais, como comuns, passemos, então, desde logo, a tratar da correspondente modalidade licitatória: o Pregão.

12.3 Licitação na modalidade Pregão

Se os bens e serviços de TI, em sua maioria, podem ser considerados comuns, qual o impedimento para que a administração utilize a licitação na modalidade Pregão, conforme prescreve a Lei nº 10.520/2002? Tal impedimento estaria supostamente baseado no seguinte dispositivo da Lei nº 8.666/1993:

> Art. 45. [...]
> §4º Para *contratação de bens e serviços de informática,* a administração observará o disposto no art. 3º da Lei nº 8.248, de 23 de outubro de 1991, levando em conta os fatores especificados em seu parágrafo 2º e *adotando obrigatoriamente o tipo de licitação "técnica e preço"*, permitido o emprego de outro tipo de licitação nos casos indicados em Decreto do Poder Executivo. (Redação dada pela Lei nº 8.883, de 1994) (BRASIL, 1993, grifos nossos)

Em razão do comando erigido desse dispositivo, as licitações de bens e serviços de TI vinham sendo realizadas, desde 1993, nas modalidades "tomada de preços" ou "concorrência", com o tipo exigido pela Lei de Licitações, ou seja, "técnica e preço".[42]

A regra transcrita de fato impedia a aplicação da Lei nº 10.520/2002, porque a licitação na modalidade Pregão somente pode ser do tipo "menor preço" (art. 4º, inciso X, da Lei nº 10.520/2002), não sendo compatível com o tipo "técnica e preço", como exige o art. 45, §4º, da Lei nº 8.666/1993.

Poder-se-ia arguir, como efetivamente ocorreu, se a Lei nº 10.520/2002, por ser mais nova, não teria revogado a Lei de Licitações quanto ao regramento em questão. Não nos parece razoável essa conclusão. A norma constante do §4º do art. 45 da Lei nº 8.666/1993 tem caráter específico, considerando seu escopo limitado às contratações de bens e serviços de informática. Já a disciplina introduzida pela Lei do Pregão possui caráter geral e, assim, não poderia prevalecer sobre a norma mais específica, conforme a melhor técnica interpretativa.

Porém, o quadro legislativo mudou ainda mais e as alterações promovidas, nem sempre vistas corretamente, dão suporte para a

---

[42] A redação original do §4º do art. 45 da Lei nº 8.666/1993, que vigorou desde 1993 até 1994 também dispunha sobre a adoção do tipo técnica e preço: "§4º Para contratação de bens e serviços de informática, a Administração Pública observará o disposto no art. 3º da Lei nº 8.248, de 23 de outubro de 1991, levando em conta, com a adoção da licitação de técnica e preço, os fatores especificados em seu §2º".

utilização da modalidade Pregão na contratação de bens e serviços de TI, como descrito adiante.

Observe que o art. 45, §4º, da Lei nº 8.666/1993 prevê duas orientações a serem seguidas na contratação de bens e serviços de informática:

a) "a administração observará o disposto no art. 3º da Lei nº 8.248, de 23 de outubro de 1991"; e

b) adotará "obrigatoriamente o tipo de licitação técnica e preço".

Após a edição da Lei nº 10.520/2002, que previu a modalidade Pregão para a contratação de bens e serviços comuns, não excepcionando aqueles atinentes à Tecnologia da Informação, houve a edição da Lei nº 11.077/2004, que alterou justamente o art. 3º da Lei nº 8.248/1991, que modificou a condição constante da alínea "a" acima, acrescentando-lhe o seguinte parágrafo:

> Art. 3º [...]
>
> §3º A aquisição de *bens e serviços de informática* e automação, considerados como *bens e serviços comuns* nos termos do parágrafo único do art. 1º da Lei nº 10.520, de 17 de julho de 2002, *poderá ser realizada na modalidade Pregão*, restrita às empresas que cumpram o Processo Produtivo Básico nos termos desta Lei e da Lei nº 8.387, de 30 de dezembro de 1991. (Redação dada pela Lei nº 11.077, de 2004). (BRASIL, 1991, grifos nossos)

Essa nova norma, indiscutivelmente, trouxe alteração significativa no quadro legal, proporcionando a utilização da modalidade Pregão para a contratação de bens e serviços de TI sempre que estes puderem ser qualificados como comuns, conforme conceito constante da Lei nº 10.520/2002. Frise-se que a regra introduzida pela Lei nº 11.077/2004 tem também caráter específico, estando apta a confrontar diretamente a regra anterior da Lei nº 8.666/1993, pelo que, *atendo-se à primeira orientação* imposta no art. 45, §4º, da Lei nº 8.666/1993, poderia autorizar a modalidade Pregão na contratação de bens e serviços de TI.

Voltando às orientações impostas pela Lei nº 8.666/1993 para serem observadas pela Administração Pública na contratação de bens e serviços de TI (art. 45, §4º), é preciso esclarecer possível antinomia surgida após a edição da Lei nº 11.077/2004. Enquanto *pela primeira orientação* a nova redação conferida ao art. 3º da Lei nº 8.248/1991 autoriza a utilização da modalidade Pregão (tipo "menor preço") para a contratação de bens e serviços de TI qualificados como comuns, *pela segunda orientação* a aquisição de bens e serviços de informática deve, obrigatoriamente, utilizar licitação do tipo "técnica e preço" (restando, por consequência, afastada a modalidade Pregão). Transcrevo novamente o dispositivo em questão, destacando as duas orientações conflitantes:

> Art. 45. [...]
> §4º Para contratação de bens e serviços de informática, a administração *observará o disposto no art. 3º da Lei nº 8.248, de 23 de outubro de 1991 [1ª orientação]*, levando em conta os fatores especificados em seu parágrafo 2º e *adotando obrigatoriamente o tipo de licitação "técnica e preço" [2ª orientação]*, permitido o emprego de outro tipo de licitação nos casos indicados em Decreto do Poder Executivo. (Redação dada pela Lei nº 8.883, de 1994). (BRASIL, 1993, grifos nossos)

À primeira vista, as duas orientações são incongruentes e não podem ser cumpridas simultaneamente, pois não se pode realizar uma licitação do tipo "menor preço" e do tipo "técnica e preço" simultaneamente. Ou melhor, seguindo a literalidade da norma, extrai-se que, em uma contratação de bens e serviços de informática, a primeira orientação autoriza a utilização do Pregão enquanto que a segunda a proíbe.

A antinomia precisa ser resolvida e, para isso, torna-se imperioso buscar-se uma interpretação que harmonize as duas orientações contidas na norma.

Nesse sentido, a interpretação harmonizadora que se tem dado a esse dispositivo é a de que sua primeira parte refere-se a *bens e serviços comuns*, enquanto que sua segunda parte é destinada a *bens e serviços não comuns*. Ou seja, se o bem ou serviço de TI for considerado comum, pode (ou deve, conforme o órgão/entidade em questão) ser utilizada a modalidade Pregão na seleção do fornecedor, enquanto que, se o bem ou serviço de TI não for comum, torna-se proibido utilizar o Pregão, devendo ser usadas as modalidades "tomada de preço" ou "concorrência", no tipo "técnica e preço".

Poderíamos ainda argumentar, de acordo com as regras gerais de hermenêutica, que a primeira orientação (que admite o pregão) deve prevalecer sobre a segunda (que veda o pregão) quando o bem ou serviço for comum. Isso porque as duas orientações normativas têm caráter específico e a primeira é mais recente, pois decorre da Lei nº 11.077/2004.

A jurisprudência do TCU adotou essa linha interpretativa no Acórdão nº 2.471/2008 - Plenário, da relatoria do Ministro Benjamin Zymler, conforme transcrição abaixo:

> 9.2. recomendar ao Ministério do Planejamento, Orçamento e Gestão – MPOG que preveja, em documento normativo que trate exclusivamente de licitação e contratação de serviços de Tecnologia da Informação, distinto da norma que se refere genericamente à contratação de outros serviços, que os órgãos e entidades da Administração Pública Direta, Autárquica e Fundacional *devem utilizar o Pregão para contratar bens e serviços de informática considerados comuns*, observado o disposto abaixo:

> 9.2.1. *A licitação de bens e serviços de tecnologia da informação considerados comuns*, ou seja, aqueles que possuam padrões de desempenho e de qualidade objetivamente definidos pelo edital, com base em especificações usuais no mercado, *deve ser obrigatoriamente realizada pela modalidade Pregão, preferencialmente na forma eletrônica*. Quando, eventualmente, não for viável utilizar essa forma, deverá ser anexada a justificativa correspondente (Lei nº 10.520/2002, art. 1º; Lei nº 8.248/1991, art. 3º, §3º; Decreto nº 3.555/2000, anexo II; Decreto nº 5.450/2005, art. 4º, e Acórdão nº 1.547/2004 - Primeira Câmara). (BRASIL, 2008b, grifos nossos)

Observe, ainda, que tal qual verificado na Lei nº 10.520/2002, a regra inserida pela Lei nº 11.077/2004 diz que "poderá" (e não "deverá") ser utilizada a modalidade Pregão para a contratação de bens e serviços comuns. Expressando, portanto, uma faculdade e não um dever.

No entanto, o Decreto nº 5.450/2005 trouxe previsão para os órgãos e entidades do Poder Executivo Federal de utilização obrigatória do Pregão para aquisição de bens e serviços comuns, nos seguintes termos: "Art. 4º Nas licitações para aquisição de bens e serviços comuns *será obrigatória a modalidade Pregão*, sendo preferencial a utilização da sua forma eletrônica" (BRASIL, 2005, grifos nossos).

Assim, para os órgãos e entidades do Poder Executivo Federal, que estão submetidos aos ditames do Decreto nº 5.450/2005, o que era faculdade ("poderá") tornou-se dever ("deverá"), considerando a obrigatoriedade da utilização da modalidade Pregão nas circunstâncias previstas.

O decreto, entretanto, não vincula os órgãos do Poder Judiciário e do Poder Legislativo Federal, que podem ou não adotar regra semelhante por regulamento próprio. Como sabido, o decreto tampouco alcança as esferas estaduais e municipais, que estabelecem suas regras próprias.

Em todo caso, mesmo para os órgãos e entidades em que a utilização do Pregão não se tornou obrigatória na aquisição de objetos comuns, ela é de todo recomendável. A administração tem o dever de primar pela eficiência, o que limita a discricionariedade do gestor público, compelido a ser criterioso na fundamentação de suas decisões.

Registre-se que também o art. 9º, §1º, do Decreto nº 7.174/2010, válido para toda a Administração Pública Federal, trouxe regra no mesmo sentido:

> Art. 9º [...]
>
> §1º A licitação do tipo menor preço será exclusiva para a aquisição de bens e serviços de informática e automação considerados comuns, na forma do parágrafo único do art. 1º da Lei nº 10.520, de 2002, e deverá

> ser realizada na modalidade de Pregão, preferencialmente na forma eletrônica, conforme determina o art. 4º do Decreto nº 5.450, de 31 de maio de 2005. (BRASIL, 2010b)

Fazendo uma análise de razoabilidade, o gestor, em grande parte das contratações, decidirá pelo Pregão, modalidade que tem se mostrado bem melhor do que as outras. Seu custo operacional é menor e seu procedimento mais rápido.

Além disso, permite, conforme a experiência verificada, a contratação por preços menores, porque, depois de distinguidas as propostas oferecidas pelos fornecedores, em ordem crescente de custo, sobrevém a fase de lances, que incrementa a competição e proporciona a redução do valor das propostas.

Considerando que, conforme análise já realizada, a maioria dos bens e serviços de TI pode ser enquadrada na categoria de comum, chega-se à conclusão de que suas aquisições devem ser precedidas de licitação na modalidade Pregão, obrigatória ou recomendadamente, a depender do caso.

O Acórdão nº 2.471/2008 - TCU - Plenário, da relatoria do Ministro Benjamin Zymler, também se ocupou de esclarecer esse entendimento, de maneira que, após exame da legislação pertinente, conduziu à exteriorização dos seguintes dispositivos:

> 9.2.1. A *licitação de bens e serviços de tecnologia da informação considerados comuns*, ou seja, aqueles que possuam padrões de desempenho e de qualidade objetivamente definidos pelo edital, com base em especificações usuais no mercado, *deve ser obrigatoriamente realizada pela modalidade Pregão*, preferencialmente na forma eletrônica. Quando, eventualmente, não for viável utilizar essa forma, deverá ser anexada a *justificativa* correspondente (Lei nº 10.520/2002, art. 1º; Lei nº 8.248/1991, art. 3º, §3º; Decreto nº 3.555/2000, anexo II; Decreto nº 5.450/2005, art. 4º, e Acórdão nº 1.547/2004 - Primeira Câmara); [...]
>
> 9.2.6. A *decisão de não considerar comuns* determinados bens ou serviços de tecnologia da informação *deve ser justificada* nos autos do processo licitatório. Nesse caso, *a licitação não poderá ser do tipo "menor preço"*, visto que as licitações do tipo "menor preço" devem ser realizadas na modalidade Pregão. (Lei nº 8.666/1993, art. 15, III; Lei nº 10.520/2002, art. 1º; Decreto nº 5.450/2005, art. 4º, e Acórdão nº 1.547/2004 - Primeira Câmara). (BRASIL, 2008b, grifos nossos)

Em conclusão, pode-se dizer então que:

a) se forem comuns os bens ou os serviços será obrigatório (ou recomendável) o uso da modalidade Pregão e tipo "menor preço";
b) se não forem comuns, será obrigatório o uso do tipo "técnica e preço" e a modalidade Concorrência ou Tomada de Preços, conforme os limites do art. 23 da Lei nº 8.666/1993.

12.4 Serviços de natureza predominantemente intelectual

É preciso, ainda, avaliar a questão dos serviços de predominância intelectual, que obrigatoriamente devem ser contratados mediante licitações do tipo "melhor técnica" ou "técnica e preço", afastando, portanto, a modalidade Pregão. A regra em questão está contida no art. 46 da Lei nº 8.666/1993, *in verbis*:

> Art. 46. Os tipos de licitação "melhor técnica" ou "técnica e preço" serão utilizados *exclusivamente para serviços de natureza predominantemente intelectual*, em especial na elaboração de projetos, cálculos, fiscalização, supervisão e gerenciamento e de engenharia consultiva em geral e, em particular, para a elaboração de estudos técnicos preliminares e projetos básicos e executivos, ressalvado o disposto no §4º do artigo anterior. (BRASIL, 1993, grifos nossos)

Resta questionar o que seriam serviços de predominância intelectual, bem como avaliar se os serviços de TI ordinariamente contratados pela administração podem assim ser qualificados, pois, se puderem, estaria afastado o uso do Pregão, que é necessariamente do tipo menor preço.

Frise-se, a regra não se refere a serviços intelectuais, mas sim a serviços *predominantemente* intelectuais. Pois bem, conjugando as normas dos artigos 45, §4º, e 46 da Lei nº 8.666/1993, se o serviço de TI, no caso particular, for considerado de predominância intelectual, deverá ser contratado mediante licitação do tipo "técnica e preço", na modalidade "tomada de preço" ou "concorrência".

No mesmo Acórdão nº 2.471/2008 - Plenário (item 9.2.3), proferido sob a relatoria do Ministro Benjamin Zymler, o Tribunal de Contas da União apresentou dois critérios para subsidiar a avaliação do gestor sobre a eventual predominância intelectual do serviço de TI a ser contratado.

Primeiro disciplinou que a predominância intelectual é "natureza típica daqueles serviços em que *a arte e a racionalidade humanas são essenciais para sua execução satisfatória*" (grifos nossos).

Segundo, esclareceu que as tarefas que possam ser executadas de forma mecânica ou segundo protocolos, métodos e técnicas preestabelecidos e conhecidos não se referem a atividades predominantemente intelectuais.

Por certo, o primeiro critério, encontrado também na doutrina, comporta ainda alto grau de subjetividade e, isoladamente, não é satisfatório para a avaliação diária que os gestores devem realizar nas contratações. Mas o segundo critério apresentado, constante da parte final do acórdão acima indicado, pode ser utilizado com objetividade e, portanto, apresenta boa aplicabilidade nos casos concretos, como pode ser visto:

> 9.2.3. Bens e serviços de TI cuja natureza seja predominantemente intelectual não podem ser licitados por meio de Pregão. Tal natureza é típica daqueles serviços em que a arte e a racionalidade humanas são essenciais para sua execução satisfatória. *Não se trata, pois, de tarefas que possam ser executadas mecanicamente ou segundo protocolos, métodos e técnicas preestabelecidos e conhecidos.* (BRASIL, 2008b, grifos nossos)

É um critério que, apesar de sua simplicidade, resolve objetivamente a questão na grande maioria dos casos de contratação, sejam de TI ou não. Se, por exemplo, para o serviço de TI a ser licitado, já existir um protocolo, método ou técnica preestabelecida e conhecida para tratar a matéria, não se faz necessário exercer a arte e racionalidade humana em uma intensidade que justifique classificar o serviço como de predominância intelectual. Nesse caso, não incidirá o disposto no art. 46 da Lei nº 8.666/1993 e, se o serviço for comum, a modalidade licitatória indicada será o Pregão.

Segundo tal critério, não seriam predominantemente intelectuais as atividades realizadas mecanicamente ou realizadas por meio de protocolos, métodos e técnicas preestabelecidos e conhecidos.

Note que em hipóteses como essas, o alto grau de racionalidade humana exigido para a realização de determinada tarefa humana foi transformado em método, protocolo ou em técnica, amplamente difundidos e conhecidos dos profissionais da área.

Tome-se como exemplo a atividade de desenvolvimento de *software*, que nos dias de hoje possuem métodos e técnicas amplamente divulgados em livros científicos e são ensinados regularmente nas universidades.

O serviço ordinário de desenvolvimento de *software*, portanto, não pode ser considerado de *predominância* intelectual. Nesse caso, como em outros tantos, a racionalidade humana foi transformada em método, técnica, de modo a auxiliar e padronizar o serviço de desenvolvimento de *software*. E esse é o caminho natural da ciência. Para o surgimento de um conhecimento novo, a humanidade despende um volume enorme de "racionalidade", vamos assim dizer, mas, com o tempo, esse conhecimento é dominado, difundido, e, paulatinamente, transformado em método/técnica. A atividade continua a ser intelectual, mas não predominantemente intelectual nos termos requeridos pela lei.

Até mesmo o serviço de consultoria, comumente considerado de cunho predominantemente intelectual, pode ser, em alguns casos, baseado quase exclusivamente em métodos, técnicas e protocolos preestabelecidos e conhecidos. Nessa hipótese os consultores fazem grande parte do seu trabalho mediante aplicação de protocolos, questionários e tabelas padrões, que, conforme informações colhidas, sugerem os diagnósticos ou soluções adequadas para a instituição.

Tome-se, por exemplo, a avaliação de maturidade em Governança de TI utilizando-se o padrão CobiT. Também aqui a racionalidade humana, em grande parte das contratações da espécie, não necessita mais ser utilizada em toda profundidade e, nesses casos, o serviço de consultoria não poderia ser considerado de predominância intelectual, não havendo óbice legal, portanto, para a utilização da licitação na modalidade Pregão.

Como se vê, o critério estipulado pelo Acórdão nº 2.471/2008 - TCU - Plenário, apesar de simples, é adequado para a avaliação do quesito predominância intelectual dos serviços contratados pela Administração Pública, além do que, possui caráter objetivo e é de fácil emprego.

Se sua aplicação indicar que o serviço é de predominância intelectual, resta afastada a licitação na modalidade Pregão, por força do art. 46 da Lei nº 8.666/1993.

12.5 Criação e adesão à Ata de Registro de Preços

O item 9.3.2 do Acórdão nº 1.233/2012 - TCU - Plenário (Rel. Min. Aroldo Cedraz) trouxe importantes orientações à Administração Pública Federal, no que se refere à criação e à adesão a atas de registro de preços para bens e serviços de Tecnologia da Informação.

Trata-se de uma determinação à Secretaria de Logística e Tecnologia da Infomação, do Ministério do Planejamento, no sentido de que oriente as entidades sob sua jurisdição para que ao realizarem licitação com finalidade de criar ata de registro de preços atentem que:

> 9.3.2.1.1. devem fundamentar formalmente a criação de ata de registro de preços, e.g., por um dos incisos do art. 2º do Decreto nº 3.931/2001 (Acórdão nº 2.401/2006 - TCU - Plenário);
>
> 9.3.2.1.2. devem praticar todos os atos descritos no Decreto nº 3.931/2001, art. 3º, §2º, em especial o previsto no seu inciso I, que consiste em "convidar mediante correspondência eletrônica ou outro meio eficaz, os órgãos e entidades para participarem do registro de preços";
>
> 9.3.2.1.3. o planejamento da contratação é obrigatório, sendo que se o objeto for Solução de TI, caso seja integrante do Sisp, deve executar o processo de planejamento previsto na IN – SLTI/MP 4/2010 (IN – SLTI/MP 4/2010, art. 18, inciso III) ou, caso não o seja, deve realizar os devidos estudos técnicos preliminares (Lei nº 8.666/1993, art. 6º, inciso IX);
>
> 9.3.2.1.4. a fixação, no termo de convocação, de quantitativos (máximos) a serem contratados por meio dos contratos derivados da ata de registro de preços, previstos no Decreto nº 3.931/2001, art. 9º, inciso II, é obrigação e não faculdade do gestor (Acórdão nº 991/2009 - TCU - Plenário, Acórdão nº 1.100/2007 - TCU - Plenário e Acórdão 4.411/2010 - TCU - 2ª Câmara);
>
> 9.3.2.1.5. em atenção ao princípio da vinculação ao instrumento convocatório (Lei nº 8.666/1993, art. 3º, caput), devem gerenciar a ata de forma que a soma dos quantitativos contratados em todos os contratos derivados da ata não supere o quantitativo máximo previsto no edital.

Destaco a orientação contida no item 9.3.2.1.5, acima transcrito, que limita as contratações decorrentes da ata ao quantitativo máximo nela registrado, de maneira que, nas licitações para bens e serviços de Tecnologia da Informação, os contratos de adesão a ata de registro de preços, os conhecidos "caronas", devem conter-se nas quantidades inicialmente registradas, não sendo mais contados como quantitativos excedentes à ata (essa medida, por força do item 9.5 do Acórdão nº 2.692/2012 - TCU - Plenário, possui vigência a contar de 31.12.2012).

Tome-se, por exemplo, uma ata que registrou o preço para 1.000 notebooks. Pela orientação do Acórdão nº 1.233/2012 - TCU - Plenário, as quantidades contratadas pelo órgão gerenciador, pelos órgãos participantes e pelos "caronas", no seu total, não podem superar os 1.000 notebooks.

As regras federais do Sistema de Registro de Preços, contemplando esse novo entendimento, entre outros, foram alteradas pelo Decreto nº 7.892, de 23 de janeiro de 2013.

Ainda com relação à adesão a ata de registro de preços, foram feitas à Secretaria de Logística e Tecnologia da Informação, do Ministério do Planejamento determinação, no sentido de que oriente as entidades sob sua jurisdição para que ao realizarem adesão à ata de registro de preços atentem que:

> 9.3.3.1. o planejamento da contratação é obrigatório, sendo que se o objeto for Solução de TI, caso seja integrante do Sisp, deve executar o processo de planejamento previsto na IN – SLTI/MP 4/2010 (IN – SLTI/MP 4/2010, art. 18, inciso III) ou, caso não o seja, realizar os devidos estudos técnicos preliminares (Lei nº 8.666/1993, art. 6º, inciso IX);
>
> 9.3.3.2. devem demonstrar formalmente a vantajosidade da adesão, nos termos do Decreto nº 3.931/2001, art. 8º;
>
> 9.3.3.3. as regras e condições estabelecidas no certame que originou a ata de registro de preços devem ser conformes as necessidades e condições determinadas na etapa de planejamento da contratação (Lei nº 8.666/1993, art. 6º, inciso IX, alínea d, c/c o art. 3º, §1º, inciso I, e Lei nº 10.520/2002, art. 3º, inciso II).

Ressalto a orientação do item 9.3.3.1. acima, no sentido de que, mesmo na adesão à ata de registro de preços se faz necessário o devido planejamento da contratação, conforme descrito no Capítulo 7 dessa obra.

CAPÍTULO 13

DIREITO DE PREFERÊNCIA

O direito de preferência consiste em excepcionalidades conferidas pela lei para decidir uma licitação baseada em um critério objetivo de preferência.

O direito de preferência torna a licitação um pouco mais complexa, haja vista que não basta o critério do "menor preço", ou da "melhor técnica" ou "técnica e preço", devendo o pregoeiro e a comissão de licitação atentar para direitos outros fixados na lei, a fim de examinar e adjudicar as propostas vencedoras.

Conquanto alguns aspectos necessitem ainda ser regulamentados quanto ao uso do direito de preferência, abordaremos a seguir todos os tipos atualmente aplicáveis às licitações de bens e serviços de TI:

- Preferência às micro e pequenas empresas;
- Preferência da Lei de Informática e o Decreto nº 7.174/2010;
- Lei nº 12.349/2010 e a preferência a produtos nacionais.

13.1 Processo Produtivo Básico (PPB)

Inicio, porém, com o Processo Produtivo Básico (PPB), que nada mais é que "o conjunto mínimo de operações, no estabelecimento fabril, que caracteriza a efetiva industrialização de determinado produto", conforme definição constante do art. 7º, §8º, letra "b", do Decreto-Lei nº 288, de 28 de fevereiro de 1967, com a redação dada pela Lei nº 8.387/1991.

O PPB consiste de etapas fabris mínimas necessárias que as empresas deverão cumprir para fabricar determinado produto.

O cumprimento do PPB concede à empresa o direito de preferência nas licitações públicas de informática e também a incentivos fiscais na forma da lei. Não se refere unicamente aos bens de informática, podendo envolver quaisquer outros bens fabricados conforme disposições da lei e respectivos decretos regulamentadores.

Exemplo de PPB pode ser encontrado no Decreto nº 783/1993, que o fixa para os produtos industrializados na Zona Franca de Manaus (ZFM), indicando em seus anexos o processo de fabricação a ser observado para produtos diversos como máquinas de costura, relógios, fitas de áudio e vídeo, produtos plásticos e isopor, brinquedos, perfumaria, dentre outros. No Anexo VIII ao referido decreto consta, para bens de informática, o conjunto de quesitos a serem observados naquela zona para que haja certificação do cumprimento do Processo Produtivo Básico, a saber:

> a) montagem e soldagem de todos os componentes nas placas de circuito impresso;
>
> b) montagem das partes elétricas e mecânicas, totalmente desagregadas, em nível básico de componentes;
>
> c) integração das placas de circuito impresso e das partes elétricas e mecânicas na formação do produto final, montadas de acordo com os itens a e b acima;
>
> d) gestão da qualidade e produtividade do processo e do produto final envolvendo, inicialmente, a inspeção de matérias-primas, produtos intermediários, materiais secundários e de embalagem, o controle estatístico do processo, os ensaios e medições e a qualidade do produto final, ressalvado o disposto no art. 2º deste decreto. (BRASIL, 1993)

Assim, pelo referido decreto, não cumpre o Processo Produtivo Básico a empresa que recebe a placa de circuito integrado pronta, montada com todos os seus componentes, ainda que consista em apenas um dos elementos do produto de informática que será produzido.

Percebe-se, portanto, que é o PPB um conjunto de operações realizadas em fábrica, necessários para fins do recebimento da certificação.

Com a publicação da Lei nº 10.176/2001, o PPB se consolidou à legislação como contrapartida aos benefícios fiscais da Lei de Informática, somado à obrigatoriedade, já existente, de aplicação de recursos financeiros em Pesquisa e Desenvolvimento (P&D).

O investimento em P&D é também uma das contrapartidas para a obtenção do benefício fiscal da Zona Franca de Manaus em relação aos bens de informática.

Cumprido o processo, a empresa pode se dirigir ao Ministério da Ciência, Tecnologia e Inovação (MCTI) ou ao Ministério do Desenvolvimento, Indústria e Comércio Exterior (MDIC) e requerer a certificação, com a qual poderá solicitar os benefícios fiscais constantes da lei, bem assim, obter o direito de preferência nas licitações de TI que participar.

O PPB é fixado pelos Ministros do Desenvolvimento, Indústria e Comércio Exterior (MDIC) e da Ciência, Tecnologia e Inovação (MCTI).

O prazo para o estabelecimento de um PPB para um determinado produto é de 120 dias, contados da solicitação fundada da empresa interessada, devendo ser publicados em portaria interministerial os processos aprovados, bem como os motivos determinantes do indeferimento.

Depois de publicado, o PPB é válido para todas as empresas fabricantes daquele produto, beneficiadas com os incentivos fiscais estabelecidos pela ZFM ou pela Lei de Informática.

Em termos de direitos de preferência, adiantamos que, conforme disposto no art. 3º da Lei nº 8.248/1991 (Lei de Informática), com as modificações introduzidas pela Lei nº 10.176/2001, os órgãos e entidades da Administração Pública Federal, direta ou indireta, as fundações instituídas e mantidas pelo Poder Público e as demais organizações sob o controle direto ou indireto da União darão preferência, nas aquisições de bens e serviços de informática e automação, aos bens e serviços com tecnologia desenvolvida no País, e, em seguida, a bens e serviços produzidos de acordo com processo produtivo básico, na forma definida pelo Poder Executivo.

Em face de haver um conjunto de situações relativas a direitos de preferência, originários de diversas normas, a situação prática de aplicação desses direitos, conforme se verá adiante, torna-se tarefa complexa, devendo-se conjugar adequadamente as ordens de preferência, segundo apontaremos à medida em que avancemos pelos tópicos seguintes.

13.2 Preferência às microempresas e empresas de pequeno porte

Outra situação legalmente estabelecida, refere-se ao direito de preferência conferido às micro e pequenas empresas, que não decorre da Lei de Informática, mas do Estatuto das Microempresas e das Empresas de Pequeno Porte.

A Lei Complementar nº 123 (LC nº 123), de 14.12.2006, instituiu o Estatuto Nacional da Microempresa e da Empresa de Pequeno Porte, trazendo nos artigos 42 a 49 inovações no âmbito das licitações públicas e, especificamente no Pregão, observadas em três categorias:

a) possibilidade de regularização fiscal *a posteriori* (arts. 42 e 43);

b) licitações com tratamento diferenciado (artigos 47 e 48);

c) possibilidade de apresentação de nova proposta de preço, na hipótese de empate ficto (artigos 44 e 45).

Cuidemos, portanto, de esclarecer, rapidamente, cada um desses benefícios trazidos pela Lei Complementar nº 123.

No primeiro caso, relativo à possibilidade de regularização fiscal *a posteriori*, entenda o leitor que mesmo que as microempresas (ME) e as empresas de pequeno porte (EPP) não detenham regularidade fiscal em um certame licitatório, não poderão elas ser inabilitadas, devendo-se possibilitar a regularização fiscal posteriormente, caso venham a ser classificadas na primeira colocação, antes da celebração do contrato, conforme disposições constantes dos artigos 42 e 43 da referida lei.

Quanto às licitações com tratamento diferenciado (artigos 47 e 48), torna-se possível a realização de licitações específicas em que participem apenas essas empresas, excluindo-se do universo de licitantes quaisquer outras empresas fornecedoras não enquadradas nos critérios de ME ou EPP. Além disso, é possível exigir na licitação, quando não voltada diretamente para esses tipos de empresas, a subcontratação de parte do objeto junto a uma microempresa, caso em que o empenho e a liquidação se farão diretamente à subcontratada:

> Art. 47. Nas contratações públicas da União, dos Estados e dos Municípios, poderá ser concedido tratamento diferenciado e simplificado para as microempresas e empresas de pequeno porte objetivando a promoção do desenvolvimento econômico e social no âmbito municipal e regional, a ampliação da eficiência das políticas públicas e o incentivo à inovação tecnológica, desde que previsto e regulamentado na legislação do respectivo ente.
>
> Art. 48. Para o cumprimento do disposto no art. 47 desta Lei Complementar, a administração pública poderá realizar processo licitatório:
>
> I - destinado exclusivamente à participação de microempresas e empresas de pequeno porte nas contratações cujo valor seja de até R$80.000,00 (oitenta mil reais);
>
> II - *em que seja exigida dos licitantes a subcontratação de microempresa ou de empresa de pequeno porte*, desde que o percentual máximo do objeto a ser subcontratado não exceda a 30% (trinta por cento) do total licitado;
>
> III - em que se estabeleça cota de até 25% (vinte e cinco por cento) do objeto para a contratação de microempresas e empresas de pequeno porte, em certames para a aquisição de bens e serviços de natureza divisível.
>
> §1º O valor licitado por meio do disposto neste artigo não poderá exceder a 25% (vinte e cinco por cento) do total licitado em cada ano civil.

> §2º Na hipótese do inciso II do caput deste artigo, os empenhos e pagamentos do órgão ou entidade da administração pública poderão ser destinados diretamente às microempresas e empresas de pequeno porte subcontratadas. (BRASIL, 2006b, grifos nossos)

Essas hipóteses, relativas à subcontratação e à possibilidade de pagamento diretamente à subcontratada, nos parecem questionáveis do ponto de vista jurídico.

Primeiro porque não nos parece fazer sentido realizar procedimento licitatório para contratar uma empresa obrigando-a a subcontratar uma parte do objeto. Ademais, não vemos amparo, no conjunto do ordenamento jurídico relativo às normas de Direito Financeiro, para a possibilidade de empenhos e pagamentos feitos diretamente à subcontratada. Essa previsão legal fere, a nosso ver, a própria Constituição Federal.

Como poderia a administração contratante efetuar pagamentos diretamente à subcontratada sem que com ela possua contrato formal, sem haver relação jurídica entre ela e a Administração? Existe aí um aparente conflito com as disposições da Lei nº 4.320/1964 a impossibilitar a realização de tais pagamentos.

Feita essa crítica, voltemos ao nosso foco, pois interessa-nos agora a questão do direito de preferência quando haverá possibilidade de apresentação de nova proposta de preço, em situação de "empate ficto".

O "empate ficto" se configura, segundo a lei complementar, quando a proposta da ME ou EPP for superior à melhor proposta em até 5%, na hipótese de Pregão, ou em até 10%, em outras modalidades licitatórias. Ou seja, sendo o preço das empresas desse porte apresentado dentro desse percentual de variação em relação à melhor proposta, as propostas serão consideradas empatadas tecnicamente, em que pese matematicamente díspares.

Na ocorrência do empate ficto, ocorrerão as seguintes situações que configuram o direito de preferência concedido às micro e pequenas empresas:

a) a ME ou EPP mais bem classificada poderá apresentar nova proposta de preços inferior à melhor proposta. Nesse caso lhe será adjudicado o objeto da licitação;
b) na hipótese de mais de uma ME ou EPP com propostas iguais, será realizado sorteio para identificar aquela que apresentará a nova proposta;
c) caso a ME ou EPP mais bem classificada não ofereça nova proposta, serão convocadas para essa finalidade, na ordem de

classificação, as demais ME e EPP classificadas cuja proposta atenda ao critério de empate ficto.

Importante observar, todavia, que esse procedimento, na ordem indicada, somente se realizará na hipótese de a melhor oferta inicial no certame, seja no pregão ou nas demais modalidades licitatórias, não corresponder a uma proposta de uma ME ou de uma EPP. Se essa oferta inicial já for de uma microempresa ou de uma empresa de pequeno porte, o objeto será a ela adjudicado (art. 44, §2º, da LC nº 123/2006), não cabendo dar preferência a outra microempresa ou empresa de pequeno porte.

É o que dispõem os artigos 44 e 45 da Lei Complementar nº 123/2006:

> Art. 44. Nas licitações será assegurada, como critério de desempate, preferência de contratação para as microempresas e empresas de pequeno porte.
>
> §1º Entende-se por empate aquelas situações em que as propostas apresentadas pelas microempresas e empresas de pequeno porte sejam iguais ou até 10% (dez por cento) superiores à proposta mais bem classificada.
>
> §2º Na modalidade de pregão, o intervalo percentual estabelecido no §1º deste artigo será de até 5% (cinco por cento) superior ao melhor preço.
>
> Art. 45. Para efeito do disposto no art. 44 desta Lei Complementar, ocorrendo o empate, proceder-se-á da seguinte forma:
>
> I - a microempresa ou empresa de pequeno porte mais bem classificada poderá apresentar proposta de preço inferior àquela considerada vencedora do certame, situação em que será adjudicado em seu favor o objeto licitado;
>
> II - não ocorrendo a contratação da microempresa ou empresa de pequeno porte, na forma do inciso I do caput deste artigo, serão convocadas as remanescentes que porventura se enquadrem na hipótese dos §§1º e 2º do art. 44 desta Lei Complementar, na ordem classificatória, para o exercício do mesmo direito;
>
> III - no caso de equivalência dos valores apresentados pelas microempresas e empresas de pequeno porte que se encontrem nos intervalos estabelecidos nos §§1º e 2º do art. 44 desta Lei Complementar, será realizado sorteio entre elas para que se identifique aquela que primeiro poderá apresentar melhor oferta.
>
> §1º Na hipótese da não-contratação nos termos previstos no caput deste artigo, o objeto licitado será adjudicado em favor da proposta originalmente vencedora do certame.
>
> §2º O disposto neste artigo somente se aplicará quando a melhor oferta inicial não tiver sido apresentada por microempresa ou empresa de pequeno porte.

> §3º No caso de pregão, a microempresa ou empresa de pequeno porte mais bem classificada será convocada para apresentar nova proposta no prazo máximo de 5 (cinco) minutos após o encerramento dos lances, sob pena de preclusão. (BRASIL, 2006b)

Longe de ser o PPB e o Estatuto das Microempresas e das Empresas de Pequeno Porte as únicas referências em termos de requisitos relativos à obtenção de direitos de preferência e sua fixação em editais, como critério de julgamento de propostas ou de seleção de fornecedores, passemos, novamente, a nos referir à Lei de Informática, conforme tópico seguinte.

13.3 Preferência da Lei de Informática (Lei nº 8.248/1991) e o Decreto nº 7.174/2010

O direito de preferência, específico à área de TI (e que não exclui outros direitos de preferência, como os da Lei Complementar nº 123/2006), encontra-se disciplinado na Lei de Informática (Lei nº 8.248/1991), que estabelece a obrigatoriedade de conceder preferência, atendidos os critérios nela fixados, conforme a seguir:

> Art. 3º *Os órgãos e entidades da Administração Pública Federal,* direta ou indireta, as fundações instituídas e mantidas pelo Poder Público e as demais organizações sob o controle direto ou indireto da União *darão preferência,* nas aquisições de bens e serviços de informática e automação, *observada a seguinte ordem,* a: (Redação dada pela Lei nº 10.176, de 2001)
>
> I - bens e serviços com tecnologia desenvolvida no País; (Redação dada pela Lei nº 10.176, de 2001)
>
> II - bens e serviços produzidos de acordo com *processo produtivo básico,* na forma a ser definida pelo Poder Executivo. (Redação dada pela Lei nº 10.176, de 2001) [...]
>
> §3º A aquisição de bens e serviços de informática e automação, considerados como bens e serviços comuns nos termos do parágrafo único do art. 1º da Lei nº 10.520, de 17 de julho de 2002, poderá ser realizada na modalidade *Pregão, restrita às empresas que cumpram o Processo Produtivo Básico nos termos desta Lei e da Lei nº 8.387,* de 30 de dezembro de 1991. (Redação dada pela Lei nº 11.077, de 2004). (BRASIL, 1991, grifos nossos)

Até o surgimento do Decreto nº 7.174/2010, a aplicação desses dispositivos permitia a interpretação de que, realizada uma licitação, cujo resultado fosse o empate[43] dos licitantes, aplicar-se-ia, na ordem mencionada nos incisos do art. 3º da Lei nº 8.248/1991, os critérios de desempate ali previstos, dando-se preferência, primeiro, ao licitante cujos bens e serviços tivessem tecnologia desenvolvida no país.[44] Caso persistisse o empate, a preferência seria daquele que cumprisse o Processo Produtivo Básico (no caso de bens, uma vez que ainda não se definiu um PPB para serviços).

Todavia, a possibilidade de empate em Pregão é praticamente nula, de forma que esses dispositivos caíram em desuso com a utilização dessa modalidade licitatória na grande maioria das contratações de TI.

Certa vez, em um seminário, disse da quase impossibilidade da existência do empate no Pregão. Um dos participantes pediu a palavra para dizer que, na repartição que trabalhava, vira esse empate ocorrer reiteradas vezes. Bastaria que as empresas que estivessem participando do certame apresentassem propostas iniciais iguais e, posteriormente, não oferecessem lances. Disse a ele que me preocupava o que estaria acontecendo em sua repartição.

Com a edição do Decreto nº 7.174/2010 (que revogou o Decreto nº 1.070/1994), essa situação se alterou significativamente, pois a equivalência numérica das propostas, ou seja, o empate, passou a ser caracterizado como empate ficto (art. 8º, inciso II). O art. 8º desse Decreto veio a disciplinar o procedimento a ser aplicado para o exercício do direito de preferência nas licitações de Tecnologia da Informação. Vejamos, então, o que dispõe o referido decreto:

> Art. 5º *Será assegurada preferência* na contratação, nos termos do disposto no art. 3º da Lei nº 8.248, de 1991, para fornecedores de bens e serviços, observada a seguinte ordem:
>
> I - bens e serviços com tecnologia desenvolvida no País e produzidos de acordo com o Processo Produtivo Básico (PPB), na forma definida pelo Poder Executivo Federal;
>
> II - bens e serviços com tecnologia desenvolvida no País; e

---

[43] Conforme o art. 5º do Decreto nº 1.070/1994, como critério de adjudicação, entre propostas equivalentes (daí o empate), deveria ser dada preferência, nos termos da redação à época do art. 3º da Lei de Informática, aos bens e serviços produzidos no País, observada a ordem ali estabelecida, relacionada ao alto valor agregado ou não desses (bens e serviços com tecnologia desenvolvida no País; e bens e serviços produzidos no País, com significativo valor agregado local).

[44] Consideram-se bens e serviços de informática e automação com tecnologia desenvolvida no País aqueles cujo efetivo desenvolvimento local seja comprovado junto ao Ministério da Ciência e Tecnologia (art. 6º do Decreto nº 7.174/2010).

> III - bens e serviços *produzidos de acordo com o PPB*, na forma definida pelo Poder Executivo Federal. [...]
>
> Art. 8º O exercício do direito de preferência disposto neste Decreto será concedido após o encerramento da fase de apresentação das propostas ou lances, observando-se os seguintes procedimentos, sucessivamente:
>
> I - aplicação das regras de *preferência para as microempresas e empresas de pequeno porte* dispostas no Capítulo V da Lei Complementar nº 123, de 2006, quando for o caso;
>
> II - aplicação das regras de *preferência previstas no art. 5º*, com a classificação dos licitantes *cujas propostas finais estejam situadas até dez por cento acima da melhor proposta válida*, conforme o critério de julgamento, para a comprovação e o exercício do direito de preferência.
>
> III - convocação dos licitantes classificados que estejam enquadrados no inciso I do art. 5º, na ordem de classificação, para que possam oferecer nova proposta ou novo lance para igualar ou superar a melhor proposta válida, caso em que será declarado vencedor do certame;
>
> IV - caso a preferência não seja exercida na forma do inciso III, por qualquer motivo, *serão convocadas as empresas classificadas que estejam enquadradas no inciso II do art. 5º, na ordem de classificação*, para a comprovação e o exercício do direito de preferência, *aplicando-se a mesma regra para o inciso III do art. 5º* caso esse direito não seja exercido; e
>
> V - caso nenhuma empresa classificada venha a exercer o direito de preferência, observar-se-ão as *regras usuais de classificação* e julgamento previstas na Lei nº 8.666/1993 e na Lei nº 10.520/2002. (BRASIL, 2010b, destacamos)

Entendamos como esse procedimento funciona.

Passo 1

Primeiro, conforme o art. 8º, inciso I, concede-se o direito de preferência à ME ou à EPP. Lembremos que o "empate ficto", previsto na LC nº 123/2006, configura-se quando a proposta da ME ou EPP for superior à melhor proposta em até 5%, na hipótese de Pregão, ou em até 10%, em outras modalidades licitatórias. Lembremos também que se a melhor proposta (ou lance) originalmente apresentada for oriunda de uma ME ou de uma EPP, será ela desde logo declarada vencedora, pois já caberia a ela, primeira colocada, exercer o direito de preferência da LC nº 123/2006, encerrando-se já nesse momento os procedimentos relativos ao direito de preferência.

Na ocorrência do empate ficto, a ME ou EPP mais bem classificada dentro da margem de 5% ou 10%, já referida, poderá apresentar nova proposta de preço inferior à melhor proposta classificada. Nesse caso lhe será adjudicado o objeto da licitação, encerrando-se o procedimento para o exercício da preferência.

Na hipótese de existirem mais de uma ME ou EPP com propostas iguais, será realizado sorteio entre elas para identificar aquela que primeiro apresentará a nova proposta. E, caso a ME ou EPP mais bem classificada não ofereça nova proposta ao ser consultada, serão convocadas para esse fim, na ordem de classificação, as demais ME e EPP classificadas cujas propostas atendam o critério de empate ficto, segundo a ordem de classificação.

Note-se que se vier a ser oferecida, por uma das ME ou EPP, nova proposta inferior à mais bem classificada ela vence a licitação e encerra-se o procedimento relativo ao direito de preferência, de maneira que já não será avaliada a preferência prevista pela Lei de Informática. Recomenda-se a leitura do Acórdão 4.241/2012 - TCU - 2ª Câmara (Rel. Min.-Substituto André Luís de Carvalho), em que essa questão é minudentemente esclarecida. Transcrevo parte elucidativa do voto do relator.

> 15. O que o art. 8º do referido regulamento fez foi estabelecer uma ordem para a aplicação das preferências de que trata: em primeiro lugar, aplicam-se as regras de preferência para as ME/EPP, previstas no art. 44 da Lei Complementar nº 123, de 2006; e, apenas posteriormente, aplicam-se as regras do art. 3º da Lei nº 8.248, de 1991, "*com a classificação dos licitantes cujas propostas finais estejam situadas até dez por cento acima da melhor proposta válida, conforme o critério de julgamento, para a comprovação e o exercício do direito de preferência*".
>
> 16. E aí, como bem anotou o MPTCU, a existência de empresas que se enquadrem no primeiro critério afasta a possibilidade de se aplicarem as regras atinentes ao segundo.
>
> 17. Esse, aliás, é o entendimento consubstanciado no Voto que conduziu o Acórdão 4.056/2010 – 1ª Câmara, prolatado nos seguintes termos:
>
> "[...] No tocante à preferência de microempresas e empresas de pequeno porte (ME/EPP), itens 6.8 a 6.8.2 do edital, é indevido o questionamento da representante, haja vista que o edital disciplinou tal prerrogativa à luz do Capítulo V da Lei Complementar nº 123/2006.
>
> Quanto à alegada falta de regra para o exercício do direito de preferência dos produtos nacionais no processo licitatório, assiste razão à representante. O objeto do pregão trata, de fato, de prestação de serviço correspondente à disponibilização de gerador e *no-break*, acrescidos das atividades necessárias para assegurar o regular funcionamento dos equipamentos, tornando obrigatória a preferência descrita no art. 3º da Lei nº 8.248/91.
>
> Todavia, como bem anotado pela Unidade técnica, nos termos do art. 8º do Decreto nº 7.174/2010, o exercício do direito de preferência

será concedido, em primeiro lugar, para as ME/EPP dispostas no supramencionado Capítulo V da Lei Complementar nº 123/2006 (inciso I). Apenas depois é que se aplicam as regras de preferência nos termos do disposto no art. 3º da Lei nº 8.248/91, quando existirem fornecedores de bens e serviços com tecnologia desenvolvida no país cuja proposta seja até 10% acima da melhor proposta válida (incisos II, III e IV).

Compulsando os autos, as únicas propostas no intervalo de até 10% acima do melhor preço são de empresas também enquadradas como ME/EPP. Deste modo, as melhores propostas são de empresas que se enquadram no Capítulo V da Lei Complementar nº 123/2006, atendendo o contido art. 8º, inciso I, do Decreto nº 7.174/2010. Em outras palavras, a ausência da previsão de preferência para fornecedores que utilizam tecnologia nacional, nos termos do art. 3º da Lei nº 8.248/91 e do art. 8º, incisos II, III e IV, do Decreto nº 7.174/2010, não alterou, no caso concreto, o resultado da licitação [...]."

Passo 2

Não utilizado esse critério, de acordo com o art. 8º, inciso II, do Decreto nº 7.174/2010, passa-se então ao exercício do direito de preferência da Lei de Informática, com convocação dos licitantes classificados com propostas que variam até 10% em relação à melhor proposta, e que estejam enquadrados no inciso I do art. 5º, ou seja, que detenham os dois requisitos, apresentem produtos ou serviços com tecnologia desenvolvida no país e cumpram o PPB.

Conforme o art. 8º, inciso III, do Decreto nº 7.174/2010, caso a melhor proposta tenha sido apresentada por empresa que cumpra os dois requisitos (tecnologia no país + PPB), terá ela preferência na contratação e será declarada vencedora do certame, liberando-se as demais. Caso contrário, a convocação de licitantes se dará pela ordem de classificação na faixa de empate ficto, para que possam oferecer nova proposta ou novo lance para *igualar ou superar* a melhor proposta válida, caso em que será declarado vencedor do certame.

Passo 3

Segundo o art. 8º, inciso IV, do Decreto nº 7.174/2010, na hipótese de a preferência não ser exercida na forma do inciso III do art. 8º (tecnologia no País + PPB), por qualquer motivo, serão convocadas as empresas classificadas que estejam enquadradas no inciso II do art. 5º, ou seja, que ofereçam bens e serviços com tecnologia desenvolvida no país, também na ordem de classificação, e considerando a variação dos 10%, para o exercício do direito de preferência. Se vier a oferecer nova proposta que iguale ou supere a melhor classificada, vencerá a licitação.

Novamente, se a melhor proposta for de uma empresa que preencha o requisito, ou seja, cujos bens e serviços oferecidos tenham tecnologia desenvolvida no país, será ela declarada vencedora. Caso contrário, serão convocadas as empresas que atendam o critério, na ordem de classificação. Se uma delas exercer o direito de preferência e ofertar lance ou nova proposta que iguale ou seja inferior à menor proposta, será declarada vencedora.

Passo 4

Caso não seja exercitado, assim, o direito de preferência, passa-se, de igual modo, à convocação das empresas classificadas que estejam enquadradas no inciso III do art. 5º, ou seja, que cumpram PPB apenas, na ordem de classificação, e observada a variação de até 10% do valor da melhor proposta, para a comprovação e o exercício do direito de preferência.

Mais uma vez, se a melhor proposta originalmente apresentada for de empresa que já cumpra o PPB, será ela de pronto declarada vencedora. Todavia, se não for o caso, e, se exercido o direito de preferência pela empresa que assim for chamada na ordem em que classificada para tal comprovação, será ela declarada vencedora do objeto da licitação.

Passo 5

Se, inexistirem empresas que possam exercer o direito de preferência, ou que deixe de fazê-lo, por qualquer motivo, observar-se-ão as regras usuais de classificação e julgamento previstas na Lei nº 8.666/1993 (empresas classificadas segundo os critérios de "menor preço" ou "técnica e preço", conf. art. 45) e na Lei nº 10.520/2002 (será declarado vencedor aquele que apresentar o "menor preço", conf. art. 4º, inciso X). Ou seja, a proposta mais bem classificada vencerá a licitação.

Note que ao mencionar, em cada passo, que a licitante que exercer o direito de preferência será "declarada vencedora da licitação", evidentemente o será após comprovar a detenção de todos os requisitos para tanto, inclusive os de habilitação.

Observe ainda que, diferentemente da regra fixada para as ME e EPP, em que o exercício do direito de preferência ocorrerá com o oferecimento de uma proposta de preço menor que a melhor proposta oferecida, aqui, quando utilizados os critérios de preferência da Lei de Informática, conforme o decreto, basta que seja oferecida uma proposta que iguale à do licitante melhor colocado. O direito de preferência permite apenas igualar-se àquele que não o tem, embora haja oferecido originariamente a melhor proposta.

13.4 Impropriedade do art. 5º, parágrafo único, do Decreto nº 7.174/2010

Ressaltamos, todavia, que o leitor deve tomar cuidado com o parágrafo único do art. 5º do Decreto nº 7.174/2010:

> Art. 5º [...]
>
> Parágrafo único. As microempresas e empresas de pequeno porte *que atendam ao disposto nos incisos do caput* terão prioridade no exercício do direito de preferência em relação às médias e grandes empresas enquadradas no mesmo inciso. (BRASIL, 2010b, grifos nossos)

Esse dispositivo pode causar grande confusão. Note que o art. 5º, parágrafo único, regulamenta o direito de preferência no âmbito da Lei de Informática (Lei nº 8.248/1991), apesar de não haver, nessa lei, nenhum benefício às micro e pequenas empresas. O direito de preferência dessas decorre tão só da Lei Complementar nº 123/2006.

O dispositivo só pode ser lido em conjunto com o disposto no art. 8º, ou seja, de que se concede o direito de preferência na exata sequência ali fixada. Não haverá, portanto, oportunidade às microempresas e EPP para exercerem direito de preferência em etapa posterior àquela do inciso I do art. 8º do Decreto nº 7.174/2010.

Entendemos que, se acaso for concedida oportunidade às micro e pequenas empresas de se manifestarem, por ocasião do procedimento previsto no art. 8º, inciso I, do Decreto nº 7.174/2010, e essas não exercerem o direito de preferência da LC nº 123/2006, *haverá preclusão do exercício desse direito*.

Em outra circunstância, no Pregão, se por acaso houver uma EPP ou ME em faixa de mais de 5% e menos de 10%, essa empresa, por estar fora da faixa de empate ficto, não será convocada para exercer o direito de preferência das micro e pequenas empresas e não terá, em nossa visão, direito de preferência a ser reclamado, no âmbito da Lei de informática e do procedimento previsto nos incisos III e IV do art. 8º, do Decreto nº 7.174/2010, em virtude de sua condição de ME ou de EPP, vez que a Lei de Informática não lhes concede esse privilégio.

Observe que para fins do disposto no art. 8º, inciso I, do decreto, essa empresa não será relacionada no rol de empresas empatadas fictamente. Depois, superado o critério do inciso I, na preferência da Lei de Informática, ela figurará dentre as demais empresas licitantes classificadas com propostas finais que estejam situadas até 10% acima da melhor proposta válida, conforme o critério de julgamento, para comprovação do direito de preferência de que trata o art. 5º.

Mesmo assim, entendemos que não poderá usufruir do benefício disposto no art. 5º, parágrafo único, pois a Lei de Informática não prevê nenhum benefício de preferência às ME e EPP.

O parágrafo único do art. 5º, nos parece, criou regra nova. Essa regra exorbita do poder regulamentar próprio aos decretos, ao inovar em um direito de preferência que a lei não fixou. Na prática, permitiria elastecer o direito de preferência, exercido pelas ME e EPP, quando, participantes de Pregão.

No Pregão, as ME e EPP têm preferência se suas propostas não forem superiores em mais de 5% que a proposta melhor colocada, conforme a Lei Complementar nº 123/2006:

> Art. 44. Nas licitações será assegurada, como critério de desempate, preferência de contratação para as microempresas e empresas de pequeno porte.
>
> §1º Entende-se por empate aquelas situações em que as propostas apresentadas pelas microempresas e empresas de pequeno porte sejam iguais ou até 10% (dez por cento) superiores à proposta mais bem classificada.
>
> §2º Na modalidade de Pregão, o intervalo percentual estabelecido no §1º deste artigo será de até 5% (cinco por cento) superior ao melhor preço. (BRASIL, 2006b)

O decreto, da forma como editado o art. 5º, parágrafo único, permitiria que o direito de preferência dessas microempresas e empresas de pequeno porte seja estendido para uma variação de até 10%, pois se ultrapassado o critério do inciso I do art. 8º do Decreto nº 7.174/2010, o critério do inciso II resgataria as ME e EPP na faixa de empate ficto de 10%, em clara desobediência ao art. 44, §2º, da Lei Complementar nº 123/2006.

Devido a essa inovação em relação ao disposto nas leis mencionadas pelo decreto regulamentador, entendemos que sua aplicação é ilegal, devendo ser evitadas disposições editalícias que comportem tal entendimento.

Essa nossa opinião consta consignada em recente julgado no âmbito do Tribunal de Contas da União (Acórdão nº 4.241/2012 - 2ª Câmara, sessão de 19.06.2012), envolvendo tais dispositivos, em processo da relatoria do Ministro-Substituto André Luís de Carvalho, no qual este autor contribuiu para o debate com as seguintes ponderações então consignadas no voto revisor proferido à ocasião:

> 2. De fato, não há como dar razão à empresa representante e à instrução [...], que defendem que a ordem de preferência estabelecida no art. 8º do Decreto nº 7.174/2010 deve ser seguida de forma cumulativa.

3. Como bem ressaltado pelo Relator e pelo MP, esta Corte já decidiu em oportunidade anterior que os procedimentos de preferência devem ser aplicados sucessivamente, de modo que as regras previstas no art. 5º do regulamento relativas à preferência fixada no art. 3º da Lei nº 8.248/91 serão aplicadas após a concessão do benefício às microempresas e empresas de pequeno porte, disposto na Lei Complementar nº 123/2006 (Acórdão 4056/2010-1ª Câmara). No mesmo sentido, seguiu estudo realizado pela Consultoria Jurídica (Conjur) deste Tribunal no TC-018.398/2010-3.

4. Segundo avalio, o posicionamento equivocado da representante e da unidade técnica deriva do conflito existente entre as disposições do parágrafo único do art. 5º e do art. 8º, *caput* e incisos, do Decreto nº 7.174/2010.

5. Para melhor entendimento, vale transcrever os mencionados dispositivos regulamentares com grifo nos trechos mais relevantes para o presente exame: [...]

6. A partir da leitura, verifica-se que ambos os dispositivos disciplinam a ordem de exercício do direito de preferência. O art. 5º do decreto reproduz a ordem de exercício do direito de preferência segundo as categorias de fornecedores de bens e serviços de TI conforme estabelecido pelo art. 3º da Lei nº 8.248/1991, mas seu parágrafo único também cria uma nova ordem dentro de cada categoria ao instituir a prioridade das microempresas e empresas de pequeno porte sobre as demais. Já o art. 8º apresenta uma ordem linear e sucessiva, na qual se admite o exercício do direito de preferência primeiramente pelas micro e pequenas empresas cujas propostas se situem dentro das margens definidas na LC 123/2006 e, a seguir, pelos fornecedores especificados no art. 3º da Lei nº 8.248/1991 conforme a situação das propostas em determinada margem de valores.

7. Vê-se, então, que ocorre uma antinomia, pois os dispositivos apresentam-se contraditórios. Conforme o art. 8º, encerrada a fase inicial para o exercício do direito de preferência pelas micro e pequenas empresas sem que tenha havido contratação, permite-se o exercício do direito de preferência pelos fornecedores de bens e serviços de TI, passando as micro e pequenas empresas enquadradas em cada categoria e detentoras de propostas situadas na respectiva margem a concorrer de igual para igual com as demais empresas do ramo. Por outro lado, o art. 5º permite que, quando da aplicação do direito de preferência aos fornecedores de TI, volte-se a aplicar o direito de preferência das micro e pequenas empresas mediante a priorização destas sempre que se adentra em uma nova categoria de fornecedores.

8. Indo mais um passo à frente, percebe-se que se está diante de uma antinomia real. Como visto, tais normas prescrevem a adoção de condutas incompatíveis. E mais, os critérios clássicos de resolução de conflitos normativos não se mostram aplicáveis, pois não é possível alcançar um

resultado ao se ponderar os dois dispositivos regulamentares sob a ótica da hierarquia, da cronologia ou da especialidade.

9. Há, assim, que se buscar a solução para o conflito nas normas superiores cujas disposições são regulamentadas pelo decreto.

10. Inicia-se com a transcrição dos artigos 44 e 45 da LC 123/2006, que tratam da sistemática de exercício do direito de preferência pelas microempresas e empresas de pequeno porte. [...]

12. O art. 44 da LC 123/2006 cria o direito de preferência fundado no porte da empresa. Nesse caso, o direito de preferência nasce a partir do cumprimento de dois requisitos, isto é, estar a empresa enquadrada como micro ou pequena empresa e ocorrer empate de propostas, caracterizado pela apresentação de propostas em valores iguais ou superiores até 5% (pregão) e 10% (demais modalidades) à proposta mais bem classificada. *Significa, pois, dizer que somente são titulares deste direito de preferência as microempresas e as empresas de pequeno porte cujas propostas se situem dentro das margens fixadas no dispositivo*. No caso das micro e pequenas empresas que apresentaram propostas fora do intervalo, não há que se falar em direito de preferência. [...]

14. Como se percebe, no art. 45, são fixados os procedimentos para que o grupo delimitado no artigo anterior possa exercer o direito. Veja-se que o exercício do direito se dá *de forma sucessiva, de acordo com a ordem de classificação das empresas*, a saber:

- em primeiro lugar, franqueia-se à micro ou pequena empresa mais bem classificada a apresentação de proposta inferior à vencedora (art. 45, inciso I) ou efetua-se o sorteio entre aquelas que tiverem apresentado propostas equivalentes;

- em segundo lugar, não contratada a empresa acima, passa-se às micro e pequenas empresas remanescentes titulares do direito, seguindo-se a ordem classificatória (art. 45, inciso II);

- por último, não havendo contratação de microempresa ou empresa de pequeno porte titular de direito de preferência, adjudica-se o objeto à proposta originalmente vencedora, utilizando-se as regras de classificação e julgamento previstas na Lei de Licitações e na Lei do Pregão (art. 45, §1º).

15. Superadas as fases descritas nos incisos do art. 45 sem que tenha havido a contratação de microempresa ou pequena empresa detentora do direito, tem-se que *o direito de preferência fundado no porte da empresa se extingue*, como evidenciado pela disposição contida no parágrafo primeiro do referido artigo, que determina o retorno à vencedora original do certame a partir deste momento.

16. Com essas considerações, conclui-se que o direito de preferência quanto ao porte concedido às microempresas e empresas de pequeno porte extingue-se após encerrado o procedimento para seu exercício, não podendo mais ser invocado durante o procedimento de preferência

dos fornecedores de bens e serviço de informática, consoante previsto no art. 45 da LC 123/2006, o que significa que tal procedimento aplica-se somente uma vez no âmbito do certame.

17. Com relação dos fornecedores de bens e serviços de informática, o direito de preferência é regido pelo art. 3º da Lei nº 8.248/91 (com a redação da Lei nº 10.176/2001) nos seguintes termos: [...]

18. É importante notar que aqui se trata do direito de preferência fundado nas características dos bens e serviços oferecidos. A lei não faz nenhuma distinção quanto ao porte da empresa apta a adquirir este direito de preferência. Para tanto, basta que sejam observadas as condições especificadas quanto às características dos bens e serviços fornecidos e que estejam as propostas situadas na margem prevista no art. 8º, inciso II, do Decreto nº 7.174/2010. É, portanto, de clara evidência que não há autorização legal para utilizar-se o porte da empresa como critério de preferência no procedimento da Lei nº 8.248/91.

19. Voltando ao conflito existente entre os artigos 5º, parágrafo único, e 8º do Decreto nº 7.174/2010, resta confrontar os referidos dispositivos com as regras previstas na LC 123/2006 e na Lei nº 8.248/91.

20. Ficou demonstrado nos itens anteriores que o parágrafo único do art. 5º do decreto autoriza que, quando do exercício do direito de preferência estabelecido no art. 3º da Lei nº 8.248/91, aplique-se o direito de preferência das micro e pequenas empresas mediante a priorização destas sempre que se adentra em uma nova categoria de fornecedores de bens e serviços de TI consoante previsto nos incisos do mencionado artigo.

21. Veja-se, contudo, que essa sistemática contraria o §1º do art. 45 da LC 123/2006, visto restar claro que o direito de preferência fundado no porte da empresa se extingue com o encerramento do procedimento previsto nos incisos do referido art. 45. Ou seja, como o procedimento para o exercício do direito de preferência das micro e pequenas empresas realiza-se apenas uma vez dentro do certame, extinguindo-se o direito a partir desse ponto, não há como repetir tal procedimento na forma prevista no art. 5º, parágrafo único, do Decreto nº 7.174/2010.

22. O art. 5º, parágrafo único, do Decreto nº 7.174/2006 também contraria o disposto no art. 3º da Lei nº 8.248/91, porque a lei não autoriza efetuar diferenciações com base no porte das empresas incluídas em seus incisos.

23. Conclui-se, então, que o parágrafo único do art. 5º do Decreto nº 7.174/2010 afigura-se ilegal.

24. Já com relação ao art. 8º do Decreto nº 7.174/2010, verifica-se que a sistemática ali estabelecida coaduna-se com o disposto no art. 45 da LC 123/2006. Isto é, primeiro, aplicam-se as regras relativas ao direito de preferência das microempresas e empresas de pequeno porte; não ocorrendo a contratação dentro deste grupo, passa-se a aplicar as regras atinentes ao direito de preferência dos fornecedores de TI fundado nas características dos bens e serviços, sem diferenciação quanto ao porte

> dos licitantes; não ocorrendo contratação mais uma vez, aplicam-se as regras usuais de licitação.
>
> 25. De todo o exposto, tem-se que o conflito existente soluciona-se com a supressão do parágrafo único do art. 5º do Decreto nº 7.174/2010, visto que tal dispositivo não se conforma com a legislação regulamentada pelo decreto. [...]. (BRASIL, 2012c, grifos nossos)

Por ocasião do julgado, acolheu-se proposta no sentido de enviar recomendação ao Ministério do Planejamento, Orçamento e Gestão para que procedesse à revisão do parágrafo único do art. 5º do Decreto nº 7.174/2010, uma vez que tal dispositivo contraria o disposto na LC nº 123/2006 e no art. 3º da Lei nº 8.248/91. Fez incluir, então, recomendação ao referido ministério e também à Advocacia-Geral da União, para que adotassem medidas tendentes à descontinuação do parágrafo único do art. 5º do Decreto nº 7.174/2010, conforme subitem 9.3 do Acórdão nº 4.241/2010 - TCU - 2ª Câmara.

13.5 Nova proposta nas licitações do tipo técnica e preço

Bem, muito falamos a respeito de apresentação de nova proposta, no exercício do direito de preferência, o que intuitivamente se compreende como proposta de valor financeiro quando a licitação envolve critério de julgamento do menor preço. Mas como seria no caso de licitações do tipo "técnica e preço"?

No que tange às licitações do tipo "técnica e preço", observar-se-á o disposto nos seguintes parágrafos do art. 8º do Decreto nº 7.174/2010:

> Art. 8º [...]
>
> §2º Nas licitações do tipo técnica e preço, a nova proposta será exclusivamente em relação ao preço e deverá ser suficiente para que o licitante obtenha os pontos necessários para igualar ou superar a pontuação final obtida pela proposta mais bem classificada. [...]
>
> §5º Nas licitações do tipo técnica e preço, os licitantes cujas propostas não tenham obtido a pontuação técnica mínima exigida não poderão exercer a preferência. (BRASIL, 2010b)

E quando houver empate dos preços entre licitantes situados na mesma ordem de classificação? Quem ofertará a nova proposta com base no direito de preferência? O art. 8º do Decreto nº 7.174/2010 também responde a essa questão:

> Art. 8º [...]
>
> §1º No caso de empate de preços entre licitantes que se encontrem na mesma ordem de classificação, proceder-se-á ao sorteio para escolha do que primeiro poderá ofertar nova proposta. [...]
>
> §3º Para o exercício do direito de preferência, os fornecedores dos bens e serviços de informática e automação deverão apresentar, junto com a documentação necessária à habilitação, declaração, sob as penas da lei, de que atendem aos requisitos legais para a qualificação como microempresa ou empresa de pequeno porte, se for o caso, bem como a comprovação de que atendem aos requisitos estabelecidos nos incisos I, II e III do art. 5º. (BRASIL, 2010b).

A regulamentação de como será o sorteio deverá constar do edital. A comprovação do atendimento ao PPB dos bens de informática e automação ofertados será feita mediante apresentação do documento comprobatório da habilitação à fruição dos incentivos fiscais regulamentados pelo Decreto nº 5.906, de 26 de setembro de 2006, ou pelo Decreto nº 6.008, de 29 de dezembro de 2006 (art. 7º do Decreto nº 7.174/2010).

O decreto trouxe ainda a possibilidade de que a comprovação seja feita eletronicamente, por meio de consulta ao sítio eletrônico oficial do MCTI ou da Superintendência da Zona Franca de Manaus (SUFRAMA), ou por documento expedido para esta finalidade pelo MCTI ou pela SUFRAMA, mediante solicitação do licitante.

13.6 Margens de preferência da Lei nº 12.349/2010

13.6.1 Promoção do desenvolvimento nacional sustentável

A Lei nº 12.349/2010 alterou as disposições constantes do art. 3º da Lei nº 8.666/1993, e criou as chamadas margens de preferência para os bens e serviços nacionais.[45] Trata-se de outro direito de preferência.

A primeira modificação a ser observada, na Lei de Licitações, consiste no acréscimo de um novo objetivo para as licitações: a promoção do desenvolvimento nacional sustentável.

Como sabido, até então os objetivos da licitação consistiam em (i) garantir a observância do princípio da isonomia e (ii) a seleção da proposta mais vantajosa para a administração.

---

[45] Assim considerados nacionais, nos termos do art. 6º, incisos XVIII e XIX, da Lei nº 8.666/1993, aqueles produzidos ou prestados no país, conforme as condições dispostas pelo Poder Executivo Federal.

A nova redação do art. 3º da Lei nº 8.666/1993 é a seguinte:

> Art. 3º A *licitação destina-se a garantir* a observância do princípio constitucional da isonomia, a seleção da proposta mais vantajosa para a administração e a *promoção do desenvolvimento nacional sustentável*, e será processada e julgada em estrita conformidade com os princípios básicos da legalidade, da impessoalidade, da moralidade, da igualdade, da publicidade, da probidade administrativa, da vinculação ao instrumento convocatório, do julgamento objetivo e dos que lhes são correlatos. (Redação dada pela Lei nº 12.349, de 2010). (BRASIL, 1993, grifos nossos)

A partir de então, será possível, inclusive, adquirir produto por preço superior àquele ofertado na melhor proposta, desde que essa aquisição venha a contribuir, *nos termos da lei*, frise-se, para a promoção do desenvolvimento nacional sustentável. Com essa finalidade, a lei estabeleceu as margens de preferência para produtos e serviços nacionais.

13.6.2 Estabelecimento de preferência em lei

O princípio da isonomia, nas licitações, implica, entre outros, o tratamento igualitário entre os licitantes, vedando-se, como regra, preferência. A vedação de preferência, é, então, a regra geral, admitindo-se exceções justificadas e previstas necessariamente em lei, conforme se depreende da própria Lei de Licitações:

> Art. 3º [...]
>
> **§1º É vedado aos agentes públicos:**
>
> **I - admitir, prever, incluir ou tolerar, nos atos de convocação, cláusulas ou condições que comprometam, restrinjam ou frustrem o seu caráter competitivo e estabeleçam preferências ou distinções em razão da naturalidade, da sede ou domicílio dos licitantes ou de qualquer outra circunstância impertinente ou irrelevante para o específico objeto do contrato,** ressalvado o disposto nos §§5º a 12 deste artigo e no art. 3º da Lei nº 8.248, de 23 de outubro de 1991. (Redação dada pela Lei nº 12.349, de 2010). (BRASIL, 1993, grifos nossos)

Entre as exceções à regra de vedação de preferências estão aquelas relevantes e pertinentes ao objeto do contrato, as referidas nos parágrafos 5º a 12 da Lei de Licitações (as margens de preferência), aquela do art. 3º da Lei nº 8.248/1991 (Lei de Informática), bem como as exceções previstas em outra lei, como ocorre com o direito de preferência das ME e EPP, referidas na LC nº 123/2006.

Se, como regra, em consonância com o princípio constitucional da isonomia, a lei veda preferências, entende-se que as exceções a essa regra (a autorização de preferência) devem constar expressamente de lei. Só a lei pode excepcionar a lei.

Somente dispositivo de lei poderia, então, estabelecer preferências nas licitações, como é o caso das ressalvas na parte final do art. 3º, §1º, da LLCA e na Lei Complementar nº 123/2006.

As preferências necessitam, então, ser estabelecidas por lei, não podendo o edital inovar nesse ponto, a exemplo do licitante que, a pretexto de favorecer as empresas nacionais, limita sua aquisição aos produtos exclusivamente fabricados no Brasil, sem nenhuma justificativa que vincule a exigência às necessidades da Administração.

Ora, obviamente que esse tipo de exigência exclui da participação da licitação as empresas brasileiras que comercializam produtos total ou parcialmente fabricados no exterior. Tal procedimento é vedado pela Constituição Federal, que requer tratamento isonômico às empresas brasileiras.[46]

13.6.3 Preferências pertinentes e relevantes ao objeto

Aquilo que é pertinente e relevante para o objeto do contrato não se sujeita à vedação de preferência, pois o que se veda no dispositivo legal transcrito é o estabelecimento de preferências ou distinções ou qualquer outra circunstância impertinente ou irrelevante para o específico objeto do contrato.

Logicamente que, ao especificarmos em edital um conjunto de requisitos relativos ao objeto a ser licitado, estaremos estabelecendo um conjunto de preferências que são admitidas em razão do atendimento às necessidades da Administração que justificam a contratação.

13.6.4 Margens de preferência para produtos e serviços nacionais

Trataremos agora, do direito de preferência incluído pela Lei nº 12.349/2010 nos parágrafos 5º a 12 do art. 3º da Lei nº 8.666/1993:

---

[46] Ao apreciar essa questão, O Tribunal de Contas da União determinou ao órgão que se abstivesse de promover licitações cujo objeto fosse exclusivamente de fabricação nacional até que houvesse deliberação definitiva sobre a matéria. Ao mesmo tempo solicitou estudos detalhados a área técnica para subsidiar tal deliberação (Acórdão nº 2.241/2011 - Plenário, Rel. Min.-Substituto André Carvalho).

> Art. 3º [...]
>
> §5º Nos processos de licitação previstos no *caput*, poderá ser estabelecido margem de preferência para produtos manufaturados e para serviços nacionais que atendam a normas técnicas brasileiras. (Incluído pela Lei nº 12.349, de 2010). (BRASIL, 1993)

Fica claro do dispositivo que a preferência estabelecida se dá em favor dos produtos e serviços nacionais em relação aos estrangeiros.

Perceba que é uma preferência diferente das demais vistas. A primeira aqui abordada cuidou das microempresas e das de pequeno porte. A segunda preferência referiu-se às empresas de informática que detinham o PPB e tecnologia desenvolvida no País. Esta terceira preferência consiste em preferência de produtos ou serviços nacionais em detrimento de produtos ou serviços estrangeiros.

Além da margem de preferência ordinária, há previsão de margem de preferência adicional, no §7º do referido dispositivo, para produtos e serviços resultantes de inovação tecnológica:

> Art. 3º [...]
>
> §7º Para os produtos manufaturados e serviços nacionais *resultantes de desenvolvimento e inovação tecnológica realizados no País*, poderá ser estabelecido *margem de preferência adicional* àquela prevista no §5º. (Incluído pela Lei nº 12.349, de 2010). (BRASIL, 1993, grifos nossos)

Então, conforme esses dispositivos, os produtos e serviços de origem nacional que atendam a normas técnicas brasileiras, gozarão de direito de preferência, estabelecido por uma margem de preferência ordinária, em relação aos estrangeiros, nas licitações, e, se resultantes de desenvolvimento e inovação tecnológica realizados no país, poderão gozar de margem de preferência adicional.

O Decreto nº 7.546/2011, ao regulamentar tais direitos de preferência, estabeleceu no art. 3º, §5º, que os Ministérios da Ciência e Tecnologia (atualmente Ciência, Tecnologia e Inovação) e do Desenvolvimento, Indústria e Comércio Exterior deverão estabelecer os requisitos e critérios para verificação dos produtos e serviços resultantes de desenvolvimento e inovação tecnológica realizados no País, após proposição da Comissão Interministerial de Compras Públicas (CI-CP).

13.6.5 Competência para instituir margens de preferência

Mais adiante, colhe-se ainda de outro parágrafo recém-introduzido no art. 3º da LLCA que:

> Art. 3º [...]
>
> §8º As margens de preferência por produto, serviço, grupo de produtos ou grupo de serviços, a que se referem os §§5º e 7º, serão definidas pelo Poder Executivo federal, não podendo a soma delas ultrapassar o montante de 25% (vinte e cinco por cento) sobre o preço dos produtos manufaturados e serviços estrangeiros. (Incluído pela Lei nº 12.349, de 2010). (BRASIL, 1993)

Note que a margem de preferência pode ser estabelecida por produto ou serviço ou grupo de produtos ou serviços. Assim, por exemplo, se o Poder Executivo desejar criar uma margem de preferência para os produtos e serviços de TI, poderá fazê-lo para todo o grupo objeto do regulamento, ou seja, para os produtos e serviços de TI, ou, especificamente, para um único produto ou serviço.

Da leitura do dispositivo também é possível concluir que estados e municípios não poderão definir as margens de preferência por produto, serviço, grupo de produtos ou serviços, uma vez que a autorização legal é para que sejam definidas pelo Poder Executivo Federal.

A competência, nesse caso, é do Presidente da República, ou a quem ele delegar tal competência.

13.6.6 Cômputo e aplicação das margens de preferência

O dispositivo ainda fixa como limite máximo para a soma das margens de preferência ordinária e adicional, mencionadas nos §§5º e 7º, 25% de variação sobre o preço dos produtos e serviços estrangeiros.

No âmbito da Administração Pública Federal, referido dispositivo encontra correspondente no art. 3º do Decreto nº 7.546/2011:

> Art. 3º Nas licitações no âmbito da administração pública federal será assegurada, na forma prevista em regulamentos específicos, margem de preferência, nos termos previstos neste Decreto, para produtos manufaturados nacionais e serviços nacionais que atendam, além dos regulamentos técnicos pertinentes, a normas técnicas brasileiras, limitada a vinte e cinco por cento acima do preço dos produtos manufaturados estrangeiros e serviços estrangeiros. [...]
>
> §3º A margem de preferência normal será calculada em termos percentuais em relação à proposta melhor classificada para produtos manufaturados estrangeiros ou serviços estrangeiros, conforme definido em decreto, nos termos do art. 5º. (BRASIL, 2011b)

Não temos conhecimento, até então, de decretos estabelecendo margens de preferência para bens e serviços de TI.

Fixaram margens de preferência, por enquanto, os Decretos nº 7.709/2012 (retroescavadeiras e motoniveladoras), nº 7.713/2012 (fármacos e medicamentos), nº 7.756/2012 (confecções, calçados e artefatos) e nº 7.767/2012 (produtos médicos).

Segundo tais decretos, a margem de preferência será aplicada na fase de classificação das propostas, caso a proposta melhor colocada seja a de um produto ou serviço estrangeiro.

Como não poderia deixar de ser, a aplicação da margem de preferência não exclui o direito de preferência das microempresas e das empresas de pequeno porte. Evidente que também não poderá excluir o direito de preferência da Lei de Informática. São direitos independentes.

A aplicação consiste em acrescer ao preço do produto estrangeiro o percentual definido para a margem de preferência, para fins de comparação com a proposta do produto nacional. Assim, considerado o preço do produto estrangeiro (PE), o preço do produto estrangeiro com a margem (PM) e o percentual da margem de preferência (M), teremos PM = PE (1+M). Exemplifiquemos.

Exemplo 1

Suponhamos que, editado decreto presidencial que fixe margem de preferência para impressoras de origem nacional, seja fixada uma margem de preferência de 4%. Realizada uma licitação para a contratação do fornecimento de impressoras, imaginemos que, após a classificação das propostas, a primeira colocada seja empresa fornecedora de uma impressora de origem estrangeira, com o preço de R$1.000,00, a unidade.

Imaginemos então que, em segundo lugar, há licitante com uma proposta de preço para a impressora licitada no valor de R$1.035,00, porém, de fabricação nacional. Considerando a margem de preferência de 4% aplicada sobre o preço da impressora estrangeira (R$1.000,00), teremos o preço com margem do produto estrangeiro de R$1.040,00. Reclassificando as propostas, teremos em primeiro a impressora nacional com preço de R$1.035,00 e, em segundo, a impressora estrangeira de preço com margem igual a R$1.040,00, sagrando-se vencedora a impressora nacional.

Observe então que a contratação se dará a um preço (R$1.035,00), que é superior ao melhor preço real oferecido na licitação (R$1.000,00), tendo em vista o recém introduzido objetivo licitatório, qual seja: *a promoção do desenvolvimento nacional sustentável*. Conforme nos referimos, a partir da nova redação conferida pela Lei nº 12.349/2010, a proposta mais vantajosa visa também a garantir a promoção do desenvolvimento nacional sustentável.

Exemplo 2

Se, no entanto, o preço da impressora nacional fosse R$1.045,00, esta perderia a licitação para a estrangeira, cujo preço com margem é R$1.040,00, inferior portanto.

Note-se que, nessa hipótese, a contratação da impressora estrangeira se fará pelo seu preço real (R$1.000,00) e não pelo seu preço com margem de preferência (R$1.040,00), que é um preço virtual e deve ser usado apenas na comparação de preços com produtos estrangeiros, na classificação das propostas.

Exemplo 3

Note que a aplicação da margem de preferência não exclui os direitos de preferência da Lei Complementar nº 123/2006 e da Lei de Informática. Assim, caso se trate de licitação de informática é necessário que se aplique, se for necessário, o procedimento do art. 8º do Decreto nº 7.174/2010, como visto no tópico 13.3 acima.

Assim, se na última hipótese aventada (impressora nacional a R$1.045,00 e impressora estrangeira com margem a R$1.040,00), a licitante com o produto nacional fosse uma microempresa, a licitante estrangeira não poderia, desde logo ser declarada vencedora. No caso, antes da margem de preferência deve ser aplicado o procedimento do art. 8º, inciso I, do Decreto nº 7.174/2010.

Note que o preço da microempresa (R$1.045,00) está dentro da faixa de empate ficto da LC nº 123/2006, que é de 5% da melhor proposta (R$1.000,00), supondo que se trate de Pregão. Nessa avaliação deve-se considerar o preço real do produto estrangeiro (R$1.000,00) e não o preço com margem (R$1.040,00), vez que, como dito, esse é um preço virtual e deve ser usado apenas na comparação de preços com produtos estrangeiros, na classificação das propostas.

Desse modo, com base na LC nº 123/2006 e no art. 8º, I, do Decreto nº 7.174/2010, deve ser dada oportunidade à micro empresa de oferecer nova proposta. Se esta vier a fazê-lo e contiver preço inferior ao produto estrangeiro (R$1.000,00), será vencedora da licitação.

Argumentamos que deve ser considerado o preço real do produto estrangeiro, porque a microempresa para vencer a licitação, segundo as regras da LC nº 123/2006 e do Decreto nº 7.174/2010, deve oferecer proposta inferior a esse preço real, e não ao preço com margem. Além disso, a faixa de empate ficto deve ser computada considerando o preço real do produto estrangeiro, e não o preço com margem, conforme prevê o art. 44, §2º, da LC nº 123/2006.

Exemplo 4

Suponha, na situação anterior, que o preço da impressora nacional fosse R$1.055,00 e que o fabricante da impressora nacional cumpre o Processo Produtivo Básico (PPB). Nesse caso, ao aplicar o direito de preferência das micro e pequenas empresas previsto no art. 8º, inciso I, do Decreto nº 7.174/2010, verificaríamos que a microempresa estaria fora da faixa de 5% de empate ficto. O preço do produto nacional (R$1.055,00) é superior em mais de 5% ao preço real do produto estrangeiro (R$1.000,00). Desse modo, não haveria direito à microempresa de oferecer nova proposta, considerando a modalidade Pregão.

Assim, passar-se-ia a considerar o procedimento dos incisos II, III e IV, do art. 8º, do Decreto nº 7.174/2010, relativo ao direito de preferência da Lei de Informática. Nesse caso, pode-se verificar que a proposta da microempresa está dentro da faixa de 10% de empate ficto prevista no art. 8º, inciso II, do Decreto nº 7.174/2010.

Supondo que a fabricação da impressora nacional cumpre o PPB, com base no 8º, inciso IV, do Decreto nº 7.174/2010, terá a fabricante nacional direito a oferecer nova proposta, que se for igual ou inferior a do produto estrangeiro (R$1.000,00), será declarada vencedora da licitação.

No caso, não há possibilidade de aplicação das margens de preferência porque o preço da impressora nacional (R$1.055,00) é superior ao preço com margem (R$1.040,00).

Exemplo 5

Suponha, agora, que o preço da impressora estrangeira seja de R$1.000,00, da impressora nacional de R$1.035,00 e que a margem de preferência de seja de 4%. Aplicando-se a margem de preferência ao produto estrangeiro, o preço com margem seria R$1.040,00, de maneira que a impressora nacional (R$1.035,00) estaria na primeira colocação.

Suponha, agora, que a fornecedora da impressora estrangeira seja uma microempresa. Nesse caso, estando sua proposta com preço real de R$1.000,00 e, portanto inferior ao preço do produto nacional (R$1.035,00), como se resolveria essa licitação? Deve prevalecer a margem de preferência, declarando-se vencedora a impressora nacional a preço de R$1.035,00, privilegiando o desenvolvimento nacional sustentável, ou deve prevalecer o direito de preferência da micro e pequena empresa, privilegiando essa categoria?

No caso estabelece-se o conflito entre o direito de preferência da microempresa e o direito de preferência ao produto nacional.

Não se tem ainda resposta precisa para solução desse conflito nas normas jurídicas até então publicadas. Na hipótese de possibilidade de ocorrência de situação como essa em uma licitação, o gestor deve ter o cuidado de prever a solução do conflito no edital.

Como os decretos específicos até então editados preveem que as margens de preferência não excluirão o direito de preferência das micro e pequenas empresas (*vide*, por exemplo, o art. 4º, §5 º, do Decreto nº 7.756/2012),[47] entende-se que boa solução é dar precedência às micro e pequenas empresas. No entanto, nessas hipóteses, friso, melhor é prever expressamente no edital como se resolverá a situação conflitante.

Exemplo 6

Digamos que haja participado do certame um terceiro licitante com impressora de origem nacional resultante de desenvolvimento e inovação tecnológica realizados no país, com margem de preferência adicional de 6%, elevando sua margem total a 10%, uma vez que a margem ordinária é 4%.

Digamos que as propostas apresentadas tenham sido: impressora estrangeira R$1.000,00, impressora nacional, R$1.035,00, e impressora nacional com inovação tecnológica, R$1.055,00.

Nesse caso, de pronto está afastada a empresa estrangeira, pois ambos os produtos nacionais, embora apresentados com preços superiores ao estrangeiro, gozam de margem de preferência que lhes garantem precedência. No caso, em relação à impressora nacional, o preço com margem da impressora estrangeira seria de R$1.040,00 (margem de 4%). Já em relação à impressora nacional com inovação tecnológica, o preço com margem da estrangeira seria de R$1.100,00 (margem de 10%).

Retirada, a impressora estrangeira, quem venceria a licitação? A impressora nacional (preço R$1.035,00) ou a impressora nacional com inovação tecnológica (R$1.055,00)? Que critério utilizar para definir o vencedor? A inovação tecnológica ou o menor preço?

Não há, nos regulamentos, qualquer norma que defina esse tipo de situação. E, não havendo norma, aquela a ser considerada será a do edital. Portanto, torna-se conveniente fixar no edital o critério a ser observado nesses casos.

---

[47] §5º A aplicação da margem de preferência não excluirá o direito de preferência das microempresas e empresas de pequeno porte.

Recomendamos, assim, que observado o disposto no Decreto nº 7.174/2010, seja fixada no edital, quando aplicável, a ordem de preferência também relativa à seleção das propostas quando conjugados os procedimentos daquele decreto com os da Lei nº 12.349/2010.

Podemos, por exemplo, definir no edital que, para fins de avaliação das propostas:

a) primeiro, serão aplicados os direitos de preferência de que tratam a Lei Complementar nº 123/2006 e a Lei nº 8.248/1991, conforme as regras contidas no Decreto nº 7.174/2010;

b) após, serão verificadas as margens de preferência estabelecidas pela Lei nº 12.349/2010.

Entende-se que essa é uma boa solução porque as margens de preferência, como visto, podem ensejar contratações a preços superiores ao menor oferecido no certame, de modo que, do ponto de vista da economicidade, convém sua aplicação por último.

13.6.7 Observância de PPB e de regras de origem para produtos manufaturados

Outra importante observação a se fazer, refere-se aos produtos manufaturados nacionais. Como visto, os parágrafos 5º e 7º do art. 3º da Lei de Licitações se referem aos produtos manufaturados, para fins das margens de preferência. Logo, em razão do disposto no art. 6º da Lei nº 8.666/1993, que define o que são os produtos manufaturados nacionais, pode-se concluir que esses deverão necessariamente passar pelo PPB ou por regras de origem estabelecidas pelo Poder Executivo Federal, haja vista que esse processo é ínsito aos produtos nacionais:

> Art. 6º [...]
>
> XVII - *produtos manufaturados nacionais* – produtos manufaturados, produzidos no território nacional de acordo com o *processo produtivo básico* ou *regras de origem* estabelecidas pelo Poder Executivo Federal;
>
> XVIII - *serviços nacionais* – serviços prestados no País, nas condições estabelecidas pelo Poder Executivo Federal. (BRASIL, 1993, grifos nossos)

Ainda recentes essas disposições, só nos deparamos com a margem de preferência fixada até o momento do fechamento da primeira edição desta obra, nas seguintes situações: aquela decorrente do Decreto nº 7.756, de 14 de junho de 2012, o qual renovou o incentivo pioneiro criado pelo Decreto nº 7.601/2011, que estabeleceu margem de preferência relativa a produtos de confecções e calçados (Plano Brasil Maior); as relativas a aquisição de retroescavadeiras e motoniveladoras, conforme Decreto nº 7.709, de 3 de abril de 2012; a decorrente do Decreto nº 7.713/2012, relativa a fármacos e medicamentos; e a estabelecida para produtos médicos nos termos do Decreto nº 7.767/2012. Retratamos, de início, o primeiro caso.

Inicialmente, o Decreto nº 7.601/2011 assim dispôs acerca da margem de preferência para confecções, calçados e artefatos dessa indústria:

> Art. 1º Fica estabelecida a aplicação de margem de preferência para aquisição de produtos de confecções, calçados e artefatos, conforme percentuais e descrições do Anexo I, nas licitações realizadas no âmbito da administração pública federal, com vistas à promoção do desenvolvimento nacional sustentável.
>
> Parágrafo único. Os editais para aquisição dos produtos descritos no Anexo I publicados após a data de entrada em vigor deste Decreto deverão contemplar a aplicação da margem de preferência de que trata o *caput*. [...]
>
> Art. 4º A margem de preferência de que trata o art. 1º será aplicada para classificação das propostas:
>
> I - após a fase de lances, na modalidade de Pregão; e
>
> II - no julgamento e classificação das propostas, nas demais modalidades de licitação.
>
> §1º A margem de preferência não será aplicada caso o preço mais baixo ofertado seja de produto manufaturado nacional.
>
> §2º Caso o licitante da proposta classificada em primeiro lugar seja inabilitado, ou deixe de cumprir a obrigação prevista no inciso II do §2º do art. 2º, deverá ser realizada a reclassificação das propostas, para fins de aplicação da margem de preferência.
>
> §3º Caso a licitação tenha por critério de julgamento o menor preço do grupo ou lote, a margem de preferência só será aplicada se todos os itens que compõem o grupo ou lote atenderem às regras de origem de que trata o art. 2º.
>
> §4º A aplicação da margem de preferência não exclui a negociação entre o pregoeiro e o vencedor da fase de lances, prevista no §8º do art. 24 do Decreto nº 5.450, de 31 de maio de 2005.
>
> §5º A aplicação da margem de preferência não exclui o direito de preferência das microempresas e empresas de pequeno porte, previsto nos arts. 44 e 45 da Lei Complementar nº 123, de 14 de dezembro de 2006.
>
> Art. 5º As margens de preferência de que trata o art. 1º serão aplicadas por seis meses, contados a partir da data de publicação deste Decreto. (BRASIL, 2011c)

A margem de preferência apontada no referido decreto foi de 8%.[48] Observe que nesse decreto constam algumas orientações não indicadas pela lei, de maneira que, para esses produtos, observar-se-á o seguinte:

- caso o preço mais baixo ofertado na licitação seja de produto manufaturado nacional, não haverá aplicação da margem de preferência. Logo, para a aplicação da margem de preferência, há, necessariamente, que haver uma proposta de produto estrangeiro que seja o menor preço da licitação;

- a aplicação da margem de preferência não exclui a negociação entre o pregoeiro e o vencedor da fase de lances, de forma que, após o encerramento dessa fase, o pregoeiro poderá encaminhar, pelo sistema eletrônico, contraproposta ao licitante que tenha apresentado lance mais vantajoso, para que seja obtida melhor proposta, observado o critério de julgamento, não se admitindo negociar condições diferentes daquelas previstas no edital;

- nesse caso específico, regulamentado pelo decreto, a aplicação da margem de preferência não exclui o direito de preferência das microempresas e empresas de pequeno porte, previsto nos artigos 44 e 45 da Lei Complementar nº 123, de 14 de dezembro de 2006. Logo, o direito dessas é assegurado, fixando-se uma ordem na qual deverá obrigatoriamente ser aplicado o direito de preferência dessas, para só depois iniciar-se a aplicação das margens de preferência;

- caso o licitante da proposta classificada em primeiro lugar seja inabilitado, ou deixe de cumprir a obrigação relativa à apresentação de uma declaração de cumprimento das regras de origem, deverá ser realizada a reclassificação das propostas, para fins de aplicação da margem de preferência, ou seja, expurga-se a proposta dessa empresa, reclassificando as demais para verificação da aplicabilidade da margem de preferência.

Esse decreto possui característica de transitoriedade, haja vista que sua aplicação prevista é de seis meses,[49] conforme art. 5º; porém, confere-nos a noção de que muito do que não se regulamentou na lei e no decreto geral, como já referido nas linhas anteriores, poderá ser objeto de regulamentação no decreto específico que fixar a margem de preferência prevista em lei. Caso o decreto não o faça, deve-se preencher a lacuna pela regra editalícia suficientemente clara e em conformidade com os critérios legais.

---

[48] Ampliado no novo decreto para 20%.

[49] Vigorou, portanto, até maio de 2012.

O art. 2º do Decreto nº 7.601/2011 esclarece que a margem de preferência de que trata o art. 1º será aplicada apenas aos produtos manufaturados nacionais, conforme as *regras de origem* estabelecidas em Portaria do Ministério do Desenvolvimento, Indústria e Comércio Exterior (Portaria MDIC nº 279/2011), sendo que o licitante deverá apresentar, juntamente com a proposta, formulário de declaração de cumprimento dessas regras.

Referida portaria institui o regime de origem para compras governamentais, definindo as normas de origem que deverão ser consideradas para que uma mercadoria atenda ao conceito de produto manufaturado nacional. Traz uma tabela para cada produto, em que relaciona o percentual de material importado admitido para fins de ainda ser considerado nacional e ter direito à margem de preferência.

São então considerados originários:

a) *produtos totalmente obtidos*, ou seja, que não têm em sua composição insumos, matérias-primas ou peças importadas; ou

b) os *produtos que cumprem requisitos específicos de origem*, por exemplo, o sapato em que o custo dos materiais importados não exceda 40% do seu valor total.

O licitante necessita então apresentar declaração de origem do produto e comprometer-se a fornecer os documentos necessários à comprovação da origem.

Com a entrada em vigor do Decreto nº 7.756/2012, a margem de preferência para os produtos relativos a confecções e calçados, discriminados no Anexo I do decreto, passou a ser de 20%, não havendo margem adicional especificada. O prazo de aplicação foi alongado, passando a vigorar desde 15 de junho de 2012 até 31 de dezembro de 2013, conforme artigos 6º e 7º, sendo essas as alterações efetuadas, além da ampliação da gama de produtos daquelas indústrias.

O Decreto nº 7.713, de 03 de abril de 2012, relativo aos fármacos, por sua vez, segue as mesmas linhas dos já mencionados Decretos nº 7.601/2011 e nº 7.756/2012 (confecções e calçados), sendo o seu percentual de margem de preferência definido em tabelas para cada medicamento, fixadas em 8% (Grupo 1 – Anexo 1 do decreto) ou 20% (Grupos 2 a 6 – Anexo 1 do decreto), sendo que aqueles medicamentos nacionais que utilizem em sua formulação biofármacos com produção tecnológica integradas no país (Grupos 5 e 6 de produtos – Anexo 1 do decreto), possuem 20% de margem de preferência, mas uma margem adicional de 5%.

As margens de preferência fixadas nesse decreto serão aplicadas: até 30 de março de 2014 para os produtos do Grupo 1 – Medicamentos que utilizem em sua formulação fármacos importados; até 30 de março de 2017 para os produtos dos demais grupos lá indicados (Grupo 2 – Medicamentos nacionais que utilizem em sua formulação fármacos nacionais; Grupo 3 – Fármacos nacionais; Grupo 4 – Insumos farmacêuticos não ativos nacionais; Grupo 5 – Medicamentos nacionais que utilizem em sua formulação biofármacos com produção tecnológica integrada no país; e Grupo 6 – Biofármacos com produção tecnológica integrada no país).

13.6.8 Abrangência subjetiva das margens de preferência

Vale ressaltar que para fins do Decreto nº 7.546/2011, ou seja, para o exercício das margens de preferência ali indicadas, o art. 3º, §1º, esclarece que a Administração Federal compreende não só a administração direta, mas também os fundos especiais, autarquias e fundações públicas, empresas públicas e sociedades de economia mista, bem como demais entidades controladas direta ou indiretamente pela União.

Os demais entes que compõem a República Federativa do Brasil poderão adotar as margens de preferência estabelecidas pelo Poder Executivo Federal, previstas no art. 3º, §§5º e 7º, da Lei nº 8.666/1993, conforme o art. 3º, §2º, do Decreto nº 7.546/2011.

Lembramos que só o Poder Executivo Federal pode estabelecer margens de preferência, conforme estabelecido pela Lei de Licitações em sua nova redação (art. 3º, §8º). Todavia, faculta-se aos estados e municípios a utilização de tais margens.

Outra importante definição constante do Decreto nº 7.546/2011, refere-se à abrangência da aplicação das margens de preferência:

> Art. 5º O Decreto que estabelecer as margens de preferência *discriminará a abrangência de sua aplicação* e poderá *fixar o universo de normas técnicas brasileiras aplicáveis* por produto, serviço, grupo de produtos e grupo de serviços para os fins do disposto neste Decreto. (BRASIL, 2011b, grifos nossos)

Portanto, o decreto que fixa o percentual das margens de preferência é que dirá a abrangência que a margem de preferência terá para aquele produto ou grupo de produtos, bem assim as normas técnicas aplicáveis.

13.6.9 Limites legais à criação das margens de preferência

As margens de preferência concretizam um poder bastante grande de decisão nos processos licitatórios, voltado para o desenvolvimento nacional sustentável, razão pela qual é de grande relevância o estabelecimento de parâmetros a serem observados em sua fixação.

O §6º do art. 3º da Lei nº 8.666/1993, com a redação da Lei nº 12.349/2010 traz esses parâmetros, ao estabelecer que:

> Art. 3º [...]
>
> §6º A margem de preferência de que trata o §5º será estabelecida com base em estudos revistos periodicamente, em prazo não superior a 5 anos, que levem em consideração: (Incluído pela Lei nº 12.349, de 2010)
>
> I - geração de emprego e renda; (Incluído pela Lei nº 12.349, de 2010)
>
> II - efeito na arrecadação de tributos federais, estaduais e municipais; e (Incluído pela Lei nº 12.349, de 2010)
>
> III - desenvolvimento e inovação tecnológica realizados no País. (Incluído pela Lei nº 12.349, de 2010)
>
> IV - custo adicional dos produtos e serviços; e (Incluído pela Lei nº 12.349, de 2010)
>
> V - em suas revisões, análise retrospectiva de resultados. (Incluído pela Lei nº 12.349, de 2010). (BRASIL, 1993)

A margem de preferência, portanto, não poderá ter validade superior a cinco anos. Ao término desse prazo, os estudos deverão ser revalidados levando em consideração os aspectos que contribuam para o desenvolvimento nacional sustentável. Ponderar-se-á se houve benefício de geração de emprego e renda, bem assim, os efeitos positivos ou negativos na arrecadação de tributos, no desenvolvimento e inovação tecnológica, bem assim os custos adicionais dos produtos e serviços em que incorreram as administrações contratantes, por exemplo.

Conforme o Decreto nº 7.546/2011, os estudos serão elaborados a partir de informações oficiais, com fundamento em métodos de reconhecida confiabilidade técnica, podendo-se utilizar, de maneira complementar, informações de outras fontes, de reconhecida idoneidade e especialização técnica (art. 8º, §2º).

Ainda conforme o art. 3º, §9º, da Lei nº 8.666/1993, as disposições contidas nos parágrafos 5º, 6º e 8º do dispositivo legal não se aplicam quando não houver produção suficiente de bens manufaturados ou capacidade de prestação dos serviços no país.

Em razão do princípio da publicidade, e de forma a garantir a transparência e facilitar o controle, a Lei nº 8.666/1993 determina a divulgação, na *internet*, a cada exercício financeiro, da relação de empresas favorecidas com as margens de preferência, com indicação do volume de recursos destinados a cada uma dessas empresas (art. 3º, §13).

13.6.10 Possibilidade de extensão das margens de preferência aos produtos do Mercosul

Há, ainda, a previsão de que a margem de preferência poderá ser estendida, total ou parcialmente, aos bens e serviços originários do Mercado Comum do Sul (Mercosul) (§10). A regra não é automática, pois se trata da faculdade de se estender a bens e serviços originados dos países que compõem o mercado comum. Nesse caso, portanto, os produtos originados de países do Mercosul, desde que haja previsão expressa em ato do Poder Executivo Federal, gozarão também das margens de preferência de que trata o §5º do art. 3º da Lei de Licitações.

13.6.11 Comissão Interministerial de Compras Públicas

Mediante o Decreto nº 7.546/2011 foi criada a Comissão Interministerial de Compras Públicas (CI-CP). Essa comissão, de caráter temporário, possui atribuições específicas concernentes à proposição e ao acompanhamento da aplicação da margem de preferência para produtos manufaturados nacionais e serviços nacionais e das medidas de compensação comercial, industrial, tecnológica ou de acesso a condições vantajosas de financiamento.

Portanto, é essa comissão quem auxiliará o Poder Executivo Federal no estabelecimento e fixação das regras que serão dispostas em decretos presidenciais versando sobre margens de preferência em relação a determinados produtos ou serviços, ou grupos desses, sendo formada pelos Ministros de Estado da Fazenda, Planejamento, Orçamento e Gestão, Desenvolvimento, Indústria e Comércio Exterior, Ciência e Tecnologia e das Relações Exteriores.

13.6.12 Licitação para aquisição de produtos de exclusiva fabricação nacional

De todo exposto, podemos concluir que a Lei de Licitações prevê casos em que possam ser conferidas margens de preferência para produtos de origem nacional. Todavia, não há regra que determine a aquisição de produtos exclusivamente de fabricação nacional. Estes podem ter preferência em relação aos produtos ou serviços estrangeiros, mas a regra não comporta a exclusão, de pronto, no edital, salvo a hipótese de exigência, comprovadamente, pertinente e relevante para o objeto licitado vinculada à real necessidade da Administração Pública.

Qualquer hipótese de preferência deve constar da lei, pois a regra também legal é a de vedação de preferência, conforme o disposto no art. 3º, §1º, da Lei nº 8.666/1993.

Em linha com esse entendimento o TCU exarou as seguintes determinações no Acórdão nº 2.241/2011 - Plenário (Rel. Min.-Substituto André Luís de Carvalho):

> 9.4.3. abstenha-se de promover licitações, cujo objeto seja *exclusivamente de fabricação nacional,* até que este Tribunal delibere sobre a questão;
>
> 9.5. determinar a SEGECEX que constitua grupo de trabalho para a *análise, no prazo de 60 (sessenta) dias, das repercussões geradas pela Lei nº 12.349/2010 no regime licitatório*, em especial da discussão travada nos presentes autos. (BRASIL, 2011d, grifos nossos)

Não é impossível, como já dito, fazer-se uma licitação para a contratação de bens ou serviços exclusivamente nacionais. Desde que essa exigência seja relevante e pertinente à necessidade que possui a Administração, será ela possível, como é o caso, por exemplo, de razões de *ordem estratégica* em relação ao suporte ou à manutenção.

Suponhamos, por exemplo, os serviços relacionados à urna eletrônica. Por uma questão estratégica, pode haver necessidade de que esse produto seja totalmente composto de tecnologia nacional. O objetivo, nesse caso, não é atender ao desenvolvimento nacional sustentável, mas atender a um interesse estratégico do Estado Brasileiro.

A determinação do TCU, portanto, não implica considerar que em nenhum caso é possível a aquisição de produtos exclusivamente fabricados no Brasil. Na hipótese ventilada no edital relativo à contratação objeto do acórdão é que não se mostrou nem se demonstrou a razoabilidade dos motivos que conduziram a tal regra editalícia.

Com efeito, o objeto, cerne da licitação apreciada pelo julgado, consistiu na aquisição de retroescavadeiras para construção de estradas vicinais. A administração contratante havia justificado tal exigência e produto de fabricação exclusivamente nacional fundada no direito de preferência relativo ao desenvolvimento nacional sustentável, em que pese, como vimos, tratarem-se de margens de preferência bem definidas em lei e necessariamente regulamentadas por decreto.

Perceba, portanto, que não se pode simplesmente fundamentar a restrição ou a preferência com base simplesmente no argumento de que se pretenderá atender ao desenvolvimento nacional sustentável, pois esse objetivo necessariamente está, por ora, atrelado às margens de preferência definidas por ato do Poder Executivo Federal, que é quem ditará, nesse contexto, a política de desenvolvimento sustentável aplicada a cada produto regulamentado pelo ato normativo por ele editado.

O Tribunal de Contas da União se encontra atualmente realizando estudo sobre as margens de preferência, podendo o assunto vir a ser objeto de orientações próprias daquele órgão de controle.

Ainda no âmbito desta questão, vale transcrever o que consta do §12 do art. 3º da Lei nº 8.666/1993, o qual exemplifica a questão da exclusividade da contratação de bens e serviços de TI e de comunicação considerados estratégicos pelo Poder Executivo Federal:

> Art. 3º [...]
>
> §12. Nas contratações destinadas à implantação, manutenção e ao aperfeiçoamento dos sistemas de tecnologia de informação e comunicação, considerados estratégicos em ato do Poder Executivo Federal, a licitação poderá ser restrita a bens e serviços com tecnologia desenvolvida no País e produzidos de acordo com o processo produtivo básico de que trata a Lei nº 10.176, de 11 de janeiro de 2001. (Incluído pela Lei nº 12.349, de 2010). (BRASIL, 1993)

É o caso, aqui, da nossa urna eletrônica, desde que considerada estratégica por ato do Poder Executivo Federal.

O inciso XIX do art. 6º define bem quais são esses sistemas de TI e de comunicação, considerados estratégicos:

> XIX - sistemas de tecnologia de informação e comunicação estratégicos – bens e serviços de tecnologia da informação e comunicação cuja descontinuidade provoque dano significativo à administração pública e que envolvam pelo menos um dos seguintes requisitos relacionados às informações críticas: disponibilidade, confiabilidade, segurança e confidencialidade. (Incluído pela Lei nº 12.349, de 2010). (BRASIL, 1993)

CAPÍTULO 14

FATOR QUALIDADE NAS CONTRATAÇÕES POR PREGÃO

14.1 A qualidade das contratações públicas depende de múltiplos fatores

Os críticos do Pregão alegam, com frequência, a deficiência na qualidade dos bens/serviços contratados por essa modalidade licitatória.

A colocação do problema da má qualidade dos bens e serviços contratados mediante Pregão é equivocada, porque é errôneo entender que a qualidade do objeto adquirido está vinculada exclusivamente a um único fator: a modalidade licitatória Pregão. É equivocado dizer que eventual deficiência na qualidade dos bens e serviços contratados é consequência direta da modalidade licitatória utilizada.

A qualidade da contratação é função de muitas variáveis ou fatores, é multifatorial. São diversas as fases envolvidas em uma contratação, desde o planejamento até a fiscalização da boa execução contratual. A qualidade da contratação depende do zelo e da eficiência do gestor em todas essas fases. Ainda quando todas as medidas são corretamente adotadas pelo gestor, há casos em que se verifica deficiência de qualidade por culpa exclusiva da empresa contratada.

A IN SLTI/MP nº 4/2010 tem justamente como objetivo indicar aos gestores todos os passos necessários para alcançar contratações de boa qualidade, no que se refere a Soluções de TI.

Um planejamento eficiente é essencial e deve alcançar os objetivos e as necessidades atuais e futuras da administração. Deve abranger os níveis estratégicos, táticos e operacionais da instituição e do setor de TI. Além disso, a contratação em si deve ser planejada.

O gestor precisa planejar para adquirir o objeto certo no momento certo, ou seja, aquilo que melhor atende às necessidades do órgão e na oportunidade em que essas necessidades possuem prioridade para o seu atendimento.

As necessidades estão indiscutivelmente subordinadas às prioridades, porque os recursos disponíveis não são suficientes para todas as demandas. Um planejamento deficiente pode gerar contratações de produtos com deficiência de qualidade, porque incapazes de satisfazer as necessidades prioritárias do órgão. E não há nenhuma vinculação entre essa falha e a modalidade licitatória utilizada na contratação, no caso, o Pregão.

Decidido o que comprar, o órgão tem a tarefa de elaborar um termo de referência, um projeto básico e, enfim, uma minuta de edital e de contrato também de qualidade. Esses documentos precisam retratar todas as necessidades que o objeto a ser contratado deverá satisfazer, definindo os requisitos essenciais que o bem ou serviço deverá possuir, aqueles indispensáveis ao bom cumprimento das obrigações.

Para redigir com eficiência os requisitos do objeto a ser contratado, faz-se necessário haver cumprido com eficiência a etapa anterior, o planejamento. Como sabido, estão todos esses procedimentos interligados e, assim, uma contratação de qualidade depende de cada um desses atos em sequência.

14.2 Importância da definição dos requisitos do objeto

Apesar de a qualidade da contratação depender de inúmeros fatores, a boa definição dos requisitos do objeto parece ser, entre todos, o fator essencial.

Nesse sentido, merece relevo a consideração de que os gestores não precisam temer incluir nos editais todas as exigências que devem ser cumpridas para o bom desempenho das obrigações contratuais.

Se o requisito é necessário (frise-se o "necessário") ao bom cumprimento das obrigações, como dispõe a Constituição Federal no art. 37, inciso XXI, o gestor tem o dever (observe que não é uma faculdade) de incluí-lo no edital, expondo, para tanto, as razões que justifiquem a exigência. Essa prática auxilia sobremaneira na contratação de qualidade.

A Constituição Federal não disciplina uma licitação com o mínimo de exigências, como alguns leem, mas sim uma licitação sem exigências desnecessárias, desarrazoadas (art. 37, XXI). Tudo o "necessário" ao bom atendimento das necessidades da administração deve ser exigido na licitação. Se não for necessário, não se exige.

Responsabilizar o Pregão pela ausência de qualidade nas contratações, em especial em serviços de TI, parece-nos, no mínimo, sem sentido. Boa qualidade nas contratações se obtém, no mais das vezes, com planejamento adequado, com boa definição dos requisitos de desempenho e qualidade, com projeto básico, edital e minutas de contrato bem feitos e com controle efetivo da execução contratual.

14.3 Pequena vantagem da licitação do tipo técnica e preço

Evidentemente que o tipo técnica e preço tem lá algumas vantagens em relação ao Pregão (este também tem substanciais vantagens em relação às concorrências realizadas no tipo técnica e preço). É que com a técnica e preço torna-se possível a contratação do objeto com qualidade superior à que se necessita.

Ao fixar a pontuação mínima, estar-se-á fixando o padrão mínimo necessário para a aceitabilidade das propostas e para a boa execução do contrato, não impedindo que, no âmbito concorrencial, haja propostas que superem esse mínimo, o que não encontra correspondente no Pregão.

A modalidade de licitação Pregão admite apenas o julgamento pelo critério do menor preço. No entanto, conforme consta do art. 4º, inciso X, da Lei nº 10.520/2002, para julgamento e classificação das propostas, além do menor preço, serão "observados os prazos máximos para fornecimento, as especificações técnicas e *parâmetros mínimos* de desempenho e *qualidade* definidos no edital".

Logo, não se pode afirmar que contratações realizadas na modalidade Pregão apresentarão deficiência na qualidade dos bens e serviços assim adquiridos. Se má qualidade houver, ela será fruto de especificações mal elaboradas e requisitos impróprios adotados por uma falha no planejamento da contratação.

Cabe à autoridade responsável pela definição do objeto a ser adquirido a sua correta especificação, de forma que o mesmo tenha a qualidade pretendida e atenda às necessidades da Administração. Essas especificações, contudo, não podem ser excessivas ou desnecessárias, a ponto de restringir a competitividade do certame.

14.4 Exigência de amostras

A exigência de amostras, por exemplo, é de grande importância para a obtenção de propostas de qualidade nos pregões relativos a compras.

Conforme lição encontrada no voto condutor do Acórdão nº 1.237/2002 - TCU - Plenário (Rel. Min. Walton Alencar Rodrigues), é lícita e recomendável a solicitação de amostras nas licitações, desde que observado o momento adequado para tanto:

> A possibilidade de solicitação de amostras, para exame de conformidade, não apenas é lícito, como recomendável, para evitar a repetição de licitação, quando o licitante vencedor, tendo já a licitação adjudicada para si, oferece produto incompatível com as especificações técnicas ou de qualidade inaceitável.
>
> É certo que tal licitante está sujeito a sofrer todas as sanções que a lei prevê, como a declaração de inidoneidade, por exemplo. Mas a aplicação de sanções não sana o processo e não afasta o prejuízo da administração. O melhor é prevenir, com a solicitação, antes da adjudicação, da amostra do produto fornecido pelo licitante classificado em primeiro lugar, cuja proposta, conforme os documentos apresentados, aparentemente atenderia aos requisitos do edital, para verificar se de fato atende. [...]
>
> A exigência de amostras, na fase de habilitação, ou de classificação, feita a todos os licitantes, além de ilegal, poderia ser pouco razoável, porquanto imporia ônus que, a depender do objeto, seria excessivo, a todos os licitantes, encarecendo o custo de participação na licitação e desestimulando a presença de potenciais licitantes.
>
> A solicitação de amostra na fase de classificação apenas ao licitante que se apresenta provisoriamente em primeiro lugar, ao contrário, não onera o licitante, porquanto confirmada a propriedade do objeto, tem ele de estar preparado para entregá-lo, nem restringe a competitividade do certame, além de prevenir a ocorrência de inúmeros problemas para a administração.
>
> Não viola a Lei nº 8.666/1993 a exigência, na fase de classificação, de fornecimento de amostras pelo licitante que estiver provisoriamente em primeiro lugar, a fim de que a Administração possa, antes de adjudicar o objeto e celebrar o contrato, assegurar-se de que o objeto proposto pelo licitante conforma-se de fato às exigências estabelecidas no edital. (BRASIL, 2002b).

A propósito, nesse julgado menciona-se que o exame de conformidade efetuado pela Administração há de ser feito com total transparência e com a possibilidade de acompanhamento pelo licitante, se ele assim desejar.

Com efeito, deve ser facultado o acesso irrestrito ao laudo ou parecer que concluir pela conformidade ou desconformidade da amostra ao objeto da licitação, o qual deverá apontar de modo completo as falhas porventura identificadas na amostra, a fim de que reste assegurado o direito de interpor recurso e exercitar o contraditório e a ampla defesa, assim como aos demais licitantes para que possam também acompanhar todo o procedimento e, eventualmente, impugnar o resultado final da licitação.

Imagine que a Administração realize uma licitação para aquisição de cartuchos de tinta para impressoras, e que seja vencedora uma empresa cujo produto atenda, tecnicamente, às especificações requeridas no edital.

Em que pese o atendimento a essas especificações, baseadas em parâmetros objetivos,[50] tal cartucho apresente falhas na impressão.

Haverá dificuldade de devolução do produto e do dinheiro pago. E, eventualmente, em caso de uma discussão judicial, certamente o fornecedor irá apresentar as características do produto em confronto com as do edital, provando o atendimento das exigências.

Já quando se solicita a apresentação de amostras, a tendência é que o fornecedor apresente na amostra um cartucho de tinta de boa qualidade que atenda aos requisitos do edital, a fim de que não se sujeite ao risco de desclassificação da proposta. A Administração, de posse da amostra e dos testes, poderá exigir, na execução contratual, que os cartuchos oferecidos durante o fornecimento sejam exatamente aqueles apresentados para os testes de amostras, não podendo o licitante entregar produto diferente, de mesmas especificações, mas com qualidade inferior. O laudo resultante servirá de respaldo à Administração, inclusive judicialmente, se for o caso.

A forma como serão realizados os testes das amostras deverá constar do edital, de modo que quem se sujeitar a participar da licitação também demonstre estar ciente das condições ali estabelecidas, inclusive, no que se refere à apresentação das amostras, caso se sagre vencedor.

O Acórdão nº 1.182/2007 - Plenário (Rel. Min.-Substituto Marcos Bemquerer Costa) deixa evidente o posicionamento do TCU de que é aceitável, no caso do Pregão para a aquisição de materiais de consumo, a exigência de apresentação de amostras ao licitante vencedor:

---

[50] Por exemplo, que se refira à compatibilidade com as impressoras A, B e C, com carga de tinta de no mínimo "x ml", não reciclado ou reaproveitado, sendo, portanto, novo, etc.

> 9.1 [...] informar ao órgão embargante que, preservado o princípio da celeridade inerente à modalidade de pregão, e com vistas a garantir a qualidade dos produtos adquiridos pela Administração Pública, é aceitável que se exija apresentação, apenas por parte do licitante vencedor, de amostra de material de consumo a ser adquirido no certame. (BRASIL, 2007)

Em 2009, o TCU chegou a recomendar à sua Secretaria de Fiscalização de Tecnologia da Informação que analisasse a legislação e a jurisprudência do Tribunal para fins de avaliar a possibilidade de elaboração de notas técnicas sobre a avaliação de amostras na contratação de bens e suprimentos de TI pela modalidade Pregão, visando minimizar o problema corrente na Administração da entrega de materiais de qualidade inservível ou duvidosa (Acórdão nº 1.215/2009 - TCU - Plenário, subitens 9.1, 9.1.3 e 9.1.3.2).

Conquanto a jurisprudência do Tribunal ainda esteja evoluindo quanto à apresentação de amostras a um universo maior de produtos, pensamos ser possível, mesmo no Pregão, a exigência de amostras para outros bens (não apenas para material de consumo), desde que permitam a aferição de parâmetros mínimos de desempenho e qualidade definidos no edital, sem paralisação demasiada do certame.

Em todo o caso, o entendimento predominante deve ser no sentido de que a amostra seja exigida apenas do licitante declarado vencedor.

14.5 Certificados de qualidade

Ainda acerca do fator qualidade no Pregão, e, porque não dizer, em qualquer modalidade licitatória, a exigência de certificação de qualidade pode ser ponderada sob certos cuidados.

Muito se discutiu nas licitações de Soluções de TI a exigência de certificados considerados pelos profissionais da área como indispensáveis ao cumprimento de obrigações contratuais.

O Tribunal de Contas da União, ao se deparar com os questionamentos, por diversas vezes se manifestou contrário à exigência dos certificados de qualidade como requisito de habilitação nos processos licitatórios, admitindo, todavia, como critério de pontuação quando evidenciada sua necessidade, nas licitações do tipo técnica e preço.

Citamos, inicialmente, o posicionamento constante do voto condutor do Acórdão nº 1.094/2004 - Plenário (de relatoria do autor), ocasião em que o TCU examinava a contratação de serviços para as áreas de desenvolvimento de sistemas, administração de dados, infraestrutura computacional, dentre outros, mediante concorrência:

> [VOTO]
>
> 29. De fato, este Tribunal não tem admitido que a certificação ISO e outras semelhantes sejam empregadas como exigência para habilitação ou como critério de desclassificação de propostas, podendo-se citar, além da Decisão 20/1998 - Plenário, outros precedentes como o Acórdão 584/2004 - Plenário. Todavia, é necessário que se diga que o TCU tem aceitado a utilização desse tipo de certificado não como exigência de habilitação, mas como critério de pontuação desde que vinculado tão somente à apresentação de certificado válido, com atribuição de pontos ao documento em si, de forma global pelos serviços de informática prestados, vedada a pontuação de atividades específicas. Ilustram esse juízo as deliberações constantes da Decisão 351/2002 - Plenário e do Acórdão 479/2004 - Plenário. (BRASIL, 2004b)

Ocorre que a jurisprudência do Tribunal tem dado sinais de que se possa, em determinados casos, permitir a exigência de certificação de qualidade quando considerada absolutamente necessária à execução do objeto contratual, e desde que existente a relação de pertinência entre a cláusula fixada em edital e as necessidades relativas ao cumprimento do objeto.

Assim, em 2008 surgiu um primeiro acórdão em sentido oposto ao que vinha sendo decidido. No Acórdão nº 1.172/2008 - TCU - Plenário, permitiu-se a exigência de certificação CMMI ou MPS/BR ou Spice (ISO/IEC 15504) ou equivalente (subitem 9.2.2).

Entrementes, logo em seguida, também em 2008, ao apreciar Embargos de Declaração opostos contra esse acórdão, o Tribunal vetou a exigência de tais certificados, ao perceber que a exigência feita se referia à fase de habilitação e não como condição de celebração do contrato, determinando o seguinte no Acórdão nº 2.521/2008 - TCU - Plenário (Rel. Min. Guilherme Palmeira):

> 9.2.2. excluir a cláusula nº 12.3.12 do edital do pregão nº 06/2008, que exige a certificação como critério de habilitação;
>
> 9.3. determinar que:
>
> 9.3.1. caso entenda necessário *definir métodos de trabalho no Termo de Referência*, objetivando adquirir serviços de qualidade em Tecnologia da Informação, assegure, por meio de avaliação, ainda que interna, de sua maturidade, que o *nível mínimo estabelecido em processos de desenvolvimento de software na licitação, esteja coerente com a sua própria maturidade em contratar e fiscalizar serviços dessa natureza*, devendo o resultado dessa apreciação estar consignado nos autos do processo de contratação. (BRASIL, 2008e, grifos nossos)

O Ministro-Relator do processo, responsável pela apreciação dos embargos, fundamentou seu voto em uma reapreciação da matéria por parte da unidade técnica do Tribunal, vazando assim seu posicionamento no voto condutor do julgado:

> 12. Primeiro, no que se refere à impossibilidade de se exigir certificação de qualidade como requisito para habilitação em procedimentos licitatórios, penso ser correta a compreensão da Secretaria de Fiscalização de Tecnologia da Informação - Sefit e consequentemente, neste ponto, cabe razão ao embargante quando alega a ocorrência de omissão no Acórdão questionado. A Lei das Licitações, no seu art. 27, estabelece que, para a habilitação, é permitido exigir dos interessados, exclusivamente, documentação relativa à habilitação jurídica, qualificação técnica, qualificação fiscal, qualificação econômico-financeira, regularidade fiscal e cumprimento do disposto no inciso XXXIII do art. 7º da Constituição.
>
> 13. A certificação de qualidade, exigida pela [...], poderia inserir-se na qualificação técnica. No entanto, o art. 30 da Lei nº 8.666/93 enumera os documentos que poderão ser exigidos para comprovar tal qualificação, entre os quais não se incluem os certificados de qualidade. Cabe lembrar, ademais, que o §5º do mesmo art. 30 veda exigências não previstas nessa Lei, que inibam a participação na licitação.
>
> 14. Poder-se-ia invocar, ainda, o inciso II do artigo 30 da Lei nº 8.666/93, *in verbis*: "II - comprovação de aptidão para desempenho de atividade pertinente e compatível em características, quantidades e prazos com o objeto da licitação, e indicação das instalações e do aparelhamento e do pessoal técnico adequados e disponíveis para a realização do objeto da licitação, bem como da qualificação de cada um dos membros da equipe técnica que se responsabilizará pelos trabalhos". No entanto, a comprovação de aptidão para desempenho de atividade compatível com o objeto da licitação, ali prevista, que possivelmente guardaria maior relação com os certificados, deve ser comprovada mediante atestados fornecidos por pessoas jurídicas devidamente registradas nas entidades profissionais competentes (§1º), nos quais constem declarações de que executaram serviços similares aos do objeto licitado, e não mediante certificados de qualidade. (BRASIL, 2008e)

No ano seguinte, ou seja, em 2009, o Tribunal se deparou novamente com a questão relativa à exigência de certificação, ocasião em que voltou a permitiu a exigência de certificação, conforme constou do Acórdão nº 1.784/2009 - TCU - Plenário (Rel. Min. Raimundo Carreiro):

> [VOTO]
>
> 5. De fato, ao analisar os questionamentos feitos por esta Corte ao Ministério [...], relativamente ao questionamento acerca da exigência

> de certificação CMM, CMMI (nível 3 ou superior) e/ou MPS.BR (nível "C" ou superior), com demonstração da importância, pertinência e necessidade de tal cláusula para o cumprimento do objeto, o gestor logrou esclarecer que, a par de se aplicar, desde 2006, seu Plano Diretor de Tecnologia da Informação – PDTI, revisado em 2008, o qual atende à Instrução Normativa/MPOG nº 4/2009, agiu com zelo ao exigir a contratação de empresa CMM3 e/ou CMMI e/ou MPS.BR/C ou superior, para qualificar o foco na engenharia de software e não somente no gerenciamento de projetos, uma vez que o objeto do pregão compreende o desenvolvimento e manutenção de sistemas de informação e portais.
>
> 6. Dessa forma, o [...] entende que deu cumprimento ao disposto no Acórdão nº 2.533/2008-TCU-Plenário, uma vez que não houve restrição à competitividade, como também, e garantiu qualidade suficiente e compatível com o grau de habilitação do Ministério, como cliente.
>
> [ACÓRDÃO]
>
> 9.2. revogar a Medida Cautelar adotada nos presentes autos (Ata nº 21-Plenário, de 3 de junho de 2009), que obstava o prosseguimento do aludido Pregão Eletrônico nº 15/2009 do Ministério; [...]. (BRASIL, 2009b).

A questão, portanto, não se revela pacífica. Há, entretanto, maciça jurisprudência no sentido de não se permitir tal exigência como critério de habilitação, e apenas um único julgado autorizando-se tal exigência.

Ressalvamos, todavia, que esse julgado não enfrentou as questões jurídicas postas nos acórdãos anteriores que vedavam o estabelecimento de tais exigências como requisitos de habilitação, e que não houve interposição de recurso contra a deliberação que assim pudesse suscitar o confronto com os argumentos jurídicos de deliberações anteriores.

Entendemos que, conquanto não possa ser exigido como requisito de habilitação, possa ser exigido para a execução do contrato, ou seja, como condição de celebração do contrato, haja vista a intenção de se garantir a execução contratual de qualidade. Ocorre que os certificados de maturidade em desenvolvimento de *software* já são bastante comuns no mercado, como o MPS/BR.

A IN SLTI/MP nº 4/2010, por sua vez, dispõe que o Integrante Técnico da Equipe de Planejamento deve observar, ao definir os critérios técnicos de julgamento das propostas, a vedação da indicação de entidade certificadora, exceto nos casos previamente dispostas em normas do Governo Federal.

De fato, deve-se definir o grau de maturidade sem indicar a entidade certificadora, pois há várias entidades capazes de emitir certificados que atendam ao propósito que visam garantir, não havendo razão para restringir a essa ou àquela entidade certificadora.

CAPÍTULO 15

EXEQUIBILIDADE DE PROPOSTAS

15.1 Fixação do critério de aferição de exequibilidade no edital

A licitação é procedimento formal previsto em lei, o que lhe confere caráter solene. Disso se conclui que as propostas apresentadas pelos licitantes devem ser sérias e comprometidas com a futura celebração de um contrato e com o seu respectivo cumprimento.

Não obstante isso, um dos grandes problemas encontrados por ocasião da realização de licitações na modalidade Pregão se refere à possibilidade de apresentação de propostas irresponsáveis, algumas vezes impensadas, no calor da fase de lances, mas nem sempre.

Uma das formas de se evitar a ocorrência de problemas futuros com a apresentação de propostas inexequíveis por parte de licitantes consiste na fixação de critérios de exequibilidade das propostas nos editais.

Sem a fixação de tais critérios nos editais, parece-me irregular realizar a aferição de exequibilidade de propostas. Isso porque é necessário dar publicidade aos critérios que venham a gerar a desclassificação de propostas, previamente à realização dos certames, havendo-se ainda que se vincular aos critérios previstos no edital todas as suas fases, especialmente, o julgamento das propostas.

15.2 Seriedade das propostas apresentadas

Em todo caso, ressaltamos que a proposta apresentada pelo licitante deve ser séria. Tanto assim, que dentro do prazo de sessenta dias esse não pode desistir de proposta que apresentou, vinculando-se a ela, conforme previsto em lei.

Aquele que apresenta uma proposta irresponsável, por ser inexequível, se não apresentar justificativa adequada, deve receber rigorosa sanção.

Nesse sentido, observe o que consta do art. 81 da Lei nº 8.666/1993:

> Art. 81. A recusa injustificada do adjudicatário em assinar o contrato, aceitar ou retirar o instrumento equivalente, dentro do prazo estabelecido pela Administração, caracteriza o descumprimento total da obrigação assumida, sujeitando-o às penalidades legalmente estabelecidas. (BRASIL,1993)

Ainda, segundo a IN SLTI/MP nº 2/2008, o licitante assume o compromisso de fornecer os bens e serviços conforme a proposta apresentada, arcando com o ônus decorrente de eventuais equívocos no dimensionamento do objeto ofertado (artigos 22, parágrafo único, e 23).

15.3 Critério de aferição de exequibilidade previsto na IN SLTI/MP nº 2/2008

Voltando ao critério de aceitabilidade das propostas, essas devem ser fixadas previamente no edital, segundo os critérios definidos na fase de planejamento da contratação, com fundamento no art. 48, inciso II, da Lei nº 8.666/1993, que assim dispõe:

> Art. 48 Serão desclassificadas: [...]
>
> II - propostas com valor global superior ao limite estabelecido ou *com preços manifestamente inexeqüíveis*, assim considerados aqueles que *não venham a ter demonstrada sua viabilidade* através de documentação que comprove que os custos dos insumos são coerentes com os de mercado e que os coeficientes de produtividade são compatíveis com a execução do objeto do contrato, condições estas necessariamente especificadas no ato convocatório da licitação. (Redação dada pela Lei nº 8.883, de 08.06.94). (BRASIL, 1993)

Cuidado especial se deve ter com a divulgação de valor mínimo de contratação, uma vez que é vedado pelo art. 40, inciso X, da Lei nº 8.666/1993. Logo, não é possível indicar em edital, por exemplo, que propostas situadas abaixo de determinado valor serão desclassificadas. É preciso formular critérios de exequibilidade das propostas sem indicar valor mínimo, preço mínimo, para a contratação.

Bom exemplo de critério de aferição da exequibilidade das propostas é ditado pelo art. 29, §5º, da IN SLTI/MP nº 2/2008, em que o critério se baseia no valor das futuras propostas a serem apresentadas, não se conhecendo, portanto, de antemão, qual seria o preço mínimo aceitável:

> §5º Quando o licitante apresentar preço final inferior a 30% da média dos preços ofertados para o mesmo item, e a inexequibilidade da proposta não for flagrante e evidente pela análise da planilha de custos, não sendo possível a sua imediata desclassificação, será obrigatória a realização de diligências para aferir a legalidade e exequibilidade da proposta. (BRASIL, 2008)

Conquanto a instrução normativa em referência tenha fixado um parâmetro de 30% da média dos preços ofertados para o mesmo item, não necessariamente há que se observar esse percentual em todos os casos, podendo ele variar segundo o objeto da licitação.

Parece-nos adequado supor que quanto mais competitivo for o mercado no qual se encontra inserido o objeto da licitação, menor será a variação dos preços encontrados. Nesse caso, um percentual de 30% da média pode representar um valor elevado.

Pode até ser que uma variação igual ou superior a 20% da média das propostas, naquele determinado e específico mercado competitivo em que se encontra inserido o objeto da contratação, seja um indicativo de inexequibilidade do preço proposto pelo licitante.

Importante, em todo o caso, é que se tenha definido no edital o critério, segundo as experiências em contratações anteriores ou em contratações semelhantes, que minimizem os riscos de uma contratação que venha posteriormente se revelar frustrada em sua execução.

De qualquer modo, considera-se que o critério apresentado na instrução normativa citada seja satisfatório como critério geral de aferição da exequibilidade das propostas.

15.4 Presunção de inexequibilidade é relativa

Torna-se necessário não apenas a fixação do critério no edital, mas também dos procedimentos a serem observados quando alguma das propostas se apresentar com percentual superior à variação máxima admitida, especialmente porque o critério se trata de mero indicativo de que a proposta possa se mostrar inexequível, cabendo, todavia, conceder-se a oportunidade para que o licitante demonstre a sua exequibilidade. O estabelecimento do contraditório é necessário, sob pena de eventual nulidade da decisão desclassificatória.

A demonstração da exequibilidade, nesse caso, deve compreender a demonstração, pelo licitante, de que o preço por ele ofertado é compatível com o seu custo, ou de outro motivo relevante que justifique a adoção daqueles preços. O ônus da prova da exequibilidade é do licitante, frise-se.

Pode ocorrer, por exemplo, que os preços praticados na licitação, muito baixos em relação aos demais apresentados pelos licitantes, sejam suportados pelo licitante simplesmente por seu interesse estratégico empresarial em deter aquele específico contrato com a Administração, ocasião em que abre mão de parte dos lucros para operar com ganhos de escala e popularização dos seus produtos.

Inúmeras outras causas podem conduzir o licitante a apresentar preços que, em primeira análise, conduzam ao entendimento de serem inexequíveis, razão pela qual na análise da exequibilidade dos preços a Administração necessita ser ponderada frente às justificativas do potencial fornecedor, de modo a adequadamente avaliar os riscos envolvidos na contratação.

Em que pese isso, quando os preços forem manifestamente inexequíveis, haverá, obrigatoriamente, que se desclassificar a proposta. Nesse sentido, consideram-se manifestamente inexequíveis aqueles preços que, comprovadamente, forem insuficientes para a cobertura dos custos decorrentes da contratação pretendida. Ou seja, não se admite, em princípio, o fornecimento com prejuízo financeiro para o licitante.[51]

Saliente-se que a inexequibilidade dos valores referentes a itens isolados da planilha de custos, desde que não contrariem instrumentos legais, não caracteriza, por si só, motivo suficiente para a desclassificação da proposta de preços.

A IN SLTI/MP nº 2/2008 traz um conjunto de orientações nesse sentido, dispondo, em seu art. 29, que serão desclassificadas as propostas que apresentarem preços manifestamente inexequíveis, sendo esses insuficientes para a cobertura dos custos decorrentes da contratação,

---

[51] Conforme art. 36, §3º, inciso XV, da Lei nº 12.529/2011, pode se caracterizar infração à ordem econômica vender mercadoria ou prestar serviços injustificadamente abaixo do preço de custo.

bem assim, daqueles que não vierem a comprovar sua exequibilidade, em especial em relação ao preço e à produtividade apresentada.

De outro lado, se houver indícios de inexequibilidade da proposta de preços, ou em caso da necessidade de esclarecimentos complementares, a referida norma faculta a realização de diligência, na forma do §3º do art. 43 da Lei nº 8.666/93, para efeito de comprovação de sua exequibilidade, podendo-se adotar, dentre outros, os seguintes procedimentos indicados pelos incisos do §3º do art. 29 da IN SLTI/MP nº 2/2008, os quais servem de parâmetro, salientando-se, a propósito, que a norma trata de contratação de serviços:

a) questionamentos junto à proponente para a apresentação de justificativas e comprovações em relação aos custos com indícios de inexequibilidade;
b) verificação de acordos coletivos, convenções coletivas ou sentenças normativas em dissídios coletivos de trabalho;
c) levantamento de informações junto ao Ministério do Trabalho e Emprego, e junto ao Ministério da Previdência Social;
d) consultas a entidades ou conselhos de classe, sindicatos ou similares;
e) pesquisas em órgãos públicos ou empresas privadas;
f) verificação de outros contratos que o proponente mantenha com a Administração ou com a iniciativa privada;
g) pesquisa de preço com fornecedores dos insumos utilizados, tais como: atacadistas, lojas de suprimentos, supermercados e fabricantes;
h) verificação de notas fiscais dos produtos adquiridos pelo proponente;
i) levantamento de indicadores salariais ou trabalhistas publicados por órgãos de pesquisa;
j) estudos setoriais;
k) consultas às Secretarias de Fazenda Federal, Distrital, Estadual ou Municipal;
l) análise de soluções técnicas escolhidas e/ou condições excepcionalmente favoráveis que o proponente disponha para a prestação dos serviços; e
m) demais verificações que porventura se fizerem necessárias.

Diante da importância que tem a aferição da exequibilidade das propostas, o Tribunal de Contas da União, recomendou, já em 2009, à sua Secretaria de Fiscalização de Tecnologia da Informação, por meio do Acórdão nº 1.215/2009 - TCU - Plenário (Rel. Min.-Substituto Augusto

Sherman Cavalcanti), que analisasse a legislação e a jurisprudência interna e avaliasse a possibilidade de elaboração de nota técnica sobre a:

> 9.1.3.1. aferição de exequibilidade de propostas, com vistas a minimizar o problema corrente na Administração, consistente na apresentação, nas licitações na modalidade pregão, de propostas com preços incompatíveis com os custos do licitante, que, posteriormente, em prejuízo da Administração, dão causa a rescisão contratual ante à impossibilidade de o contratado honrar a oferta realizada no certame. (BRASIL, 2009c)

Em recente súmula editada pelo TCU no ano de 2010 (Súmula TCU nº 262/2010), tornou-se ainda mais evidente que o critério de inexequibilidade fixado em edital, com base no art. 48, inciso II, da Lei nº 8.666/1993, consiste um uma presunção relativa de inexequibilidade, admitindo, portanto, prova em contrário por parte do licitante que a ofertou, não sendo o caso de se proceder a uma desclassificação sumária da proposta:

> Súmula nº 262
> O critério definido no art. 48, inciso II, §1º, alíneas "a" e "b", da Lei nº 8.666/93 conduz a uma presunção relativa de inexequibilidade de preços, devendo a Administração dar à licitante a oportunidade de demonstrar a exequibilidade da sua proposta. (BRASIL, 2010d)

O posicionamento consagrado nessa súmula da jurisprudência do Tribunal de Contas da União atende aos princípios constitucionais do contraditório e da ampla defesa.

Era comum que os licitantes sequer fossem informados nos editais de licitação quais eram os critérios de inexequibilidade dos preços, muitas vezes figurando nos editais apenas a menção de que o pregoeiro ou a comissão de licitação poderia excluir, justificadamente, lance ou proposta cujo valor fosse considerado inexequível, sem indicar, muitas vezes, os critérios apontados para a inexequibilidade.

Mesmo com a explicitação dos critérios de inexequibilidade nos editais, a partir da orientação do TCU a respeito, ou em decorrência do disposto nas normas relativas à contratação, dentre as quais a já mencionada IN SLTI/MP nº 2/2008, é necessário conceder-se a oportunidade ao licitante que assim procedeu, de demonstrar a exequibilidade de sua proposta.

CAPÍTULO 16

FIXAÇÃO DE REMUNERAÇÃO EM EDITAL

Matéria importante e objeto de divergências se refere à possibilidade de fixação de remuneração em editais de licitação.

O *entendimento majoritário* na jurisprudência do TCU é o de que é possível a fixação de pisos salariais em editais de licitação, conforme constou do Acórdão nº 614/2008 - TCU - Plenário (Redator Min.-Substituto Marcos Bemquerer), que impôs, como única vedação, aquela constante do subitem 9.3.3.2, segundo a qual *"é vedada a fixação de piso salarial para serviços que devem ser medidos e pagos por resultados"* (destacamos em razão da importância).

Portanto, conforme o entendimento majoritário constante do precedente julgado, há possibilidade de fixação de salários em editais, salvo quando se referir a serviços que são contratados e medidos por resultado.

Assim, nas hipóteses de contratação por postos de serviço ou por horas trabalhadas, segundo o entendimento do TCU, é possível a fixação da remuneração dos profissionais no edital.

Naquele julgado, o pensamento da maioria dos ministros refletiu o entendimento segundo o qual o inciso X do art. 40 e o §3º do art. 44 da Lei nº 8.666/1993, analisados em conjunto, indicariam que o órgão licitante não poderia estipular, ao seu arbítrio, limite mínimo para os custos unitários. Entretanto, com vistas a garantir a qualidade do serviço prestado, poderia vetar a inclusão, nas composições desses custos, de gastos com insumos e mão de obra incompatíveis com os valores de mercado:

> Art. 40 [...]
>
> X - o critério de aceitabilidade dos preços unitário e global, conforme o caso, permitida a fixação de preços máximos e *vedados a fixação de preços mínimos,* critérios estatísticos ou faixas de variação em relação a preços de referência, ressalvado o disposto nos parágrafos 1º e 2º do art. 48; (Redação dada pela Lei nº 9.648, de 1998) [...]
>
> Art. 44 [...]
>
> §3º *Não se admitirá proposta que apresente preços global ou unitários* simbólicos, irrisórios ou de valor zero, *incompatíveis com os preços dos insumos e salários de mercado,* acrescidos dos respectivos encargos, ainda que o ato convocatório da licitação não tenha estabelecido limites mínimos, exceto quando se referirem a materiais e instalações de propriedade do próprio licitante, para os quais ele renuncie a parcela ou à totalidade da remuneração. (Redação dada pela Lei nº 8.883, de 1994). (BRASIL, 1993, grifos nossos)

Nesse contexto, estariam sendo sopesados os parâmetros de economicidade e qualidade das contratações, de forma que o primeiro seria mitigado em razão do segundo, de forma a se encontrar um ponto de equilíbrio.

O procedimento se assemelha àquele aqui explicitado quanto ao art. 48, inciso II, da Lei nº 8.666/1993, mediante o qual o critério de exequibilidade das propostas é utilizado para afastar da licitação propostas com preços excessivamente baixos que possam causar risco elevado de inexecução contratual, ou de sua execução de baixa qualidade.

Já quando se trata de contratação e pagamento de serviços por resultados, não faria sentido algum em se fixar a remuneração no edital com vistas à garantia mínima de qualidade, conforme consignado no voto revisor do Acórdão nº 614/2008 - TCU - Plenário:

> 47. Em se tratando de licitação de serviços executados indiretamente, por empresas especializadas, e que devem ser pagos por medição de resultados, entendo que não cabe a argumentação acima expendida acerca da possibilidade de o órgão licitante indicar remuneração mínima para a mão de obra terceirizada.
>
> 48. Nesse tipo de contrato, a própria forma de pagamento, com base em resultados alcançados, já afasta o risco de que os serviços sejam executados com qualidade inferior à necessária para o adequado cumprimento das cláusulas contratuais.
>
> 49. Dessarte, não há justificativa para a estipulação de remuneração mínima compatível com o nível de capacitação desejado para o profissional prestador de serviços e tal procedimento representaria mitigação do

> princípio da economicidade sem a contrapartida do ganho de eficiência. (BRASIL, 2008f)

Com efeito, nos casos de contratação e pagamento por resultados, o nível de remuneração dos profissionais envolvidos compreende a esfera de decisão administrativa da empresa, baseada, inclusive, na remuneração do mercado e em conformidade com a legislação trabalhista. O que interessa para a Administração, nesse caso, é a execução dos serviços conforme os níveis de qualidade esperados, devidamente pactuados segundo os Acordos de Nível de Serviço, pontos de função ou demais regras e critérios oportunamente fixados em edital e no contrato.

Importante ressaltar, ainda, que segundo consta desse mesmo julgado:

> 45. [...] a estipulação de remuneração mínima para a mão de obra aplicada na execução indireta de serviços pagos por disponibilidade ou baseados na locação de postos de trabalho só alcança o resultado esperado de incremento na qualidade dos serviços a serem prestados, se restar comprovado o repasse, *in totum*, para os empregados, dos valores pactuados com a Administração Pública. (BRASIL, 2008f)

Assim, deve-se atentar para a necessidade de a administração contratante, responsável eventualmente pela fixação de pisos salariais mínimos dos profissionais no edital, fiscalizarem, por ocasião da execução do contrato, a ocorrência do efetivo pagamento, pelas empresas contratadas, dos exatos valores estipulados nos orçamentos para remuneração da mão de obra terceirizada.

Em que pese esse posicionamento do TCU, releva observar que na IN SLTI/MP nº 4/2010 restou estipulado que, nas contratações envolvendo soluções de Tecnologia da Informação, é vedada a previsão editalícia de remuneração dos funcionários dos fornecedores. Adotou-se, na referida instrução normativa, a linha defendida pela corrente minoritária existente no TCU, a qual se filia o autor, acerca da impossibilidade de fixação de piso salarial em edital: "Art. 7º. É vedado: [...] II - prever em edital a remuneração dos funcionários dos fornecedores".

Portanto, para aqueles órgãos e entidades sujeitos à Instrução Normativa SLTI/MP nº 4/2010, ou seja, administração direta, autarquias e fundações públicas, não é possível a fixação de salários dos profissionais da contratada em edital quando se trata da contratação Soluções de TI.

Nos demais tipos de contratos de prestação de serviços, sobre os quais dispõe a IN SLTI/MP nº 2/2008, no entanto, é possível tal fixação, na excepcionalidade de vir o serviço a ser contratado por postos de serviço ou horas trabalhadas.

Vale salientar, em todo o caso, que a regra, nas contratações de serviços, é a mensuração e pagamento por resultados (onde não se permite fixação de piso salarial) e a exceção a remuneração por horas trabalhadas ou por postos de trabalho (onde se permite a fixação de piso salarial, desde que não sejam contratações de TI).

Vejamos o que consta da IN SLTI/MP nº 2/2008:

> Art. 11. A contratação de serviços continuados deverá adotar unidade de medida que permita a mensuração dos resultados para o pagamento da contratada, e que elimine a possibilidade de remunerar as empresas com base na quantidade de horas de serviço ou por postos de trabalho.
>
> §1º *Excepcionalmente* poderá ser adotado critério de remuneração da contratada por postos de trabalho ou quantidade de horas de serviço *quando houver inviabilidade* da adoção do critério de aferição dos resultados. (BRASIL, 2008d, grifos nossos)

É nesse sentido, também, o Acórdão nº 1.612/2010 - TCU - Plenário, segundo o qual a possibilidade de fixação de remuneração mínima em edital deve se ater à hipótese excepcional prevista no §1º do art. 11 da IN SLTI/MP nº 2/2008, obviamente, desde que não se trate de contratações de Soluções de TI.

CAPÍTULO 17

LIMITES DA SUBCONTRATAÇÃO

Conforme já adiantado no Capítulo 8, a subcontratação total é causa de rescisão do contrato, não se admitindo essa modalidade de subcontratação, pois somente é permitida por lei a subcontratação parcial, e desde que:

a) seja autorizada no edital; e
b) se refira a parte não essencial do contrato.

Ademais, consoante já exposto nas linhas anteriores, no momento da subcontratação a empresa contratada deve informar a Administração os dados da empresa que está sendo subcontratada para a execução de determinada parcela acessória do contrato, pois a Administração deve autorizar essa subcontratação e estar ciente de seu início.

Os dispositivos da Lei de Licitações que versam sobre a subcontratação são os seguintes:

> Art. 72. O contratado, na execução do contrato, sem prejuízo das responsabilidades contratuais e legais, poderá subcontratar partes da obra, serviço ou fornecimento, até o limite admitido, em cada caso, pela Administração. [...]
>
> Art. 78. Constituem motivo para rescisão do contrato: [...]
>
> VI - a subcontratação total ou parcial do seu objeto, a associação do contratado com outrem, a cessão ou transferência, total ou parcial, bem como a fusão, cisão ou incorporação, não admitidas no edital e no contrato. (BRASIL, 1993)

A responsabilidade perante a Administração pela execução contratual é sempre da contratada, daquela que se sagrou vencedora da licitação e com a qual se estabeleceu o vínculo jurídico-contratual, conforme disposto no art. 15, inciso II, da IN SLTI/MP nº 4/2010. Assim, mesmo a parcela subcontratada do objeto permanece, perante a Administração, sob responsabilidade da contratada ou subcontratante.

Com efeito, a contratada não poderá se eximir do cumprimento integral do contrato, mesmo havendo subcontratação.

A jurisprudência do TCU, por sua vez, revela que somente é admitida a subcontratação parcial quando prevista no edital e no contrato, estando neles estabelecidos os limites admissíveis. No entendimento do Tribunal, permanece a responsabilidade da subcontratante pelo cumprimento integral do contrato, em razão da natureza personalíssima do contrato administrativo celebrado entre essa e a administração contratante.

A subcontratação total representa burla ao princípio da licitação previsto no art. 37, XXI, da Constituição Federal. A propósito, o TCU firmou entendimento na Decisão nº 420/2002 - TCU - Plenário (de relatoria do autor), acerca da interpretação dos artigos 72 e 78, inciso VI, da Lei nº 8.666/1993, conforme exposto a seguir:

> 8.5. firmar o entendimento de que, em contratos administrativos, é ilegal e inconstitucional a sub-rogação da figura da contratada ou a divisão das responsabilidades por ela assumidas, ainda que de forma solidária, por contrariar os princípios constitucionais da moralidade e da eficiência (art. 37, caput, da Constituição Federal), o princípio da supremacia do interesse público, o dever geral de licitar (art. 37, XXI, da Constituição) e os arts. 2º, 72 e 78, inciso VI, da Lei nº 8.666/93; [...]. (BRASIL, 2002c)

A sub-rogação se assemelha à subcontratação total do objeto do contrato, vez que, nesse caso, tem-se uma transferência dos direitos e encargos contratuais a terceira empresa não integrante da relação jurídica inicialmente firmada em decorrência da licitação, homologação e adjudicação do objeto. O voto condutor dessa deliberação é bastante elucidativo, pelo que recomendados sua leitura, caso o leitor queira se aprofundar no estudo dessa questão.

O entendimento tem-se mantido ao longo dos anos, conforme decisões mais recentes sobre o assunto, indicadas pelos Acórdãos nº 717/2011 - 2ª Câmara, nº 2.189/2011 - Plenário, e nº 2.748/2011 - Plenário (subitem 9.1.9).

CAPÍTULO 18

GESTÃO E FISCALIZAÇÃO DO CONTRATO

Nessa fase, compete à Administração acompanhar e garantir a adequada prestação dos serviços e o fornecimento dos bens que compõem a Solução de Tecnologia da Informação durante todo o período de execução do contrato.

A gestão e a fiscalização do contrato compreende as seguintes tarefas e procedimentos (art. 25 da IN SLTI/MP nº 4/2010):

- início do contrato;
- encaminhamento formal de demandas;
- monitoramento da execução; e
- encerramento e transição contratual.

Importante observar, no que tange à gestão do contrato, que há vedações explícitas na instrução normativa a ações que possam configurar certa confusão entre atribuições da contratante e da contratada, bem assim, com o fito de evitar a eventual caracterização de relação de subordinação que configura uma natureza empregatícia entre a Administração e os funcionários da contratada.

Nesse sentido, o art. 7º, incisos I, III, IV e V da IN SLTI/MP nº 4/2010 dispõe ser vedado:

> I - estabelecer vínculo de subordinação com funcionários da contratada;
>
> [...]
>
> III - indicar pessoas para compor o quadro funcional da contratada;
>
> IV - demandar ao preposto que os funcionários da contratada executem tarefas fora do escopo do objeto da contratação; e
>
> V - reembolsar despesas com transporte, hospedagem e outros custos operacionais, que devem ser de exclusiva responsabilidade da contratada.

No passado, quando da realização de fiscalizações por parte dos órgãos de controle, diversos procedimentos como esses, ora vedados, foram verificados na gestão dos contratos. Procedimentos considerados muito comuns, não encontram amparo na legislação, causando, muitas vezes, prejuízos financeiros à Administração.

Vedados e combatidos pela jurisprudência do Tribunal de Contas da União, foram expressamente previstos na instrução normativa, como forma de coibir quaisquer procedimentos semelhantes.

No caso do reembolso de despesas, por exemplo, era comum nos contratos a previsão dessa possibilidade, quando o serviço terceirizado era realizado fora da sede. Por exemplo, quando se tinha um contrato de prestação de serviços que abrangia a sede da unidade contratante e suas regionais situadas fora daquela localidade.

Em casos como esse, utilizavam-se do reembolso de passagens aéreas e rodoviárias, além de diárias, hospedagens e outros custos incorridos com o deslocamento do funcionário da empresa contratada, a fim de compensá-la pela assunção de custos de deslocamento.

Várias decisões do TCU combateram esse procedimento. Especialmente, constatou-se que não se efetuava um planejamento adequado para, de antemão, saber quantas viagens normalmente seriam demandadas. Muito pelo contrário, os contratos se apresentavam com um valor indeterminado, o que é proibido por lei, pois a quantidade de unidades de pagamento, dos reembolsos, não era sequer conhecida ou muito menos estimada. Os pagamentos eram realizados à medida que fossem surgindo demandas por viagens e conforme as comprovações dos gastos pelas próprias contratadas.

Essa situação resta evidenciada, por exemplo, no caso tratado pelo Acórdão nº 669/2008 - TCU - Plenário, mediante o qual o Tribunal determinou ao órgão federal contratante que nos contratos de prestação de serviços de TI se abstivesse de prever ressarcimento de despesas de viagens, como diárias e passagens, de profissionais alocados pela contratada, uma vez que esse procedimento contraria o disposto nos artigos 54, §1º, e 55, III, da Lei nº 8.666/1993, ao tornar indeterminado o valor efetivo da contratação.

A solução para tais situações consiste, logicamente, na realização de contratações planejadas em que os custos de viagens são previamente estimados, fazendo parte do contrato, com valores predefinidos. No caso de extrapolação das estimativas de viagens, torna-se possível a celebração de aditivos.

18.1 Início da execução contratual

O início do contrato ocorre após a fase de seleção do fornecedor, que é encerrada com a assinatura do contrato e a nomeação do gestor e dos fiscais desse contrato (art. 24 da IN SLTI/MP nº 4/2010)

Ainda, conforme a instrução normativa, o início do contrato abrange (art. 25, I):

a) a elaboração do *Plano de Inserção da Contratada*, observando o disposto no art. 11, inciso V, da IN SLTI/MP nº 4/2010, pelo Gestor do Contrato e pelos Fiscais Técnico, Administrativo e Requisitante do Contrato, que contemplará no mínimo (Artefato):
   1. O repasse à contratada de conhecimentos necessários à execução dos serviços ou ao fornecimento de bens; e
   2. A disponibilização de infraestrutura à contratada, quando couber;

b) a realização de *reunião inicial* convocada pelo Gestor do Contrato com a participação dos Fiscais Técnico, Requisitante e Administrativo do Contrato, da contratada e dos demais intervenientes por ele identificados, cuja pauta observará, pelo menos:
   1. A presença do representante legal da contratada, que apresentará o preposto da mesma;
   2. A entrega, por parte da contratada, do termo de compromisso e do termo de ciência sobre manutenção de sigilo e respeito às normas de segurança;
   3. Esclarecimentos relativos a questões operacionais, administrativas e de gerenciamento do contrato.

Saliente-se que os funcionários da contratada somente devem trabalhar dentro das instalações do órgão se for estritamente necessário.

Obviamente que esses são o conteúdo mínimo da reunião inicial, podendo ser tratados todos os assuntos necessários e inerentes à execução contratual, tudo devendo ser devidamente documentado.

18.2 Encaminhamento Formal de Demandas

O Encaminhamento Formal de Demandas (art. 25, II, da IN SLTI/MP nº 4/2010), será realizado por Ordens de Serviço ou Ordens de Fornecimento de Bens (Artefato) e realizado pelo gestor do contrato ao preposto da contratada.

As Ordens de Serviço/Fornecimento conterão, no mínimo, segundo a referida IN:

a) a definição e a especificação dos serviços a serem realizados ou bens a serem fornecidos;
b) o volume de serviços a serem realizados ou a quantidade de bens a serem fornecidos segundo as métricas definidas em contrato;
c) o cronograma de realização dos serviços ou entrega dos bens, incluídas todas as tarefas significativas e seus respectivos prazos; e
d) a identificação dos responsáveis pela solicitação na Área Requisitante da Solução.

18.3 Monitoramento da execução

O Monitoramento da Execução consiste nas seguintes tarefas (art. 25, III, da IN SLTI/MP nº 4/2010):

a) confecção e assinatura do Termo de Recebimento Provisório, a cargo do Fiscal Técnico do Contrato, quando da entrega do objeto resultante de cada Ordem de Serviço ou de Fornecimento de Bens;
b) avaliação da qualidade dos serviços realizados ou dos bens entregues e justificativas, de acordo com os Critérios de Aceitação definidos em contrato, a cargo dos Fiscais Técnico e Requisitante do Contrato;
c) identificação de não conformidade com os termos contratuais, a cargo dos Fiscais Técnico e Requisitante do Contrato;
d) verificação de aderência aos termos contratuais, a cargo do Fiscal Administrativo do Contrato;
e) verificação da manutenção das condições classificatórias referentes à pontuação obtida e à habilitação técnica, a cargo dos Fiscais Administrativo e Técnico do Contrato;
f) encaminhamento das demandas de correção à contratada, a cargo do Gestor do Contrato;
g) encaminhamento de indicação de sanções por parte do Gestor do Contrato para a Área Administrativa;
h) confecção e assinatura do Termo de Recebimento Definitivo para fins de encaminhamento para pagamento, a cargo do Gestor e do Fiscal Requisitante do Contrato;

i) autorização para emissão de nota fiscal, a ser encaminhada ao preposto da contratada, a cargo do Gestor do Contrato;
j) verificação das regularidades fiscais, trabalhistas e previdenciárias para fins de pagamento, a cargo do Fiscal Administrativo do Contrato;
k) verificação da manutenção da necessidade, economicidade e oportunidade da contratação, a cargo do Fiscal Requisitante do Contrato;[52]
l) verificação de manutenção das condições elencadas no Plano de Sustentação, a cargo dos Fiscais Técnico e Requisitante do Contrato;
m) encaminhamento à Área Administrativa de eventuais pedidos de modificação contratual,[53] a cargo do Gestor do Contrato;
n) manutenção do Histórico de Gerenciamento do Contrato,[54] contendo registros formais de todas as ocorrências positivas e negativas da execução do contrato (auxílio no planejamento de novas contratações).[55]

Quanto ao disposto na letra "e", vale mencionar novamente que, em regra, as contratações de Soluções de TI serão realizadas mediante Pregão. Todavia, quando a modalidade licitatória for, excepcionalmente, aquela do tipo técnica e preço, as condições classificatórias, ou seja, as pontuações obtidas pela apresentação de certificações ou certidões que comprovem determinados requisitos devem igualmente ser mantidas durante toda a execução contratual.

Cabe, portanto, aos fiscais administrativo e técnico fiscalizar a observância desses requisitos durante todo o período de execução do contrato, exigindo da contratada as providências necessárias ao cumprimento das condições apresentadas no momento da licitação, sob pena de rescisão contratual.

---

52 Verificação necessária para justificar eventual prorrogação do contrato.

53 Cada aditivo contratual deve ser devidamente justificado, deixando claro o que lhe deu causa. Ademais, é sempre bom salientar que é dever da Administração planejar a quantidade a contratar, sendo que a Lei nº 8.666/1993 concedeu uma margem de erro de 25% (art. 65, §1º).

54 O histórico é relevante para o planejamento das futuras contratações. As experiências anteriores com a execução dos contratos possibilitará o aperfeiçoamento de novas e futuras contratações.

55 As ocorrências devem ser consignadas na Ordem de Serviço.

18.4 Encerramento e transição contratual

A transição contratual, quando aplicável, bem assim o encerramento do contrato observarão o Plano de Sustentação (*vide* art. 14, III e art. 25, IV, da IN SLTI/MP nº 4/2010 e item 9.6 do Acórdão 2.471/2008 - TCU - Plenário).

No caso de aditamento contratual, o Gestor do Contrato deverá, com base na documentação contida no Histórico de Gerenciamento do Contrato e na manutenção da necessidade, economicidade e oportunidade da contratação, encaminhar à Área Administrativa, com pelo menos 60 dias de antecedência do término do contrato, documentação explicitando os motivos para tal aditamento (art. 26 da IN SLTI/MP nº 4/2010).

Em muitas situações, como o aditamento para prorrogação, provavelmente o prazo de sessenta dias poderá demonstrar-se exíguo, tendo em vista a necessidade de se efetuar pesquisas de preços no mercado de forma a se avaliar a economicidade e a conveniência de continuidade do contrato, mediante prorrogação, ou se melhor será a realização de nova licitação. Portanto, como a instrução normativa estabelece um prazo mínimo de sessenta dias, mais prudente será a adoção de um prazo maior para que tal análise possa ser realizada. Via de regra, essa antecipação far-se-á necessária.

Finalmente, concluído o contrato, firma-se o Termo de Encerramento, artefato que deverá compor a documentação do processo.

Da mesma forma que no planejamento da contratação, torna-se mais eficiente a gestão contratual à medida que o órgão/entidade implante também processo de trabalho para realizar a gestão contratual, de acordo com os passos definidos pela IN SLTI/MP nº 4/2010.

O Acórdão nº 786/2006 - TCU - Plenário sinaliza à Administração dois dos instrumentos necessários à boa gestão contratual:

- a definição dos procedimentos de acompanhamento e fiscalização a serem realizados concomitantemente à execução para evitar distorções na aplicação dos critérios;
- a utilização de um instrumento de controle, geralmente consolidado no documento denominado "ordem de serviço" ou "solicitação de serviço".

Nas atividades de gestão e fiscalização dos contratos os controles devem compreender desde a solicitação dos serviços, por meio da Ordem de Serviços, o acompanhamento desses, a avaliação de qualidade, a atestação e o pagamento, procedimentos que podem gerar a responsabilização pessoal dos agentes, caso mal executadas ou executadas em desacordo com a lei, com o edital ou o contrato.

REFERÊNCIAS

ASSOCIAÇÃO BRASILEIRA DE NORMAS TÉCNICAS. NBR ISO/IEC 38500: governança corporativa de tecnologia da informação. Rio de Janeiro, 2009.

BRASIL. Conselho da Justiça Federal – CNJ. Resolução nº 90, de 29 de setembro de 2009. Dispõe sobre os requisitos de nivelamento de tecnologia da informação no âmbito do Poder Judiciário. Brasília, DF, 2009. Disponível em: <http://www.cnj.jus.br/atos-administrativos/atos-da-presidencia/323-resolucoes/12205-resolucao-no-90-de-29-de-setembro-de-2009>. Acesso em: 11 maio 2012.

BRASIL. Conselho da Justiça Federal – CNJ. Resolução nº 99, de 24 de novembro de 1999. Institui o Planejamento Estratégico de Tecnologia da Informação e Comunicação no âmbito do Poder Judiciário. Brasília, DF, 2009. Disponível em: <http://www.cnj.jus.br/atos-administrativos/atos-da-presidencia/323-resolucoes/12217-resolucao-no-99-de-24-de-novembro-2009>. Acesso em: 08 de jun. 2012.

BRASIL. Constituição (1988). *Constituição da República Federativa do Brasil, 1988.* Brasília, DF, 1988. Disponível em: <http://www.planalto.gov.br/ccivil_03/Constituicao/ConstituicaoCompilado.htm>. Acesso em: 08 jun. 2012.

BRASIL. Decreto nº 1.070, de 02 de março de 1994 (Revogado). Regulamenta o art. 3º da Lei nº 8.248, de 23 de outubro de 1991. Dispõe sobre contratações de bens e serviços de informática e automação pela Administração Federal, nas condições que específica e dá outras providencias. Brasília, DF, 1994. Disponível em: <http://www.planalto.gov.br/ccivil_03/decreto/D1070.htm>. Acesso em: 18 jun. 2012.

BRASIL. Decreto nº 2.271, de 07 de julho de 1997. Dispõe sobre a contratação de serviços pela Administração Pública Federal direta, autárquica e fundacional e dá outras providências. Brasília, DF, 1997. Disponível em: <http://www.planalto.gov.br/ccivil_03/decreto/D2271.htm>. Acesso em: 08 jun. 2012.

BRASIL. Decreto nº 3.555, de 08 de agosto de 2000. Aprova o Regulamento para a modalidade de licitação denominada pregão, para aquisição de bens e serviços comuns. Brasília, DF, 2000. Disponível em: <http://www.planalto.gov.br/ccivil_03/decreto/d3555.htm>. Acesso em: 08 jun. 2012.

BRASIL. Decreto nº 5.450, de 31 de maio de 2005. Regulamenta o pregão, na forma eletrônica, para aquisição de bens e serviços comuns, e dá outras providências. Brasília, DF, 2005b. Disponível em: <http://www.planalto.gov.br/ccivil_03/_ato2004-2006/2005/decreto/d5450.htm>. Acesso em: 08 jun. 2012.

BRASIL. Decreto nº 5.906, de 26 de setembro de 2006. Regulamenta o art. 4º da Lei nº 11.077, de 30 de dezembro de 2004, os arts. 4º, 9º, 11 e 16-A da Lei nº 8.248, de 23 de outubro de 1991, e os arts. 8º e 11 da Lei nº 10.176, de 11 de janeiro de 2001, que dispõem sobre a capacitação e competitividade do setor de tecnologias da informação. Brasília, DF, 2006. Disponível em: <http://www.planalto.gov.br/ccivil_03/_Ato2004-2006/2006/Decreto/D5906.htm>. Acesso em: 18 jun. 2012.

BRASIL. Decreto nº 6.008, de 29 de dezembro de 2006. Regulamenta o §6º do art. 7º do Decreto-Lei nº 288, de 28 de fevereiro de 1967, o art. 2º da Lei nº 8.387, de 30 de dezembro de 1991, e o art. 4º da Lei nº 11.077, de 30 de dezembro de 2004. Tratam do benefício fiscal concedido às empresas que produzam bens de informática na Zona Franca de Manaus que investirem em atividades de pesquisa e desenvolvimento na Amazônia, e dá outras providências. Brasília, DF, 2006. Disponível em: <http://www.planalto.gov.br/ccivil_03/_Ato2004-2006/2006/Decreto/D6008.htm>. Acesso em: 18 jun. 2012.

BRASIL. Decreto nº 7.174, de 12 de maio de 2010. Regulamenta o disposto nos §§5º a 12 do art. 3º da Lei nº 8.666, de 21 de junho de 1993, e institui a Comissão Interministerial de Compras Públicas. Brasília, DF, 2011b. Disponível em: <http://www.planalto.gov.br/ccivil_03/_Ato2007-2010/2010/Decreto/D7174.htm>. Acesso em: 08 jun. 2012.

BRASIL. Decreto nº 7.546, de 02 de agosto de 2011. Regulamenta a contratação de bens e serviços de informática e automação pela administração pública federal, direta ou indireta, pelas fundações instituídas ou mantidas pelo Poder Público e pelas demais organizações sob o controle direto ou indireto da União. Brasília, DF, 2011b. Disponível em: <http://www.planalto.gov.br/ccivil_03/_Ato2011-2014/2011/Decreto/D7546.htm>. Acesso em: 08 jun. 2012.

BRASIL. Decreto nº 7.579, de 11 de outubro de 2011. Dispõe sobre o Sistema de Administração dos Recursos de Tecnologia da Informação – SISP, do Poder Executivo federal. Brasília, DF, 2011. Disponível em: <http://www.planalto. gov.br/ccivil_03/_Ato2011-2014/2011/Decreto/D7579.htm>. Acesso em: 08 jun. 2012.

BRASIL. Decreto nº 7.601, de 07 de novembro de 2011. Estabelece a aplicação de margem de preferência nas licitações realizadas no âmbito da Administração Pública Federal para aquisição de produtos de confecções, calçados e artefatos, para fins do disposto no art. 3º da Lei nº 8.666, de 21 de junho de 1993. Brasília, DF, 2011c. Disponível em: <http://www.planalto.gov.br/ccivil_03/_Ato2011-2014/2011/Decreto/D7546.htm>. Acesso em: 08 jun. 2012.

BRASIL. Decreto nº 7.713, de 03 de abril de 2012. Estabelece a aplicação de margem de preferência nas licitações realizadas no âmbito da Administração Pública Federal para aquisição de fármacos e medicamentos descritos no Anexo I, para fins do disposto no art. 3º da Lei nº 8.666, de 21 de junho de 1993. Brasília, DF, 2012. Disponível em: <http://www.planalto.gov.br/ccivil_03/_Ato2011-2014/2012/Decreto/D7713.htm>. Acesso em: 18 jun. 2012.

BRASIL. Decreto nº 7.756, de 14 de junho de 2012. Estabelece a aplicação de margem de preferência em licitações realizadas no âmbito da Administração Pública Federal para aquisição de produtos de confecções, calçados e artefatos, para fins do disposto no art. 3º da Lei nº 8.666, de 21 de junho de 1993. Brasília, DF, 2012. Disponível em: <http://www.planalto.gov.br/CCIVIL_03/_Ato2011-2014/2012/Decreto/D7756.htm>. Acesso em: 18 jun. 2012.

BRASIL. Decreto nº 783, de 25 de março de 1993. Fixa o processo produtivo básico para os produtos industrializados na Zona Franca de Manaus e dá outras providências. Brasília, DF, 1993. Disponível em: <http://www.planalto.gov.br/ccivil_03/decreto/Antigos/D0783.htm>. Acesso em: 18 jun. 2012.

BRASIL. Decreto-Lei nº 200, de 25 de fevereiro de 1967. Dispõe sobre a organização da Administração Federal, estabelece diretrizes para a Reforma Administrativa e dá outras providências. Brasília, DF, 1967. Disponível em: <http://www.planalto.gov.br/ccivil/decreto-lei/Del0200.htm>. Acesso em: 08 jun. 2012.

BRASIL. Decreto-Lei nº 288, de 28 de fevereiro de 1967. Altera as disposições da Lei nº 3.173 de 06 de junho de 1957 e regula a Zona Franca de Manaus. Brasília, DF, 1967. Disponível em: <http://www.planalto.gov.br/ ccivil_03/decreto-lei/del0288.htm>. Acesso em: 18 jun. 2012.

BRASIL. Lei Complementar nº 123, de 14 de dezembro de 2006. Institui o Estatuto Nacional da Microempresa e da Empresa de Pequeno Porte; altera dispositivos das Leis nºs 8.212 e 8.213, ambas de 24 de julho de 1991, da Consolidação das Leis do Trabalho – CLT, aprovada pelo Decreto-Lei nº 5.452, de 1º de maio de 1943, da Lei nº 10.189, de 14 de fevereiro de 2001, da Lei Complementar nº 63, de 11 de janeiro de 1990; e revoga as Leis nºs 9.317, de 05 de dezembro de 1996, e 9.841, de 05 de outubro de 1999. Brasília, DF, 2006b. Disponível em: <http://www.planalto.gov.br/ccivil_03/leis/lcp/lcp123.htm>. Acesso em: 08 jun. 2012.

BRASIL. Lei nº 10.520, de 17 de julho de 2002. Institui, no âmbito da União, Estados, Distrito Federal e Municípios, nos termos do art. 37, inciso XXI, da Constituição Federal, modalidade de licitação denominada pregão, para aquisição de bens e serviços comuns, e dá outras providências. Brasília, DF, 2002a. Disponível em: <http://www.planalto.gov.br/ccivil_03/Leis/2002/L10520.htm>. Acesso em: 08 jun. 2012.

BRASIL. Lei nº 5.615, de 13 de outubro de 1970. Dispõe sobre o Serviço Federal de Processamento de Dados (SERPRO) e dá outras providências. Brasília, DF, 1970. Disponível em: <http://www.planalto.gov.br/ccivil_03/leis/L5615.htm>. Acesso em: 08 jun. 2012.

BRASIL. Lei nº 8.666, de 21 de junho de 1993. Regulamenta o art. 37, inciso XXI, da Constituição Federal, institui normas para licitações e contratos da Administração Pública e dá outras providências. Brasília, DF, 1993. Disponível em: <http://www.planalto.gov.br/ccivil_03/Leis/L8666cons.htm>. Acesso em: 08 jun. 2012.

BRASIL. Lei nº 9.784, de 29 de janeiro de 1999. Regula o processo administrativo no âmbito da Administração Pública Federal. Brasília, DF, 1999. Disponível em: <http://www.planalto.gov.br/ccivil/leis/L9784.htm>. Acesso em: 08 jun. 2012.

BRASIL. Ministério da Indústria e Comércio Exterior. Portaria nº 279, de 18 de novembro de 2011. Dispõe sobre o Regime de Origem para Compras Governamentais. *Diário Oficial da União*. Brasília, DF, 2011. Disponível em: <http://www.in.gov.br/visualiza/index.jsp?data=22/11/2011&jornal=1&pagina=61&totalArquivos=128>. Acesso em: 18 jun. 2012.

BRASIL. Ministério do Planejamento, Orçamento e Gestão. Secretaria de Logística e Tecnologia da Informação – SLTI. Instrução Normativa nº 2, de 30 de abril de 2008. Dispõe sobre regras e diretrizes de serviços, continuados ou não. Brasília, DF, 2008d. Disponível em: <http://www.comprasnet.gov.br/legislacao/in/in02_30042008.htm>. Acesso em: 08 jun. 2012.

BRASIL. Ministério do Planejamento, Orçamento e Gestão. Secretaria de Logística e Tecnologia da Informação – SLTI. Instrução Normativa nº 4, de 12 de novembro de 2010. Dispõe sobre o processo de contratação de Soluções de Tecnologia da Informação pelos órgãos integrantes do Sistema de Administração dos Recursos de Informação e Informática (SISP) do Poder Executivo Federal. Brasília, DF, 2010a. Disponível em: <www.governoeletronico.gov.br/biblioteca/arquivos/instrucao-normativa-no-04-de-12-de-novembro-de-2010>. Acesso em: 09 maio 2012.

BRASIL. Ministério do Planejamento, Orçamento e Gestão. Secretaria de Logística e Tecnologia da Informação – SLTI. Instrução Normativa nº 4, de 19 de maio de 2008. Dispõe sobre o processo de contratação de serviços de Tecnologia da Informação pela Administração Pública Federal direta, autárquica e fundacional. Brasília, DF, 2008. Disponível em: <http://www.comprasnet.gov.br/legislacao/in/in04_08.htm>. Acesso em: 08 jun. 2012.

BRASIL. Ministério do Planejamento. *Instrumento para Avaliação da Gestão Pública – Ciclo 2010*. Brasília, DF, 2010. Disponível em: <http://www.gespublica.gov.br/projetos-acoes/pasta.2010-04-26.8934490474/Instrumento_ciclo_2010_22mar.pdf>. Acesso em: 03 maio 2012.

BRASIL. Secretaria de Logística e Tecnologia da Informação. Guia de Boas Práticas em Contratação de Soluções de Tecnologia da Informação V 1.0. Brasília, DF, 2011. Disponível em: <http://www.governoeletronico.gov.br/biblioteca/arquivos/guia-de-boas-praticas-em-contratacao-de-solucoes-de-ti-versao-1-0-mcti>. Acesso em: 10 jun. 2012.

BRASIL. TIControle. Referencial da Comunidade de Tecnologia da Informação Aplicada ao Controle – TIControle. 2011. Disponível em: <http://www.ticontrole.gov.br/portal/page/portal/ticontrole/referencial_TIControle_final.pdf>. Acesso em: 12 maio 2012.

BRASIL. Tribunal de Contas da União. Agravo. Processo nº 032.875/2008-0, Acórdão nº 381/2009 – Plenário. Rel. Min. Benjamin Zymler. Brasília, DF, 11 mar. 2009. Brasília, DF, 2009a. Disponível em: <wwww.tcu.gov.br>. Acesso em: 07 maio 2012.

BRASIL. Tribunal de Contas da União. *Boas práticas em segurança da informação*. 3. ed. Disponível em: <http://portal2.tcu.gov.br/portal/page/portal/TCU/comunidades/biblioteca_tcu/biblioteca_digital/Boas_praticas_em_seguranca_da_informacao_3a_edicao.pdf>. Acesso em: 06 jun. 2012.

BRASIL. Tribunal de Contas da União. Edital de Pregão Eletrônico nº 17/2010. Brasília, DF, 2010c. Disponível em: <https://contas.tcu.gov.br/cpl/ConsultarLicitacao Tcu?codLicitacao=808&opcao=DETALHES&dt=Fri%20Jun%2015%2016:42:55%20BRT%202012>. Acesso em: 15 jun. 2012.

BRASIL. Tribunal de Contas da União. Embargos de declaração. Processo nº 002.257/2008-9, Acórdão nº 2.521/2008 – Plenário. Rel. Min. Guilherme Palmeira. Brasília, DF, 12 nov. 2008. Brasília, DF, 2008e. Disponível em: <www.tcu.gov.br>. Acesso em: 07 maio 2012.

BRASIL. Tribunal de Contas da União. Embargos de declaração. Processo nº 006.984/2006-6, Acórdão nº 1.182/2007 – Plenário. Rel. Min.-Substituto Marcos Bemquerer Costa. Brasília, DF, 20 jun. 2007. Brasília, DF, 2007. Disponível em: <www.tcu.gov.br>. Acesso em: 07 maio 2012.

BRASIL. Tribunal de Contas da União. Fiscalização de orientação centralizada. Processo nº 019.230/2007-2, Acórdão nº 2.471/2008 – Plenário. Rel. Min. Benjamin Zymler. Brasília, DF, 05 nov. 2008. Brasília, DF, 2008b. Disponível em: <www.tcu.gov.br>. Acesso em: 07 maio 2012.

BRASIL. Tribunal de Contas da União. *Guia de boas práticas em contratação de soluções de tecnologia da informação*: riscos e controles para o planejamento da contratação: versão 1.0. Brasília: TCU, 2012. Disponível em: <http://portal2.tcu.gov.br/portal/pls/portal/docs/2509902.PDF>. Acesso em: 19 nov. 2012.

BRASIL. Tribunal de Contas da União. Levantamento de auditoria. Processo nº 004.440/2001-4, Decisão nº 440/2002 – Plenário. Rel. Min.-Substituto Augusto Sherman Cavalcanti, DF, 24.04.2002. Brasília, DF, 2002c. Disponível em: <www.tcu.gov.br>. Acesso em: 15 jun. 2012.

BRASIL. Tribunal de Contas da União. Levantamento de auditoria. Processo nº 008.380/2007-1, Acórdão nº 1.603/2008 – Plenário. Rel. Min. Guilherme Palmeira. Brasília, DF, 14 ago. 2008. Brasília, DF, 2008. Disponível em: <www.tcu.gov.br>. Acesso em: 07 maio 2012.

BRASIL. Tribunal de Contas da União. Levantamento de auditoria. Processo nº 007.972/2007-8, Acórdão nº 371/2008 – Plenário. Rel. Min. Guilherme Palmeira. Brasília, DF, 12 mar. 2008. Brasília, DF, 2008c. Disponível em: <www.tcu.gov.br>. Acesso em: 07 maio 2012.

BRASIL. Tribunal de Contas da União. Monitoramento. Processo nº 001.605/2005-5, Acórdão nº 667/2005 – Plenário. Rel. Min.-Substituto Augusto Sherman Cavalcanti. Brasília, DF, 25 de maio de 2005. Brasília, DF, 2005a. Disponível em: <www.tcu.gov.br>. Acesso em: 07 maio 2012.

BRASIL. Tribunal de Contas da União. Monitoramento. Processo nº 020.513/2005-4, Acórdão nº 786/2006 – Plenário. Rel. Min.-Substituto Augusto Sherman Cavalcanti. Brasília, DF, 24 de maio de 2006a. Brasília, DF, 2006. Disponível em: <www.tcu.gov.br>. Acesso em: 07 maio 2012.

BRASIL. Tribunal de Contas da União. Monitoramento. Processo nº 006.030/2007-4, Acórdão nº 1.480/2007 – Plenário. Rel. Min.-Substituto Augusto Sherman Cavalcanti. Brasília, DF, 1º ago. 2007. Brasília, DF, 2007. Disponível em: <www.tcu.gov.br>. Acesso em: 07 maio 2012.

BRASIL. Tribunal de Contas da União. Monitoramento. Processo nº 016.124/2005-0, Acórdão nº 2.103/2005 – Plenário. Rel. Min.-Substituto Augusto Sherman Cavalcanti. Brasília, DF, 30 nov. 2005. Brasília, DF, 2005. Disponível em: <www.tcu.gov.br>. Acesso em: 07 maio 2012.

BRASIL. Tribunal de Contas da União. Monitoramento. Processo nº 001.605/2005-5, Acórdão nº 449/2005 – Plenário. Rel. Min.-Substituto Augusto Sherman Cavalcanti. Brasília, DF, 20 abr. 2005. Brasília, DF, 2005. Disponível em: <www.tcu.gov.br>. Acesso em: 07 maio 2012.

BRASIL. Tribunal de Contas da União. Monitoramento. Processo nº 015.822/2005-9, Acórdão nº 2.171/2005 – Plenário. Rel. Min.-Substituto Augusto Sherman Cavalcanti. Brasília, DF, 07 dez. 2005. Brasília, DF, 2005. Disponível em: <www.tcu.gov.br>. Acesso em: 07 maio 2012.

BRASIL. Tribunal de Contas da União. Monitoramento. Processo nº 016.828/2005-7, Acórdão nº 2.172/2005 – Plenário. Rel. Min.-Substituto Augusto Sherman Cavalcanti. Brasília, DF, 07 dez. 2005. Brasília, DF, 2005. Disponível em: <www.tcu.gov.br>. Acesso em: 07 maio 2012.

BRASIL. Tribunal de Contas da União. Monitoramento. Processo nº 016.124/2005-0, Acórdão nº 614/2008 – Plenário. Rel. Min.-Substituto Augusto Sherman Cavalcanti. Brasília, DF, 09 abr. 2008. Brasília, DF, 2008. Disponível em: <www.tcu.gov.br>. Acesso em: 07 maio 2012.

BRASIL. Tribunal de Contas da União. Pedido de Reexame. Processo nº 008.840/2007-3, Acórdão nº 2.692/2012 – Plenário. Rel. Min. Aroldo Cedraz. Brasília, DF, 03 out. 2012. Brasília, DF, 2012. Disponível em: <www.tcu.gov.br>. Acesso em: 26 out. 2012.

BRASIL. Tribunal de Contas da União. *Plano estratégico 2006-2010*. Brasília: TCU, Secretaria de Planejamento e Gestão, 2006.

BRASIL. Tribunal de Contas da União. *Quadro referencial normativo*. 2009. Disponível em: <http://portal2.tcu.gov.br/portal/page/portal/ticontrole/legislacao/repositorio_contratacao_ti/ManualOnLine.html>. Acesso em: 03 maio 2012.

BRASIL. Tribunal de Contas da União. Recurso de reconsideração. Processo nº 007.848/2004-2, Acórdão nº 1.970/2006 – 2ª Câmara. Rel. Min. Walton Alencar Rodrigues. Brasília, DF, 25 jul 2006. Brasília, DF, 2006. Disponível em: <www.tcu.gov.br>. Acesso em: 07 maio 2012.

BRASIL. Tribunal de Contas da União. Relatório de auditoria. Processo nº 008.693/2003-3, Acórdão nº 1.558/2003 – Plenário. Rel. Min.-Substituto Augusto Sherman Cavalcanti. Brasília, DF, 15 out. 2003. Brasília, DF, 2003. Disponível em: <www.tcu.gov.br>. Acesso em: 07 maio 2012.

BRASIL. Tribunal de Contas da União. Relatório de auditoria. Processo nº 020.353/2003-2, Acórdão nº 2.094/2004 – Plenário. Rel. Min.-Substituto Marcos Bemquerer Costa. Brasília, DF, 15 dez. 2004. Brasília, DF, 2004. Disponível em: <www.tcu.gov.br>. Acesso em: 07 maio 2012.

BRASIL. Tribunal de Contas da União. Relatório de auditoria. Processo nº 008.818/2003-0, Acórdão nº 838/2004 – Plenário. Rel. Min. Ubiratan Aguiar. Brasília, DF, 30 jun. 2004. Brasília, DF, 2004. Disponível em: <www.tcu.gov.br>. Acesso em: 07 maio 2012.

BRASIL. Tribunal de Contas da União. Relatório de auditoria. Processo nº 019.889/2007-2, Acórdão nº 1.215/2009 – Plenário. Rel. Min.-Substituto Augusto Sherman Cavalcanti. Brasília, DF, 03 jun. 2009. Brasília, DF, 2009c. Disponível em: <www.tcu.gov.br>. Acesso em: 07 maio 2012.

BRASIL. Tribunal de Contas da União. Relatório de Auditoria. Processo nº 011.772/2010-7, Acórdão nº 1.233/2012 – Plenário. Rel. Min. Aroldo Cedraz. Brasília, DF, 23 maio 2012. Brasília, DF, 2012. Disponível em: <www.tcu.gov.br>. Acesso em: 05 ago. 2012.

BRASIL. Tribunal de Contas da União. Relatório de Levantamento. Processo nº 000.390/2010-0, Acórdão nº 2.308/2010 – Plenário. Rel. Min. Aroldo Cedraz. Brasília, DF, 08 set. 2010. Brasília, DF, 2010. Disponível em: <www.tcu.gov.br>. Acesso em: 26 out. 2012.

BRASIL. Tribunal de Contas da União. Relatório de Levantamento. Processo nº 007.887/2012-4, Acórdão nº 2.585/2012 – Plenário. Rel. Min. Walton Alencar Rodrigues. Brasília, DF, 26 set. 2012. Brasília, DF, 2012. Disponível em: <www.tcu.gov.br>. Acesso em: 26 out. 2012.

BRASIL. Tribunal de Contas da União. Representação. Processo nº 036.091/2011-1, Acórdão nº 4.241/2012 – Segunda Câmara. Rel. Min.-Substituto André Luís de Carvalho. Brasília, DF, 19 jun. 2012. Brasília, DF, 2009c. Disponível em: <www.tcu.gov.br>. Acesso em: 27 ago. 2012.

BRASIL. Tribunal de Contas da União. Representação. Processo nº 003.674/2004-3, Acórdão nº 481/2004 – Plenário. Rel. Min.-Substituto Augusto Sherman Cavalcanti. Brasília, DF, 28 abr. 2004. Brasília, DF, 2004. Disponível em: <www.tcu.gov.br>. Acesso em: 07 maio 2012.

BRASIL. Tribunal de Contas da União. Representação. Processo nº 003.674/2004-3, Acórdão nº 1.094/2004 – Plenário. Rel. Min.-Substituto Augusto Sherman Cavalcanti. Brasília, DF, 08 ago. 2004. *TCU*, Brasília, DF, 2004b. Disponível em: <www.tcu.gov.br>. Acesso em: 07 maio 2012.

BRASIL. Tribunal de Contas da União. Representação. Processo nº 019.111/2007-1, Acórdão nº 669/2008 – Plenário. Rel. Min. Benjamin Zymler. Brasília, DF, 16 abr. 2008. Brasília, DF, 2008a. Disponível em: <www.tcu.gov.br>. Acesso em: 07 maio 2012.

BRASIL. Tribunal de Contas da União. Representação. Processo nº 003.789/1999-3, Acórdão nº 1.521/2003 – Plenário. Rel. Min.-Substituto Augusto Sherman Cavalcanti. Brasília, DF, 08 out. 2003. Brasília, DF, 2003. Disponível em: <www.tcu.gov.br>. Acesso em: 07 maio 2012.

BRASIL. Tribunal de Contas da União. Representação. Processo nº 008.130/2006-0, Acórdão nº 1.107/2006 – Plenário. Rel. Min. Marcos Vinícios Vilaça. Brasília, DF, 05 jul. 2006. Brasília, DF, 2006. Disponível em: <www.tcu.gov.br>. Acesso em: 07 maio 2012.

BRASIL. Tribunal de Contas da União. Representação. Processo nº 017.115/2006-3, Acórdão nº 1.91/2007 – Plenário. Rel. Min.-Substituto Augusto Sherman Cavalcanti. Brasília, DF, 27 jun. 2007. Brasília, DF, 2007. Disponível em: <www.tcu.gov.br>. Acesso em: 07 maio 2012.

BRASIL. Tribunal de Contas da União. Representação. Processo nº 002.481/2011-1, Acórdão nº 2.241/2011 – Plenário. Rel. Min.-Substituto André Luís de Carvalho. Brasília, DF, 24 ago. 2011. Brasília, DF, 2011d. Disponível em: <www.tcu.gov.br>. Acesso em: 07 maio 2012.

BRASIL. Tribunal de Contas da União. Representação. Processo nº 001.103/2001-0, Acórdão nº 1.237/2002 – Plenário. Rel. Min. Walton Alencar Rodrigues. Brasília, DF, 18 set. 2002. Brasília, DF, 2002b. Disponível em: <www.tcu.gov.br>. Acesso em: 07 maio 2012.

BRASIL. Tribunal de Contas da União. Representação. Processo nº 002.257/2008-9, Acórdão nº 1.172/2008 – Plenário. Rel. Min. Guilherme Palmeira. Brasília, DF, 18 jun. 2008. Brasília, DF, 2008. Disponível em: <www.tcu.gov.br>. Acesso em: 07 maio 2012.

BRASIL. Tribunal de Contas da União. Representação. Processo nº 011.137/2009-8, Acórdão nº 1.784/2009 – Plenário. Rel. Min. Raimundo Carreiro. Brasília, DF, 12 ago. 2009. *TCU*, Brasília, DF, 2009b. Disponível em: <www.tcu.gov.br>. Acesso em: 07 maio 2012.

BRASIL. Tribunal de Contas da União. Secretaria de Fiscalização de Tecnologia da Informação. *Contratação de Soluções de Tecnologia da Informação*: riscos e controles para o planejamento da contratação. Brasília, DF, 2011a. Será editado pelo Tribunal de Contas da União.

BRASIL. Tribunal de Contas da União. Súmula 247. O critério definido no art. 48, inciso II, §1º, alíneas "a" e "b", da Lei nº 8.666/93 conduz a uma presunção relativa de inexequibilidade de preços, devendo a Administração dar à licitante a oportunidade de demonstrar a exequibilidade da sua proposta. Brasília, DF, 1º dez. 2004. Brasília, DF, 2004a. Disponível em: <http://portal2.tcu.gov.br/portal/page/portal/TCU/jurisprudencia/sumulas>. Acesso em: 14 jun. 2012.

BRASIL. Tribunal de Contas da União. Súmula nº 262. É obrigatória a admissão da adjudicação por item e não por preço global, nos editais das licitações para a contratação de obras, serviços, compras e alienações, cujo objeto seja divisível, desde que não haja prejuízo para o conjunto ou complexo ou perda de economia de escala, tendo em vista o objetivo de propiciar a ampla participação de licitantes que, embora não dispondo de capacidade para a execução, fornecimento ou aquisição da totalidade do objeto, possam fazê-lo com relação a itens ou unidades autônomas, devendo as exigências de habilitação adequar-se a essa divisibilidade. Brasília, DF, 23 nov. 2004. Brasília, DF, 2004. Disponível em: <http://portal2.tcu.gov.br/portal/page/portal/TCU/jurisprudencia/sumulas>. Acesso em: 14 jun. 2012.

BRASIL. Tribunal de Contas da União. Súmula nº 269. Nas contratações para a prestação de serviços de tecnologia da informação, a remuneração deve estar vinculada a resultados ou ao atendimento de níveis de serviço, admitindo-se o pagamento por hora trabalhada ou por posto de serviço somente quando as características do objeto não o permitirem, hipótese em que a excepcionalidade deve estar prévia e adequadamente justificada nos respectivos processos administrativos. Brasília, DF, 07 mar. 2012. Brasília, DF, 2012b. Disponível em: <http://portal2.tcu.gov.br/portal/page/portal/TCU/jurisprudencia/sumulas>. Acesso em: 14 jun. 2012.

BRASIL. Tribunal de Contas da União. Súmula nº 270. Em licitações referentes a compras, inclusive de softwares, é possível a indicação de marca, desde que seja estritamente necessária para atender exigências de padronização e que haja prévia justificação. Brasília, DF, 11 abr. 2012. Brasília, DF, 2012a. Disponível em: <http://portal2.tcu.gov.br/portal/page/portal/TCU/jurisprudencia/sumulas>. Acesso em: 14 jun. 2012.

BRASIL. Tribunal Superior do Trabalho. Súmula nº 331. Contrato de prestação de serviços. Legalidade. Brasília, DF, 28 dez. 1993. Brasília, DF, 1993b. Disponível em: <http://www3.tst.jus.br/jurisprudencia/Sumulas_com_indice/Sumulas_Ind_301_350.html#SUM-331>. Acesso em: 15 jun. 2012.

HM Government. Cabinet Office. *Official ITIL Website*. 2011. Disponível em: <http://www.itil-officialsite.com/>. Acesso em: 12 maio 2012.

ITGI. *Board Briefing on IT Governance*. 2. ed. 2003. Disponível em: <https://www.isaca.org/Knowledge-Center/Research/Documents/BoardBriefing/2690 4_Board_Briefing_final.pdf>. Acesso em: 16 maio 2012.

ITGI. *Cobit 4.1 Portuguese*. 2007. Disponível em: <http://www.isaca.org/Knowledge-Center/cobit/Documents/cobit41-portuguese.pdf>. Acesso em: 08 jun. 2012.

REZENDE, Denis Alcides. *Planejamento de sistemas de informação e informática*. São Paulo: Atlas, 2003.

SOFTEX. *MPS.BR – Melhoria de Processo do Software Brasileiro*: guia de aquisição. 2009. Disponível em: <http://www.softex.br/mpsbr/_guias/guias/MPS.BR_Guia_de_Aquisicao_2009.pdf>. Acesso em: 15 maio 2012.

SOFTWARE ENGINEERING INSTITUTE. *CMMI on the Web*: Remastered. 2009. Disponível em: <http://www.sei.cmu.edu/library/assets/20080925webinar.pdf>. Acesso em: 16 maio 2012.

WIKIPÉDIA, A enciclopédia livre. Planejamento, 2012. Disponível em: <http://pt.wikipedia.org/wiki/Planejamento>. Acesso em: 15 jun. 2012.

Esta obra foi composta em fonte Palatino Linotype, corpo 10
e impressa em papel Offset 75g (miolo) e Supremo 250g (capa)
pela Digital Page Serviços Gráficos.
Belo Horizonte/MG, setembro de 2013.